INTRODUCTION TO
EARLY CHILDHOOD EDUCATION

유아교육개론

김연희 이종향 봉진영 최현주 공저

YANGSEOWON
양서원

머리말

사회 · 경제 · 기술 환경이 빠르게 변화하고 가족의 형태가 다양해지는 가운데, 유아가 경험하는 초기 환경과 교육의 질은 미래의 학습 능력, 정서적 안정, 사회적 관계 형성, 더 나아가 건강한 시민성 발달에까지 큰 영향을 미칩니다. 유아는 "스스로 배움이 일어나는 고유한 존재"이며, 0~8세 시기는 뇌 발달과 신경가소성, 민감기 · 결정적 시기 등 과학적 근거를 통해 교육적 · 사회적 투자가 가장 의미 있는 시기로 알려져 있습니다. 이러한 배경에서 본 교재 『유아교육개론』은 유아교육을 처음 접하는 예비교사, 학부모뿐 아니라 교육 · 발달 분야를 탐구하는 모든 학습자가 유아교육의 기초 개념, 이론, 제도, 현장 이해를 균형 있게 익힐 수 있도록 돕는 입문서로 기획되었습니다.

이 책의 구성과 특징은 다음과 같습니다. 첫째, 유아교육학에 입문하는 학생들이 꼭 습득해야 할 필수적인 주제들을 일목요연하게 정리하여 내용을 쉽고 간결하게 접근하였습니다. 기초 입문과목이라는 성격에 맞게 유아교육에 대한 깊이 있는 내용을 다루기보다는 기본적이고 핵심적인 내용 위주로 다루었습니다. 둘째, 본문 내용과 관련된 학자, 교육환경 및 활동의 사진이나 그림, 표 등을 최대한 적절하게 삽입하여 학습자들의 이해를 높이고자 하였습니다. 셋째, 각 장을 마무리하며 요약과 토론주제, 활동 등을 제시하여 각 장의 내용을 정리하고 함께 공유할 수 있도록 구성하였습니다.

이 책은 대학에서 강의를 하는 저자들이 유아교육 입문에 필요한 여러 분야를 정리하여 나누어 집필하였으며, 유아교육 전반에 대한 내용을 개괄적으로 조망해 보고자 총 9장의 내용으로 구성하였습니다. 1장 유아교육의 이해에서는 유아교육의 개념과 목적, 중요성 등에 대해 다루었고, 2장 유아교육사상에서는 동 · 서양의 유아교육사상에 대해 알아보았습니다. 3장에서는 유아발달의 기초이론을 다루었으며, 4장에서는 우리나라 유아교육과정의 특징과 내용 및 주요 프로그램에 대해 다루었습니다. 5장에서는 유아기 놀이의 특성과 가치, 기초 놀이이론에 대해 살펴보았으며, 6장에서는 유아교사의 자질과 역할, 교사 발달의 이해 등에 대해 알아보았습니다. 7장은 유아를 둘러싼 환경 즉 부모와 지역사회에 대해 다루었고, 8장은 유아교육 평가, 즉 기관, 교사, 유아 평가에 대해 전반적으로 살펴보았으며, 9장은 우리나라 유아교육의 과제와 전망으로 디지털 전환시대의 유아교육과 지속가능발전교육에 대해 다루었습니다.

이 책에서 다루는 기초 개념과 이론, 제도적 맥락은 앞으로 학습하게 될 유아교육과정, 교수방법, 유아발달, 부모교육 등의 심화 학습에 든든한 발판이 될 것입니다. 예비교사들이 교육적 신념을 세우고 실제 현장에서 적용할 수 있는 역량을 기르는 데 도움이 되기를 진심으로 바랍니다.

집필진은 그간의 경험을 바탕으로 좋은 책을 만들기 위해 노력하였으나 실제로 책을 저술하고 나면 언제나 부족함을 느낍니다. 앞으로 여러 선배나 동료들의 충고를 겸허히 받아들여 보다 나은 유아교육개론 교재가 되도록 개정을 게을리하지 않을 것입니다. 교재에서 유치원 관련 사진을 제공해주신 재능대학교부속유치원과 이 책이 나올 수 있도록 노력을 아끼지 않으신 양서원 관계자분들께 감사의 마음을 전합니다.

마지막으로, 이 책이 유아교육을 배우고 실천하는 모든 분들께 따뜻한 안내서이자 실천 가능한 도구가 되기를 바랍니다.

2025. 12.

저자 일동

차례

chapter2 유아교육사상

chapter3 발달과 유아교육

chapter 4 유아교육과정 및 유아교육 프로그램

chapter 5 놀이와 유아교육

chapter 6 교사와 유아교육

chapter 7 부모, 지역사회와 유아교육

chapter8 유아교육 평가

chapter9 우리나라 유아교육의 과제 및 전망

chapter 1

유아교육의 이해

1 유아교육의 개념 및 목적

1) 유아의 개념

'유아(幼兒)'는 글자 그대로 '어린 유(幼)'와 '아이 아(兒)'로 구성된 단어로 어린 아동(young child)이라는 의미이다. 유아를 어린이, 아동, 영유아 등으로 부르기도 한다. 한편, 사회적 제도의 틀에서 보면 유아를 초등학교 입학 전 단계의 아동으로 취학 전 아동이라고 부르기도 한다. 이러한 혼용의 사용은 유아교육의 이해당사자들 간의 의사소통 시 장애물이 되기도 한다. 따라서 유아교육의 이해당사자인 부모, 교사, 유아교육기관, 교원양성기관, 정부 및 지자체 등과 원활한 의사소통이 가능하도록 유아에 대한 개념을 명확히 규정할 필요가 있다.

유아의 개념을 정의하기 위해서는 생애주기, 법률, 능력을 기준으로 살펴볼 수 있다. 먼저 생애주기에서 제시하고 있는 유아를 살펴보고자 한다. 생애주기란 인간이 태어나서 사망할 때까지 이어지는 신체적, 심리적, 사회적 성숙과 변화의 연속적인 과정을 말한다. 현재 우리나라는 생애주기를 7단계인 영유아기(0~5세), 아동기(6~12세), 청소년기(13~18세), 청년기(19~29세), 중년기(30~49세), 장년기(50~64세), 노년기(65세 이상)로 구분하고 있다(e나라도움). 이 구분에서 유아는 유아기로 볼 수 있으며 0~5세에 해당하는 자를 말한다. 다음으로 법률에서 제시하고 있는 유아를 살펴보고자 한다. 「영유아보육법」에서는 0~6세 미만에 해당하는 자, 「도로교통법」과 「모자보건법」에서는 출생~5세까지의 자, 「영유아보육법」 및 「유아교육법」에서는 0~5세 혹은 0~취학 전 아동으로 유아를 명시하고 있다. 한편 유아기의 중요성이나 효과를 입증한 연구 결과는 유아교육 시작 시기를 점차 낮추고 그 기간도 길어져야 함을 강조한다. 이러한 입장에서 유아교육 분야의 전문단체나 학자들은 유아교육을 0~8세(초등학교 저학년)로 확장해서 보아야 한다고 주장하고 있다(Morrison, 2001; Weber, 1984; Bredekamp & Rosegrant, 1992). 이를 토대로 정리하면 유아는 0~8세(초등학교 저학년)에 해당하는 자를 말한다.

유아의 능력에 초점을 두고 살펴보면, 유아는 어른과 닮은 꼴이라는 점에서 유능해 보이기도 하면서 어른과 전혀 다른 정신의 세계에서 살아가는 모습에서 미숙해 보이기도 한다. 과거에는 유아의 존재를 인식하지 못한 무지의 시간을 지나 최근에는 유아를 자신의 발달과 학습을 주도하는 유능한 존재로 정의하고 있다. 이러한 흐름은 우리나라의 국가수준 교육과정인 '표준보육과정'과 '누리과정'에 유아는 "개별적 특성을 지닌 고유한 존재로 스스로 배움이 일어나는 유능한 인간"으로 제시하고 있다(교육부, 2025). 즉, 유아를 유능한 능력을 가진 존재로 보고 있다는 것이다.

위에서 살펴본 바와 같이 인간의 생애주기, 법률, 능력 차원에서 정리한 결론을 반영하여 유아를 정의하면 스스로 배움이 일어나는 고유한 존재인 0~8세에 해당하는 자로 정의할 수 있다.

유아의 정의: 스스로 배움이 일어나는 고유한 존재인 0~8세에 해당하는 자

표 1-1 법률에서 규정하는 유아와 그 유사 명칭

법률	호칭	용어의 의미
유아교육법	유아	만 3세부터 취학 전 어린이
영유아보육법	영유아	6세 미만의 취학 전 아동
도로교통법	어린이, 유아	어린이(13세 미만), 유아(6세 미만)
모자보건법	영유아	출생 후 6세 미만인 사람

출처: 법제처

2) 교육의 개념

우리가 일상생활에서 언급하고 있는 교육은 어떠한 정보나 사실을 전달하는 의미로 사용하고 있으며, 주로 가르친다는 의미에서 교육을 이해하고 있다. 교육학 사전(서울대학교 교육연구소, 1994)은 교육을 인간의 정신적, 신체적 성장과 발달을 어떤 이상이나 목적 혹은 가치 기준에 의하여 통제하거나 조력하는 일련의 인위적 과정

으로 정의하고 있다. 이처럼 교육은 교육의 대상, 목적, 방향 등의 관점에 따라 교육의 개념은 달라질 수 있다. 우리나라에서 널리 인용되고 있는 교육은 정범모(1976)가 정의한 "인간행동의 계획적 변화"이다. 이후에 이연섭(2002)은 '긍정적'이라는 방향성을 추가해 "교육은 인간행동의 계획적이고 긍정적인 변화"로 재정의하였다. 한편, 교육을 사회화의 과정으로 본 뒤르겜(1965)은 교육을 "어린 세대를 대상으로 하는 체계적인 사회화"로 정의하였다. 피터스(1977)는 교육이 사회에서 실현되어야 할 가치있는 준거나 사회구성원이 헌신할 만한 가치를 전수해 주는 의미를 지닌다고 하였다. 따라서 교육은 각 시대나, 사회의 특성, 학자에 따라 다양하게 정의되고 있다.

교육의 어원은 크게 희랍적 어원과 라틴적 어원으로 구분할 수 있다. 희랍적 어원인 페다고지(pedagogy)는 파이다고고스(paidagogos)에서 유래했다. 파이다고고스는 어린이를 의미하는 파이다오스(paidos)와 이끈다를 의미하는 아고고스(agogos)가 합쳐진 것으로 어린이를 올바로 이끈다는 의미를 가진다. 그리고 라틴적 어원인 에듀케이션(education)은 에듀카레(educare)와 에듀케레(educere)에서 유래했다. '에듀카레(educare)'는 아동의 마음을 채워준다는 것을 의미하고 '에듀케레(educere)'는 아동의 잠재적 가능성을 안에서 '이끌어 내는 것'을 의미한다. 또한 교육(教育)은 '가르칠 교(教)'와 '기를 육(育)'으로 구성된 단어로 가르치고 기른다는 뜻이다. 이를 종합해 보면 교육이란 어린이 내면의 능력을 외부로 이끌어 내기 위해 올바른 방향으로 가르치고 양육하는 의미로 이해할 수 있다.

위에서 살펴본 것처럼 교육에 대한 개념이 다양하게 정의되고 있으나 시대, 사회의 특성, 학자의 내용을 종합해서 정의하면 교육이란 "인간이 지닌 잠재적 능력을 바람직한 방향으로 이끌어 내는 과정"으로 정의할 수 있다. 다만 교육의 과정에서는 바람직한 방향의 변화를 위해서는 최소한 변화시키고자 하는 교육목적, 교육내용, 교육방법, 평가 등을 통해 달성하게 된다. 즉, 이를 달성하기 위해서는 교육과정 또는 프로그램이 제시되어야 한다.

교육의 정의: 인간이 지닌 잠재능력을 바람직한 방향으로 이끌어낸 변화의 과정

3) 유아교육의 개념

'유아교육'이란 '유아'와 '교육'이 합쳐진 단어이다. 앞서 언급한 유아와 교육의 개념을 기반으로 정의하면 유아교육이란 "스스로 배움이 일어나는 고유한 존재인 0~8세를 대상으로 바람직한 방향으로 이끌어내는 변화의 과정"이다. 변화의 과정은 어떤 목적을 가지고 어떻게 지원하며 이러한 과정이 적절하였는지를 포함하고 있다. 이러한 과정에서 '누가, 누구에게 교육하는가'와 같은 교수자와 학습자의 관계에 대한 것도 포함된다.

> 유아교육의 정의: 스스로 배움이 일어나는 고유한 존재인 0~8세를 대상으로 바람직한 방향으로 변화될 수 있도록 계획적으로 이끌어 내는 과정

유아교육은 신체발달, 인지발달, 언어발달, 사회·정서발달을 모두 포함하는 전인교육이며 유아의 관심과 욕구를 반영하는 아동중심교육이다. 유아교육은 유아교육기관에서 진행되는 형식적 교육뿐만 아니라 유아의 일상에서 다양한 현상을 경험하는 비형식적 교육까지 포함한다. 이런 유아교육의 특수성을 반영하여 임재택과 박재환(1992)은 '유아교육'은 "0세부터 8세까지의 유아와 부모를 대상으로 가정과 유아교육기관(유치원, 어린이집 등) 및 초등학교 저학년에서 유아들의 전인적 성장, 발달을 위한 형식적, 비형식적 교육"이라 정의하였다.

유아교육은 궁극적으로 유아가 행복한 삶을 살아갈 수 있도록 하는 것을 목적으로 한다. 유아를 둘러싼 부모, 교사, 사회구성원이 유아의 발달에 적합한 교육목적과 내용, 방법을 통해 전인발달을 이룰 수 있도록 해야 한다. 이를 통해서 유아들은 자신과 주변을 이해하고 사회화하여 미래 사회의 민주시민으로 자라나게 될 것이다.

4) 유아교육의 목적

어느 시대나 사회를 막론하고 유아교육은 역사적으로 학교교육과는 다른 발전과정을 겪어 왔다. 각 사회에서 인식하는 아동관과 사회의 변화, 사람들의 생활양식

변화에 따라 유아를 위한 교육은 서로 다른 목적과 형태로 발달해왔다. 유아교육의 목적은 유아를 가르치는 목적을 무엇으로 보느냐에 따라 다르게 규정될 수 있다. 이기숙(2000)은 유아교육의 목적을 유아교육에 대한 다양한 종류의 사회적 이해로 구분해서 다음과 같이 제시하고 있다.

첫째, 국가의 발전 수단으로서의 유아교육이다. 유아를 잘 교육하는 것이 국가와 사회의 인력을 양성하는 것으로 유아교육을 통해 사회 · 국가 발전을 이룰 수 있다는 관점이다. 최근 각 국가들이 국가 경쟁력을 확보하기 위해 인적자원 양성에 투자하는 것도 이러한 관점에 의한 것이다. 그러나 국가가 유아교육을 사회발전의 수단으로 보고 적극적으로 개입하는 입장은 사회 구성원 개개인을 위한 교육의 목적이나 이상이 국가의 이념이나 미래 발전방향과 맞아야 한다. 그러나 개인보다 사회의 가치가 중요시되면 교육이 국가나 사회의 특정 이데올로기를 주입하기 위한 수단으로 이용될 우려가 있다.

둘째, 단순한 보육으로서의 유아교육이다. 유아교육을 부모를 대신하여 유아를 돌보아 주는 보육의 개념으로 이해하는 관점이다. 역사적으로 유아교육을 부모를 대신하여 유아를 돌보아 주는 육아의 개념으로 이해하였다. 우리나라의 경우도 최초의 유치원이 설립되면서 교육 대신 보육, 교사 대신 보모라는 용어를 사용하면서 초 · 중등학교 교육과는 다른 비형식적 교육으로 생각하였다. 유아교육은 단순한 육아와 동일한 의미가 아닌 보육이나 육아의 개념을 포함하는 개념으로 이해해야 한다. 최근 우리나라에서도 저출산 고령사회 기본계획에서 유아교육의 질적 수준 개선을 강조하며 보호(care) 기능과 교육(education) 기능을 하나로 합친 교육 · 보호(educare)의 적극적인 개념을 정책에 반영하여 추진하고 있다.

셋째, 초등학교 준비교육으로서의 유아교육이다. 초등학교 1학년부터 시작되는 학교교육의 준비과정으로 인식하여 학습을 위한 기초능력이나 집단생활에 필요한 적응력과 사회적 기본능력을 길러 초등학교에서의 적응과 성취를 도와줄 수 있을 것이라는 관점이다. 특히, 유아기의 특성이나 놀이에 대한 교육적 의미가 보편화되기 이전에 초등학교 준비과정으로 보는 입장이 지배적이었다. 최근에도 많은 나라들이 유아교육에 집중투자하는 이유도 초등학교에서 발생하는 학업 실패를 예방하기 위한 것으로 보고 있다. 그러나 어느 시기의 교육도 그 이후 교육의 단순한 준비교육으로 볼 수 없다.

넷째, 조기교육으로서의 유아교육이다. 유아가 가지고 태어나는 선천적 능력과 가능성을 조기에 발견하고 지도하여 그 효과를 얻을 수 있다는 관점이다. 유아기에 음악, 미술, 운동 등의 분야에 특별한 재능을 계발시키는 것으로 피아노, 태권도, 미술 등 각종 학원을 유치원, 어린이집과 유사한 기관으로 인식하는 것도 이런 관점이 남아있기 때문이다. 유아들은 발달수준이나 흥미에 맞지 않는 자극이나 훈련이 계속되면 오히려 불필요한 스트레스를 받아 발달이나 학습에 부정적인 효과를 나타낼 수 있다.

이상의 목적들은 유아교육에서 중요하다. 다만 이러한 목적이 달성하기 위해서는 유아의 행복을 위한 전인교육이 달성되어야 하며 유아기가 아니고서는 발달시킬 수 없는 독특한 경험을 충분히 제공해야 한다. 아울러 교육과 보호의 양면을 모두 중시하는 통합적 서비스와 교사, 가족, 지역사회 등이 협력하여 지원하는 포괄적 서비스가 제공되어야 한다.

2 유아교육의 중요성

1) 철학적 측면에서의 중요성

유아는 '어떤 존재이고 어떻게 성장하며 발달해 가는가'에 대한 인식은 각 시대와 정치적, 사회적, 문화적 요인에 영향을 받아 변화되어 왔다. 고대사회는 가족이나 씨족에 의해 형성되어 공동을 생활하는 집단 형태를 보였으며 유아는 한 인간으로서의 존엄성과 가치를 인정받지 못하고 종족 보존을 위한 수단에 불과했다. 부모나 집단에 부담이 되는 허약한 유아들은 버려지거나 희생되었다. 고대사회에서의 아동은 종족 보존이나 생산적 활동을 위한 노동력 확보의 수단으로 여겨졌다. 중세 사회는 기독교 문화의 영향으로 모든 인간의 평등사상과 더불어 아동평등사상이 확립되기 시작하였다. 종교적 영향으로 태아나 영아 살해를 교회법으로 금지하였고 고아나 빈민 아동은 시설보호를 통해 노동력으로 활용되었다. 뿐만 아니라 장애아동은 수도원에서 보호하였다. 한편, 중세사회는 봉건제도로 아동을 군사력이나 경제력의 확보 수단으로 활용해 영주들의 권력 유지를 위한 수단으로 보았다. 유아를 인간 본연의 그 자체로 이해하기보다는 사회나 국가에 얼마나 유용한가라는 도구적 측면으로 보았다. 그래서 아동기는 성인기를 위한 준비기로 인식하였다(정미라, 1993).

근대사회는 일자리를 얻지 못한 수많은 노동자들이 발생하게 되었고 수도원마저 해체되면서 구제받지 못하게 된 빈민계층의 빈곤문제가 더욱 심화되었다. 또한 산업혁명으로 인해 아동의 노동착취 문제가 야기되며 아동을 포함한 사회적 약자에 대한 보호가 사회문제로 대두되었다. 16세기 르네상스 시대의 계몽주의 사상으로 아동기는 성인기와 구별되며, 고유한 시기라는 인식과 함께 아동교육에 대한 현대적 개념이 정립되었다. 코메니우스와 오웬은 아동의 성장을 위한 내재적 가능성을 인정하였고 로크와 루소는 아동의 특성과 적합한 교육내용, 교육방법 등을 제시하며 유아교육의 중요성을 강조하였다. 20세기에 들어와 많은 학자들은 정신분석이론, 학습이론, 인지발달이론 등을 통해 인간발달단계에서 아동기의 중요성, 자녀양육의 중요성, 부모역할의 중요성을 강조하기 시작하였다. 그리고 여성들이 경제활동에 참여하게 되면서 자녀양육의 문제를 국가가 책임져야 한다는 의식이 높아졌다. 이러한 흐름을 반영하고 있는 현대사회는 아동을 발달하는 존재, 전인으로서의 존재, 개별적 존재로 인식하여 유아기부터 자신의 발달 속도나 성향이 존중되는 환경에서 내재적 잠재 가능성을 최대한 개발할 수 있도록 해야 한다고 주장하고 있다. 그럼에도 불구하고 여전히 일부의 개발도상국이나 선진국에서는 아동을 미성숙한 성인으로 받아들여 매일 거리에서 폭력이나 약물, 질병, 성폭력, 학대에 시달리고 있다. 특히 우리나라도 '7세' 고시도 모자라 '4세' 고시까지 유행하며 유아의 놀 권리가 침해받고 있는 상황이다.

이처럼 시대적 흐름의 변화를 통해 나타난 아동에 대한 존재 이유를 부각시키며 교육의 기본 토대를 다지는 데 중요한 정보를 제공하는 시작은 유아교육의 철학적 탐구를 통해 가능하다. 이에 유아교육은 철학적 측면에서도 중요한 기능을 한다.

2) 심리적 측면에서의 중요성

현대적 아동관이 성립되면서 20세기 이후에 발표된 발달심리학의 연구들은 유아교육의 중요성을 강조하는 이론적 근거가 되었다. 유아기의 경험은 인간의 성장과 발달에 지속적인 영향을 미치며 인간 성장과정에서 결정적 시기(Critical Period)가 있다는 사실이 다양한 연구 및 사건을 통해 밝혀졌다. 결정적 시기란 특정 능력을 가장 효율적으로 배우고 발달시킬 수 있는 최적의 시간을 의미한다. 헤비거스트(1972), 보울비(1951), 에릭슨(1950)은 일정한 시기에 반드시 수행해야 하는 발달과업이 있고 이 과업을 잘 학습할 수 있는 시기인 결정적 시기를 놓치면 안 된다고 하였다. 또한 뇌 과학에 관한 연구(Berk, 2005, 2019; Hyde et al., 2009; Kolb & Gibb, 2011; Tymofiyeva & Gaschler, 2021)들은 두뇌 발달의 속도가 가장 빠른 시기가 영유아기이며 이 과정에서 결정적인 영향을 미치는 것은 두뇌를 자극하는 외부의 경험이라고 하였다. 즉, 경험과 결정적 시기의 발달적 특성을 유아기에 보인다는 것이다.

우리의 뇌는 학습이나 경험에 따라 신경세포 간에 새로운 연결을 만들거나 신경세포를 생성하고 기존의 경로를 재구성하거나 제거한다. 이를 신경가소성이라 한다. 이러한 놀라운 능력이 가장 돋보이는 시기는 아동기의 뇌이다. 뇌의 다양한 기능은 신경세포의 생성과 신경세포 간의 연결을 통해 이루어지기 때문에 생애 초기에 충분한 수의 신경세포 생성과 세포 간의 연결 즉, 시냅스(synapse) 형성은 매우 중요하다. **그림 1-1**을 보면 출생에서 3세까지는 시냅스의 연결이 급속도로 확장되다 영유아기의 감각과 관련된 뇌의 영역에서 가지치기가 이루어진다.

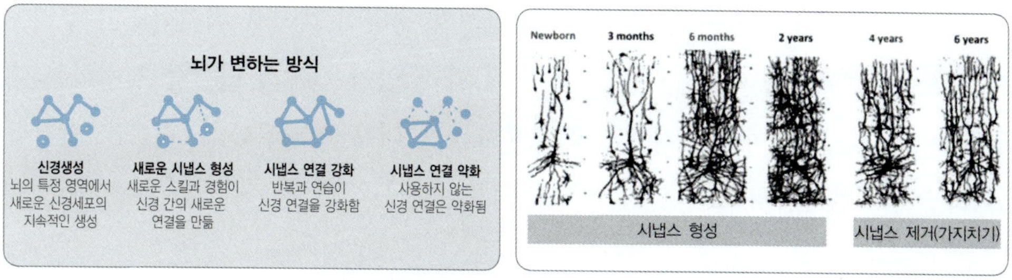

그림 1-1 시냅스 변화 과정

출처: 베이비뉴스(https://www.ibabynews.com)

또한 그림 1-2를 보면 감각기능(시각, 청각), 언어기능, 연령, 세로는 생성(형성)되는 시냅스의 수이다. 감각기능은 1세경에 가파르게 수직 상승하고, 언어기능의 경우는 생후 9~10개월이 가장 높다. 감각기능과 언어기능은 계속 발달하다 7세경에 닫혀진다. 반면 고차인지기능의 경우는 1세가 가장 높고 계속 발달하다 16세경에 닫혀진다. 어떤 기능이든 생후 1년 전후가 발달의 민감도가 높아서 결정적으로 중요한 시기이다. 또한 인간이 가질 수 있는 뇌의 80%는 6세 이전에 결정되기에 영유아기는 인간발달의 결정적 시기이다. 이러한 연구 결과는 지능이 유전으로 고정된 것이 아니라 환경에 의해 변화될 수 있다는 것을 의미하며 민감한 시기이자 결정적 시기를 놓치면 그 손상은 누적되며 손상을 치유하기가 매우 어렵거나 불가능하다는 것을 의미한다.

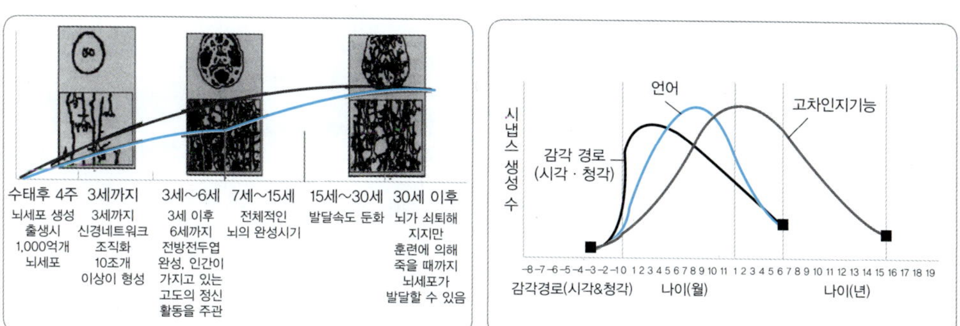

그림 1-2 인간 뇌 기능 발달 과정

이처럼 심리적으로 유아기는 민감한 시기이자 결정적 시기로 적기학습이 무엇보다 중요하다. 유아가 어떤 경험을 했느냐에 따라 인생 전체의 발달을 결정하는 데 중요한 역할을 제공하기에 유아교육의 중요성을 더욱 강조된다. 그러므로 인간발달 측면에서 유아기의 교육은 그 어느 시기보다 중요하다.

3) 사회적 측면에서의 중요성

최근에는 헤크만(2013), 쿠나(2005) 등 경제학자들이 인적자원 투자 대비 회수 비율을 분석하여 제시함으로써 인생의 시기 중 유아교육에 대한 투자가 가장 효과적인 효용성이 높다고 밝혀주고 있다. 헤크만 그래프라고 불리는 'OECD Heckman 연구'는 생애주기별로 동일한 금액을 투자했을 때 가장 높은 효과를 낼 수 있는 시기가 바로 유아기라는 것을 보여준다. **그림 1-3**에 제시되어 있다. 그래프 해석의 핵심은 나중에 돈을 투자하지 말고 유아기에 투자해서 가장 좋은 효과를 낼 수 있다는 것이다. 이러한 결과는 다양한 국가에서 초등교육에 관심을 가지고 있을 때 유아기부터 관심을 가지도록 하는 데 효과적이었다.

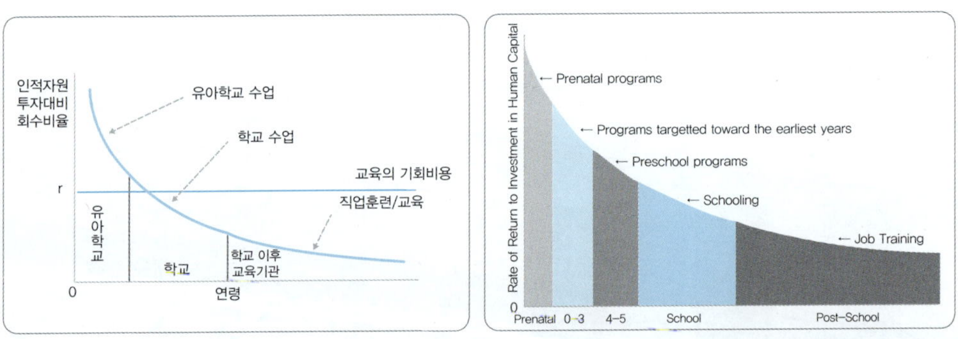

그림 1-3 인적자원 투자 대비 회수 그래프

최근 우리나라는 저출산으로 인한 인구위기 문제가 대두되고 있다. 저출산은 인구감소를 가속화하여 장기적으로 경제와 사회 전반에 심각한 영향을 미친다. 2024년 합계출산율은 0.75명으로 여전히 세계 최저 수준을 지속 유지하고 있으며 인구 유지를 위한 합계출산율인 2.1명에는 한참 미치지 못하고 있다. 저출산 문제를 해결하기 위해 국가에서 제시한 해결책으로 양육부담을 줄이기 위해 교육 및 보육인프라 확충, 양육비용 지원 확대, 임신 · 출산 지원 강화 등의 정책을 추진하며 유아교육에서 해결책을 제시하고 있다. 또한 사교육 심화로 인한 공교육 붕괴의 문제도 지속적으로 제기되고 있다. 통계청(2024)에서 조사한 '2024 유아 사교육비 시험조사'의 결과를 보면 6세 미만 영유아의 47.6%가 사교육에 참여했고 평균 사교육비는 33만 2,000원에 달했다. 연령이 증가할수록 사교육에 참여율과 참여시간도 증가하는 추세를 보였다. 이번 조사가 국가 미승인 통계로 이용과 해석에 유의해야 하나 과도한 입시경쟁으로 인한 사교육 의존 심화 현상이 지속되다 보니 공교육의 붕괴, 아동의 놀 권리에 대한 침해로 이어지고 있다. 이처럼 사회문제의 초기 대처의 방안으로 유아교육이 관련되어 있고 문제가 유발되지 않도록 조기에 대처한다면 국가의 원활한 운영에 기여하게 된다.

한편 산업화와 과거에 가지고 있던 가정의 기능이 점차 분화되면서 여성의 사회참여가 활발해지고 있다. 실제 표 1-2를 보면 15~64세에 해당하는 여성의 고용률과 경제활동 참가율이 지속적으로 증가하고 있다. 이는 여성의 경제활동 참가로 인해 아이들을 가정에서 유아교육기관으로 위탁해서 양육되고 있는 추세이고, 사회에서도 유아교육에 대한 책무를 더욱 요구하고 있다.

표 1-2 2003년 대비 2023년 한국 여성(15~64세) 고용지표 변화

구분	2003년	2023년
고용률	51.2%	61.4%
경제활동참가율	53%	63.1%

출처: 한국경제인협회(2025. 1. 6). 여성 고용지표 국제비교 및 시사점. 보도자료.

이처럼 사회적 변화에 따라 발생하는 상황들은 유아교육을 통해 미래사회의 문제를 미연에 방지하고 국가 경쟁력을 높일 뿐 아니라 나아가 빈부 차이나 계층 간의 갈등, 빈곤의 세대세습을 최소화할 수 있다. 그러므로 사회적 측면에서 유아교육은 문제해결을 위한 순기능을 할 수 있기에 그 무엇보다 중요하다.

3 유아교육기관의 유형

유아교육기관의 종류와 설립 배경은 유아를 바라보는 관점, 유아교육기관의 설립에 영향을 미치는 정책, 유아교육 학자들의 견해 등에 따라서 다양하다. 우리나라는 법적 기준에 근거해 정규 교육과정으로 운영되고 있는 유아교육기관이 있다. 이 기관의 명칭으로는 유치원, 어린이집, 특수유아교육기관이 해당된다. 이를 기준으로 유형과 현황들을 살펴보고자 한다.

1) 유치원

유치원은 「유아교육법」 법률 제19737호 제2조에서 유아의 교육을 위해 법에 따라 설립 · 운영되는 학교를 의미하며 동법 제7조에 따라 국립유치원, 공립유치원, 사립유치원으로 구분한다. 국립유치원은 국가가 설립 · 경영하는 유치원이고, 공립유치원은 지방자치단체가 경영하는 유치원이며, 사립유치원은 법인 또는 사인(私人)이 설립 · 경영하는 유치원이다. 어린이집은 「영유아보육법」 제2조 제2호 및 제3호에서 영유아를 건강하고 안전하게 보호 · 양육하고 영유아의 발달 특성에 맞는 교육을 제공하기 위해 설립 · 운영하는 기관이다. 우리나라 유치원 현황은 **표 1-3**에서 확인할 수 있다.

표 1-3 2024년 우리나라 유치원 현황

유형	유치원 수(개)	원아 수(명)	교원 수(명)
국 · 공립유치원	5,108	145,643	–
사립유치원	3,186	352,961	–
전체	8,294	498,604	55,404

출처: 교육부, 육아정책연구소(2024)

2) 어린이집

어린이집은 「영유아보육법」 제10조에 따라 국공립어린이집, 사회복지법인어린이집, 법인 · 단체등어린이집, 직장어린이집, 가정어린이집, 협동어린이집, 민간어린이집으로 구분된다. 국공립어린이집은 국가와 지방자치단체가 설치 · 운영하는 어린이집이고, 사회복지법인어린이집은 「사회복지사업법」에 따른 사회복지법인이 설치 · 운영하는 어린이집이다. 법인 · 단체등어린이집은 각종 법인(사회복지법인 제외한 비영리법인(학교법인 등))이나 단체(종교단체 등) 등이 설치 · 운영하는 어린이집이다. 직장어린이집은 사업주가 사업장의 근로자를 위하여 단독 또는 공동으로 사업장 내 또는 그에 준하는 인근지역과 사원주택 등 사업장 근로자 밀집거주 지역 설치 · 운영하는 어린이집이다. 가정어린이집은 개인이 가정 또는 그에 준하는 곳에 설치 · 운영하는 어린이집이고 협동어린이집은 보육 영유아를 둔 보호자 11명 이상이 또는 보호자와 보육교직원을 합하여 11명 이상이 출자하여 조합(비영리조합)을 결성해 설치 · 운영하는 어린이집이다. 마지막으로 민간어린이집은 위에서 언급한 어린이집이 아닌 어린이집이다. 우리나라 어린이집 현황은 표 1-4에서 확인할 수 있다.

표 1-4 2024년 우리나라 어린이집 현황

유형	어린이집 수(개)	아동 수(명)	교원 수(명)
국공립어린이집	6,521	293,049	–
사회복지법인어린이집	1,171	50,377	
법인 · 단체등어린이집	507	20,778	
직장어린이집	1,305	61,741	
가정어린이집	9,586	139,172	
협동어린이집	116	2,662	
민간어린이집	8,181	373,524	
전체	27,387	941,303	252,181

출처: 교육부, 육아정책연구소(2024)

3) 특수유아교육기관

특수유아교육기관은 장애를 지닌 영유아들의 교육 및 발달을 지원하기 위해 설립된 특수학교 또는 일반유치원의 특수학급이 있다. 특수학교는 특수교육대상자를 교육하기 위해 설립된 학교로 유아부터 고등학교 과정까지 운영된다. 특수학급은 일반학교(유치원, 초등학교, 중학교, 고등학교)에 설치되어 특수교육대상자에게 통합교육을 제공하는 학급이다. 유아특수교육은 장애유아의 발달을 촉진하고, 장애를 최소화함으로써 교육비용을 절감하고 시설수용의 가능성을 최소화하며 독립적인 생활의 가능성을 최대화하는 교육적 효과가 있다. 이에 우리나라는 특수교육대상자 관련 법령은 「장애인 등에 대한 특수교육법(2007년 제정, 2008년 시행)」에서 특수교육대상자의 선정, 교육 및 진단 · 평가, 배치, 그리고 특수교육 관련 서비스 제공 등을 규정하고 있다. 세부 내용으로는 만 3세부터 17세까지의 특수교육대상자는 의무교육을 받을 권리가 있고 특수교육 대상자 및 보호자를 차별하는 것을 금지하며 상담지원, 가족지원, 치료지원, 보조공학기기 지원, 통학지원 등의 다양한 서비스 제공 등을 제공한다. 우리나라의 장애유아를 위한 교육기관은 현재 특수학교에 설치된 유치부와 유치원에 설치된 특수학급이 있으며 그 외 유치원 일반학급에서 통합교육을 실시함으로써 장애유아에 대한 특수교육을 제공하고 있다. 우리나라 특수교육 현황은 표 1-5에서 확인할 수 있다.

표 1-5 2025년 우리나라 특수교육 현황

구분		특수학교	일반학교		특수교육 지원센터	계
			특수학급	일반학급		
특수교육대상자		31,027	69,908	19,532	268	120,735
학생 수	장애영아	92	–	–	268	360
	유치원	804	5,524	1,894	–	8,222
	초등학교	10,671	37,150	8,904	–	56,725
	중학교	7,290	15,305	4,593	–	27,188
	고등학교	7,415	11,770	4,141	–	23,326
	전공과	4,755	159	–	–	4,914
	합계	31,027	69,908	19,532	268	120,735
학교 및 센터 수		196	12,390		197 197	12,783 12,783
			9,709	8,486		
학급 수		5,712	14,658	18,535	69	38,974
특수합교(급) 교원 수		10,733	15,911	–	1,801	28,445
특수교육지원 인력 수		5,391	11,289	255	–	16,935

출처: 교육부(2025b)

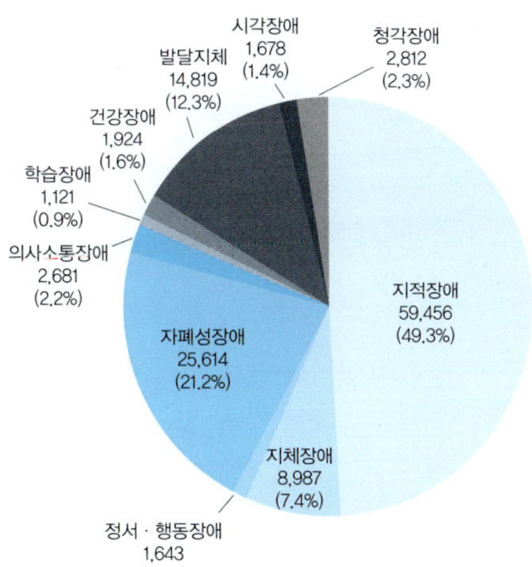

그림 1-4 장애유형별 특수교육대상자 현황

출처: 교육부(2025b)

activity 1. '유아교육이 나아갈 방향 제안'을 토론한 후 발표하기

[활동방법 안내]

Step 1. 3~4명으로 집단을 구성하세요.

Step 2. 4개의 목적(국가발전수단, 단순보육, 초등준비교육, 조기교육) 중 조원이 선호하는 목적을 하나 선택하세요.

Step 3. 국가정책, 뉴스, 보고서 등을 검색하여 선정한 목적을 대변할 수 있는 사례를 찾아보세요.

Step 4. 선택한 사례의 장, 단점을 분석하세요.

Step 5. 분석한 결론을 정리한 후 발표해 보세요.

activity 2. 유아교육의 중요성을 강조한 격언과 속담 10개 분석하기

[활동방법 안내]

Step 1. 인터넷 검색을 활용해 유아교육 중요성 관련 격언, 속담 10개 리스트 작성해 보세요.

Step 2. 작성된 10개를 철학적, 심리적, 사회적 측면으로 분류해 보세요.

구분	내용	분류결과
1		
2		
3		
4		
5		
6		
7		
8		
9		
10		

activity 3. 교육 및 보육서비스 이용 현황을 보고 유치원과 어린이집의 특성을 찾아보세요.

Q1 표에서 제시된 수치를 보고 어린이집의 특성을 찾아보세요.

Q2 표에서 제시된 수치를 보고 유치원의 특성은 무엇인가요?

2024년 교육 · 보육서비스 이용 현황

(단위: 명, %)

연령별	주민등록 인구	어린이집		유치원		양육수당	
		이용자 수	비율	이용자 수	비율	이용자 수	비율
0세반	469,742	119,978	25.5	–	–	–	–
1세반	254,654	228,615	89.8	–	–	24,314	9.5
2세반	267,456	253,802	94.9	–	–	11,507	4.3
3세반	279,924	127,489	45.5	127,037	45.4	15,623	5.6
4세반	309,988	105,360	34.0	173,906	56.1	21,131	6.8
5세반	334,145	101,685	30.4	197,386	59.1	24,243	7.3

출처: 교육부, 육아정책연구소(2024)

chapter 2

유아교육사상

1 서양의 유아교육사상

서양의 유아교육사는 시대별로 다른 교육이념과 방법론이 등장했으며 이러한 사회적, 문화적 요인에 의해 영향을 받았다. 고대에서는 교육의 이상을 탐구하며 유아기에 대한 교육적 접근 방법을 고민하였고, 중세에는 기독교의 영향을 받아 종교적 색채가 강한 교육이 이루어졌다. 르네상스와 종교개혁의 시기에는 인문주의적 사고가 교육에 반영되어 유아교육이 보다 인간 중심적으로 변화하였다. 계몽주의 시대에는 아동의 본성을 존중하는 교육철학이 등장하였고 이후 19세기부터 체계적인 유아교육이 시작되었다. 20세기 이후에는 과학적 연구과 실용적 교육방법론이 발전하면서 유아교육이 더욱 구체화되었다.

1) 고대의 유아교육

고대사회는 문명의 발전과 함께 계층이 분화되면서 교육도 점차 분화되었다. 이집트와 메소포타미아는 문자교육과 직업교육이 발달하였고, 그리스는 시민교육과 강도 높은 신체훈련과 국가주의교육, 로마는 실용적인 웅변술과 법률교육이 중요하게 다루어졌다. 고대사회는 주로 지중해 연안의 그리스와 로마를 중심으로 형성되었다. 그리스문화는 자유시민 중심의 폴리스를 바탕으로 성장하였고 이 폴리스는 일종의 도시국가였다. 그리스인들은 아테네와 스파르타를 비롯한 수많은 폴리스를 건설하였다. 이 중 아테네는 건강한 신체와 건전한 정신이 조화로운 교육으로 인본주의적(인간주의적) 관점의 교육을 중심으로, 스파르타는 오직 강인하고 용맹한 전사를 기르는 국가주의적 관점의 교육을 중심으로 이루어졌다.

두 폴리스를 기반으로 한 그리스 문화를 계승 · 발전시킨 로마는 보다 실용적이고 현실적인 측면을 강조하며 공화국 지도자를 양성하는 데 힘써 왔다. 상류층에서는 그리스인 가정교사를 초빙하여 자녀를 교육하는 것이 보편적인 문화로 자리잡게 되었다. 이 시대는 아동을 미성숙하고 불완전한 존재, 즉 '작은 어린'으로 간주하여 엄격한 훈육과 통제의 대상으로 보았다. 영아 사망률이 높았던 탓에 아이가 일정 연령에 도달하기 전까지는 인간으로 대우하지 않는 경향도 보였다. 특히, 로마시대에는 가부장이 자녀의 생사 여탈권을 가질 정도로 절대적인 권위를 가졌다. 하지만 다른 한편으로는 아동을 국가의 미래를 책임질 중요한 자원으로 인식하고 체계적인 교육의 필요성을 강조하였다. 즉, 고대 그리스와 로마시대의 아동은 '미성숙한 존재'와 '미래 시민'이라는 양가적 시선 속에서 형성되었고 국가의 필요에 따라 교육의 목표와 내용이 결정되었다.

(1) 소크라테스(B.C. 469~B.C. 399)

① 생애

B.C. 469년에 그리스 아테네에서 석공(조각가)인 아버지 소프로니스쿠스와 산파인 어머니 파이나헤테 사이에서 태어났다. 그는 크산티페라는 여인과 결혼해 세 명의 자식을 두었다. 중산 계층에 속하는 기능공을 하다가 아테네 군대 보병 중장으로 전쟁에 참전도 하였고 민회의 의장을 맡기도 하였다. 그는 소피스트와 대립하면서 B.C. 399년 민중법정에서 독약을 마시는 사형집행으로 71세에 세상을 떠났다.

② 인간관

소크라테스는 인간은 본디 선한 존재이며, 내면에 진리의 싹을 가지고 있어 지식을 갈망하는 존재로 보았다. 인간은 내면에 진리를 가지고 태어나며 참된 지식을 끊임없이 탐구하며 정의와 같은 윤리적 덕목을 실현할 수 있는 존재로 보았다.

③ 교육목적

소크라테스는 옳고 그름을 판단하는 이성적인 능력을 키워 도덕적으로 훌륭한 인간을 양성하는 것을 목적으로 하고 있다. 이에 소크라테스의 교육목적은 도덕적 인간 형성이다.

④ 교육내용

소크라테스는 교육내용은 구체적인 기록이나 문서가 존재하지 않아 확인이 어려우나 자신이 무엇을 알고 무엇을 모르는지 명확히 파악하게 하는 '무지의 자각', 알고 행하는 바가 일치하는 '지덕일치', 대화를 통해 누구나 받아들일 수 있는 '보편적 진리 추구'와 관련된 내용들을 다루었을 것으로 추정할 수 있다.

⑤ 교육방법

소크라테스는 지식이 강제적인 외부의 힘에 의해 학습자가 주입할 수 없는 것으로 여겼기 때문에 교수자는 학습자가 스스로 사고할 수 있는 기회를 만들어 주는 역할을 해야 한다고 했다. 이를 위해 대화법 혹은 산파술을 제시하였다. 대화법(산파술)이란 상대편에게 질문을 던져 스스로 무지를 깨닫게 함으로써 사물에 대한 올바른 개념을 도달하게 하는 방법이다. 대화법(산파술)을 사용해서 살아있는 지식을 상대와 대화를 통해 반성하도록 하고 스스로 깨달을 수 있도록 하였다.

⑥ 시사점

소크라테스는 교육의 목적을 도덕적 품성 함양을 강조한 점과 학습자의 사고력을 길러주는 교육방법인 대화법(산파술)을 창안한 점에서 유아교육에 중요한 기여를 하였다.

(2) 플라톤(B.C. 427~B.C. 347)

① 생애

플라톤은 B.C. 427년에 그리스 아테네에서 코드로스 왕조의 혈통을 물려받은 아버지 아리스톤과 명문귀족 후손인 솔론의 후예인 어머니 페릭티오네 사이에서 태

어났다. 아버지는 일찍 세상을 떠났다. 플라톤은 20대부터 소크라테스에게 지도를 받게 되었고 따르던 중 소크라테스가 처형당하자 정치에 혐오를 느끼게 되면서 철학에 전념하였다. 이후 B.C. 388년, 당시 42세에 아테네에 '아카데미아'라는 학원을 세워 제자들을 교육하고 학문을 연구하는 데 주력하다 80세에 세상을 떠났다.

② 아동관

플라톤은 절대적인 지식의 추구와 이상적인 사회의 건설(이데아), 행복한 삶을 추구하였다. 그래서 아동을 단순히 현재의 모습이 아닌 영혼의 눈으로 진리(이데아)를 인식하는 잠재력을 가진 존재로 보았다.

③ 교육목적

플라톤은 '이데아'를 인식하고 '애로스(eros)'의 승화를 통해 조화와 질서를 의미하는 행복에 이르고자 하였다. 이데아의 구현은 인간이 갖고 태어난 본성(금, 은, 동)에 따른 계급(수호자, 전사자, 생산자)에 종사할 때 달성할 수 있다고 하였다. 이에 그의 교육목적은 인간이 갖고 태어난 본성을 존중하고 인격의 기초를 다지는 것이다.

④ 교육내용

플라톤의 이데아는 인간이 갖고 있는 태어난 본성에 따라 직에 종사함으로써 가능하다고 보고 유아기부터 인격의 기초를 다져야 한다고 하였다. 인격의 기초는 습관적으로 직면해야 길러질 수 있고 어릴 적부터 시작해야 한다고 하였다. 그래서 태어나서 10년 동안의 교육은 놀이, 체육, 음악을 중심으로 교육과정을 구성해서 영혼과 육체를 건강하게 만들어야 한다고 하였다. 이외에도 이야기(서사), 동화, 게임, 유희, 시, 3R(읽기, 쓰기, 셈하기) 등을 제시하였다.

⑤ 교육방법

플라톤은 유아기의 중요성을 강조하며 교육방법으로 '놀이'를 제시하였다. 놀이는 자발적인 내적 욕구가 자연스럽게 표출되는 과정으로 효과적인 교육의 결과를 가져올 수 있다고 믿었다. 그래서 어떠한 경우에도 강제로 학습시키지 말고 유아의 자연스러운 성향과 미덕이 나타나는 놀이 형태를 취할 것을 제안하였다. 그리고 대화법과 점진적 습관화 방법을 통해 인격의 기초를 다질 수 있도록 하였다.

⑥ 시사점

플라톤은 교육을 국가가 관리해야 한다고 한 점과 교육이 단순히 지식을 주입하는 것이 아니라 학생 스스로 진리를 찾는 비판적 사고의 중요성을 강조한 점이 유아교육에 중요한 공헌을 하였다.

2) 중세의 유아교육

중세는 서로마 제국이 멸망한 476년부터 동로마 제국이 1453년에 몰락하여 르네상스운동이 일어나기 시작한 15세기까지의 약 1,000년에 걸친 시기를 말한다.

서로마 제국 말기에는 지배계급의 향락과 사치로 인해 대중의 삶이 어려워지자 정신적 위안을 기독교에서 얻고자 하였다. 중세는 중세전기와 중세후기로 나뉠 수 있는데 전기는 암흑시대(4~10세기)로 불리며 고대 로마의 멸망으로 경제적, 지적, 문화적 쇠퇴의 시기를 말한다. 후기는 세속중세시대(10~14세기)라 불리며 기독교가 세속권력을 지배하거나 세속권력이 기독교에 종속되어 복잡한 관계의 시기를 말한다. 중세사회에서도 고대사회처럼 아동을 보는 견해가 크게 달라지지 않았다. 여전히 아이들만의 특성이나 감정, 필요를 인정하지 않은 가운데 노동력의 확보 혹은 경제적 수단으로 아동을 보는 경향이 컸다. 아동이란 어휘도 없었고 대개 젊은이(ilad)라는 용어가 어린이를 지칭하고 있어 아동기를 성인과 분리된 독립적인 발달단계로 인식하지 않았다.

(1) 아우구스티누스(354~430)

① 생애

아우구스티누스는 354년에 로마제국에 속해 있던 북아프리카의 작은 도시 타가스테(현재의 알제리)에서 이교도이자 하급관리였던 아버지 파트리키우스와 기독교인이었던 어머니 모니카의 사이에서 태어났다. 젊은 시절에는 웅변과 수사학을 배우며 방탕한 생활과 유랑의 시간을 보내다가 386년경 암브시우스의 강론을 듣고, 성 모니카의 끊임없는 기도와 성경을 통해 진리를 깨닫고 회심을 했다. 밀라노에서 암브로시우스에게 세례를 받고 사제로 서품된 후 주교로 활동하며 기독교 교리의 체계화에 힘쓰다가 75세에 세상을 떠났다.

② 아동관

아우구스티누스는 원죄론에 뿌리를 두고 아동은 죄의 본성을 타고난 존재로 보았다. 아동은 성장하면서 사회 규범과 교육을 통해 욕구를 다스리게 되지만 인간 본성에 박힌 죄와 끊임없이 싸워나가는 존재로 보았다.

③ 교육목적

아우구스티누스는 삶의 목적을 행복에 두며 누구든지 신을 소유할 수 있다면 그 사람은 진정으로 행복할 수 있다고 하였다. 진정한 행복은 신의 소유에 있고, 신의 소유는 지혜의 보유에 있고, 지혜의 보유는 진리의 인식에 있다고 보았다. 그리고 진리의 인식은 이성적 인식을 통해 가능하다고 보았다. 이에 아우구스티누스의 교육목적은 아동에게 기독교 신앙을 받아들여 은총을 입을 수 있는 것이다.

④ 교육내용

아우구스티누스는 신앙과 지식의 통합을 통해 진리에 도달하고 인간의 행복을 추구하기 위해서는 성서의 진리를 바탕으로 한 신앙교육이 중요하다 하였다. 이를 위해서 신학, 법학 등 전문 분야와 교회의 교리, 윤리적 가치관 등을 다루었지만 아동을 위한 교육내용은 별도로 없었다. 왜냐하면 효과적인 교육을 할 시기가 아니라고 여겼기 때문이다. 다만 어린이에게 일찍부터 인간의 원죄를 극복하기 위한 신앙교육을 했을 것이라 추정할 수 있다.

⑤ 교육방법

아우구스티누스는 신앙교육을 위해 진정한 교사는 곧 신이고, 완전한 교육도 신에 의해서만 가능하다고 하였다. 이러한 종교관을 그대로 받아들여 아동을 끊임없이 감독하고 훈육하는 것을 가장 좋은 방법이라 하였다.

⑥ 시사점

아우구스티누스는 이성적 지식의 중요성과 함께 권위를 통해 주어지는 지식을 인정하며 이성과 권위의 조화를 강조한 점과 이성적 인식은 신의 선물인 지성적인 빛의 조명으로 가능하다는 '조명설'을 제시하여 자기주도학습에 대한 중요성을 강조한 점이 유아교육에 중요한 공헌을 하였다.

(2) 토마스 아퀴나스(1225~1274)

① 생애

토마스 아퀴나스는 1225년에 이탈리아 아퀴노의 란돌프 백작인 아버지와 어머니 데오도라의 사이에서 태어났다. 군인이 되기를 원했던 어머니의 바람과 달리 그가 신앙심과 학구적인 면모를 보이자 몬테카시노 수도원에 1230년에 보내져 교육을 받았다. 이후 나폴리 대학교에서 아리스토텔레스 연구에 심취하던 중 도미니코수도회의 영향을 받아 1244년에 수도사가 되었다. 신앙과 이성의 조화를 강조하는 신학연구를 하였고 강의와 저술활동을 하다가 50세에 세상을 떠났다.

② 아동관

토마스 아퀴나스는 아동을 완전한 인격체로 성장해 나가는 존재로 보았다. 아동을 수동적으로 지식을 주입받는 존재가 아니라 스스로 지식을 발견하고 덕을 함양하는 능동적 존재로 보았다.

③ 교육목적

토마스 아퀴나스는 인간이 신앙을 통해 진리에 도달할 수 있지만 이성과 합리적 사고를 통해서도 신의 질서를 이해할 수 있다고 하였다. 교육의 궁극적인 목적을 인간완성으로 보았고 이 완성은 신에 도달하는 것을 의미한다. 이에 토마스 아퀴나스의 교육목적은 아동에게 도덕적 삶을 실천하여 신을 닮아가는 것이다.

④ 교육내용

토마스 아퀴나스는 모든 학문이 신학으로 수렴되어야 한다고 보았다. 수학, 철학, 문학, 자연과학 등의 세속 학문도 궁극적으로 신의 질서를 이해하는 도구로 활용된다고 보았다. 지혜와 덕성을 갖춘 인간 완성을 위해 지식과 지혜를 얻도록 교육내용을 구성하는 것을 중요하게 보았다. 하지만 어린이를 위한 교육내용이 별도로 존재하지 않았다. 다만 수도원에서 교육을 받았던 경험을 바탕으로 어린이에게 문자교육과 기독교 교리를 가르쳤을 것이라 추정할 수 있다.

⑤ 교육방법

토마스 아퀴나스는 신이 인간에게 잠재적 가능성을 현실화시킬 적절한 수단으로 '발견의 방법'과 '교수의 방법'을 제시하였다. '발견의 방법'은 자기의 선천적인 이성을 통해서 지식을 얻는 방법이고 '교수의 방법'은 외부로부터 격려와 자극을 제공하여 지식은 얻는 방법이다. 또한 교수과정으로는 교사의 지식을 개념, 원리, 상징, 언어 등의 적절한 방식으로 학생에게 제시하면 학생은 자신의 능동적 지성으로 받아들여 막연한 인식을 분명한 인식으로 바뀌어 나간다고 보았다. 그리고 교육 시, 단순한 지식을 넘어 학습자의 이해수준과 내용의 논리적 질서를 맞춰 체계적으로 이루어져야 한다고 보았다.

⑥ 시사점

토마스 아퀴나스는 전인교육과 인성교육의 중요한 철학적 뿌리를 제공하여 도덕교육의 방법론적 원리를 제시한 점이 유아교육에 중요한 공헌을 하였다.

3) 근대의 유아교육

근대는 문예부흥과 종교개혁으로 중세의 가치관이 무너지고 시민중심 사회가 형성되는 과정을 말하며 일반적으로 18세기 이후부터 20세기 초반까지를 말한다. 봉건사회를 극복하고 자본주의와 시민사회가 성립되었으며 절대왕정이 무너지고 개인의식이 성장한 시기이다. 르네상스, 종교개혁, 계몽주의를 거치며 교육은 개인의 이성과 자율성을 강조하고 국민 국가 형성에 기여하는 방향으로 변화하였다. 르네상스는 고전 연구를 통한 인문주의 교육이 부활하여 전인적 인간 양성을 강조하였고 종교개혁은 성경 읽기를 강조하며 초등교육의 중요성이 부각되면서 종교적 목적의 학교들이 설립되었다. 계몽주의는 아동중심교육, 자연주의교육, 전인교육의 중요성을 역설하며 근대 공교육 제도의 기틀을 마련하였다. 인간 본연의 세계에 눈을 뜨기 시작하였고 아동을 성인의 축소판이 아닌 하나의 독립된 존재로 인식하기 시작했다.

(1) 코메니우스(1592~1670)

① 생애

코메니우스는 1592년 보헤미아의 니브니체에서 하층중간계급의 제분업자 인 아버지 마르틴 코멘스키와 어머니 안나의 사이에서 태어났다. 가난한 환경으로 16세가 되어 라틴어학교에 입학했고 1611년 헤르본 대학에서 신학과 철학을 다시 1613년에 하이델베르크 대학에서 신학, 라틴어, 그리스어, 철학을 공부하였다. 이때, 라트케와 비베스 등으로부터 교수 방법에 관하여 간접적인 영향을 받았다. 1614년 고향의 학교에서 교장이 되었고, 1616년에는 목사가 되어 박해를 받아 도피와 운둔의 생활을 하였다. 1628년 이후 폴란드서 김나지움의 교사로 생애를 보내며 연구, 저술, 교회활동 등을 하다가 70세에 세상을 떠났다.

② 아동관

코메니우스는 아동을 무지하거나 타락한 존재가 아닌 신의 형상대로 만들어진 순수하고 잠재력이 풍부한 존재로 보았다. 그래서 아동을 세상의 어떤 보물보다 소중한 존재이자 신의 뜻에 맞는 인간으로 성장할 수 있는 존재로 보았다.

③ 교육목적

코메니우스는 교육목적을 철저하게 기독교적 세계관을 토대로 인간의 지식이 아닌 신의 지식을 깨달아 행복을 누리도록 하는 것이다. 이에 코메니우스의 교육목적은 아동에게 신과 영원한 행복을 누리는 존재로 성장시키는 것이다.

④ 교육내용

코메니우스는 모든 지식은 성서에 의해서 적극적으로 인도되어야 할지라도 어린이들은 교육을 통하여 그들의 특정 문화적 여건과 조화를 이루어야 한다고 하였다. 인간의 발달단계에 따른 적절한 교수 방법을 그의 저서 『대교수학』에서 제시하였다. 대교수학은 유아교육에서부터 대학교육에 이르는 교육제도에 대해 체계적인 교육학 저서로 불린다.

표 2-1 코메니우스의 학교제도와 교수 방법

구분	학교명	대상	연령	교육내용
1단계	어머니의 무릎학교	유아기	1~6세	건강, 일상언어, 도덕 및 신앙, 자연계의 사실과 진리 등
2단계	모국어학교	아동기	7~12세	자국어 교육, 종교, 산수, 역사, 지리, 미술, 물리 등
3단계	라틴어학교	소년기	13~18세	어학교육, 물리학, 지리학, 역사학, 도덕, 종교 등
4단계	대학교육	청년기	19~24세	전공 분야인 신학, 철학, 법학, 의학, 여행, 고전 등

표 2-1을 보면, 아동기에 해당하는 시기는 어머니의 무릎학교이다. 이 시기의 해당하는 어린 자녀는 어머니에 의해 교육을 받아야 하고 건강, 일상언어, 도덕 및 신앙 등의 내용을 제시하였다.

⑤ 교육방법

코메니우스는 교육방법은 『세계도회』와 『대교수학』을 통해서 제시하고 있다. 먼저 최초의 그림책인 『세계도회』를 통해서 배움은 감각을 통해서 경험해야 하고, 실제에 있어서 실물에 의한 교육, 직접적인 사물을 통한 직관교육을 제시하였다. 그리고 『대교수학』을 통해서 배움은 유아의 자연적 발달순서를 고려한 '놀이활동'을 제시하였다. 즉, 코메니우스는 감각교육, 직관교육, 합자연교육을 아동기의 교육방법으로 제시하였다.

⑥ 시사점

코메니우스는 이전 교육의 틀을 깨고 아동에게 적합한 교육방법을 제시한 점과 가정교육에 대한 중요성을 인식하여 아동기 교육을 강조한 점에서 유아교육에 중요한 공헌을 하였다.

(2) 로크(1632~1704)

① 생애

로크는 1634년 영국 시미싯주의 링턴에서 상인가문의 출신이자 법률학자인 아버지 존과 상인가문의 출신인 어머니 아그네스 킨의 사이에서 태어났다. 근엄한 청교도 가정에서 성장하였고 유년 시절에 웨스트민스터 기숙사학교에 입학하여 우수한 성적으로 졸업했다. 이후 1952년 옥스퍼드, 크라이스트처치 대학에서 신학과 그리스어를 배웠고 데카르트의 철학과 자연과학에 몰두하였다. 1665년에는 외교관의 비서로 베를린에 머물면서 정치, 경제학을 연구했고 몸이 약해 고국으로 귀국한 이후에는 의학, 연구, 저술활동을 하다가 72세에 세상을 떠났다.

② 아동관

로크는 원죄설을 부정하며 인간의 본성은 환경에 따라 이렇게도 저렇게도 쓰여질 수 있다는 백지설(tablua rasa)을 제시하였다. 그러면서 아동은 성장과정에서 양육과 환경을 통해 영향을 받는 존재이자 인격을 만들어가는 존재로 보았다.

③ 교육목적

로크는 스스로 판단하고 행동하는 시민사회의 신사를 양성하는 것을 목적으로 신사가 되기 위해서 덕성, 지성, 예의, 학예를 갖추어야 한다고 하였다. 이에 로크의 교육목적은 아동에게 신사 양성을 위한 기초습관을 형성하는 것이다.

④ 교육내용

로크는 저서인 『교육에 관한 의견』에서는 체육(신체건강), 덕육(도덕교육), 지육(지식교육), 심의(습관, 훈련)의 내용을 다루며 단순히 지식뿐만 아니라 도덕성, 예의범절, 그리고 강인한 신체를 갖춘 통합적인 인격 형성이 가능하도록 해야 한다고 하였다. 유아기에 해당하는 교육내용을 언급하고 있지는 않지만 다양한 덕목을 중심으로 교육이 이루어졌을 것으로 추정할 수 있다.

⑤ 교육방법

로크는 선천적으로 능력이 결정되는 것이 아닌 후천적인 노력으로 능력이 변화될 수 있도록 '환경'과 '수치심'을 교육방법으로 제시하였다. '환경'은 어린이 주변에 좋은 환경을 제공해서 그 환경에 감화를 받아 아이들은 배울 수 있다고 하였다. '수치심'은 어린이가 나쁜 행동을 했을 때 당장 그 행동을 질책하는 것이 아니라 마음속에서 뉘우치도록 하여 수치심을 통해 교화될 수 있도록 해야 한다고 하였다. 다만 어린이가 학습에 있어서 작은 실수에 대해 하나하나 자세하게 지적하기보다는 적절한 훈육과 칭찬의 방법이 효과적이라고 제시하였다. 또한 아동의 경험 하나하나가 인간형성에 중요한 요소가 된다는 조기교육, "건강한 신체에 건전한 정신이 깃든다."라고 언급한 것처럼 신체와 정신의 조화로운 발달의 중요성을 제시하였다.

⑥ 시사점

로크는 중세 시대의 관점을 전환시키는 계몽주의적 사상(조기교육의 필요성, 도덕교육의 필요성, 백지설 등)을 제시하며 환경과 경험이 교육에 결정적 역할을 한다는 현대 교육학의 기초를 마련한 점에서 유아교육에 중요한 공헌을 하였다.

(3) 루소(1712~1778)

① 생애

루소는 1712년 스위스의 제네바에서 시계공인 아버지 아이작 루소와 어머니인 수잔 버나드 사이에서 태어났다. 어머니는 출산 후유증으로 태어난지 얼마 안 되어 세상을 떠나 아버지와 숙모의 보살핌으로 성장하였다. 13세부터 여러 직업을 전전하게 되다가 16세부터 스위스, 이탈리아, 프랑스를 여행하는 방랑생활을 하였다. 이후 1731년, 28세 때 후원자인 바랑남작부인의 경제적 지원으로 고전과 음악을 공부하였고 테레즈와 결혼하여 5명의 자녀를 두었으나 차례로 위탁시설에 맡겨 자기 스스로 자녀를 교육시킨 경험이 없다. 1950년에 '예술과 과학에 대한 대화'로 디종아카데미에 당선되어 명성을 얻었고 『에밀』, 『사회계약론』을 발표하면서 개혁사상가로 명성을 떨치게 되었다. 그러나 반종교적이고 반정부적이라는 사상적 박해를 받아 유럽의 여러 국가를 방랑하며 집필활동에만 집중하다 66세에 세상을 떠났다.

② 아동관

루소는 아동을 미성숙한 어른으로 보지 않고 고유한 가치와 발달단계를 가진 존재로 보았으며 선한 존재이자 능동적인 존재로 보았다. 그래서 아동기 그 자체를 보호하고 존중받아야 할 소중한 시기로 보았다.

③ 교육목적

루소는 인간을 조화로운 사회를 재구성할 수 있는 주체로 보았다. 그래서 교육이 자연적인 본성을 가진 자연인을 양성하여 조화로운 인간을 만드는 것으로 보았다. 이에 루소의 교육목적은 아동에게 자연인으로서의 인간 본성을 기르는 것이다.

④ 교육내용

루소는 유아를 존중하고 독특한 발달단계를 인정하며 이에 합당한 교육내용으로 구성해야 한다고 하였다. 세부적인 내용은 루소의 저서인 『에밀』에서 '유아기'와 '아동기'로 제시하고 있다. '유아기'에는 출생에서 5세까지로 선한 본성을 존중하고 어머니의 역할과 애정을 강조하며 신체활동과 발육과 관련된 내용을 제시하였다. '아동기'에는 6세부터 12세로 언어를 습득하고 오관(오감각)의 경험을 통해 스스로 학습이 될 수 있는 내용을 제시하였다.

표 2-2 루소의 교육 시기별 특성

단계	연령	내용
유아기	0~5세	선한 본성 존중, 어머니의 역할과 애정 강조
아동기	6~12세	소극적 교육의 시기, 언어의 습득과 오관의 연습
소년기	13~15세	지적 도야기, 자연과학 외 수공
청년기	16~20세	사회생활 교육 시기, 인간관계와 사회제도의 학습
성인기	21세 이후	독립할 수 있는 시기, 공동체 참여, 시민적 책무

⑤ 교육방법

루소는 자연주의 사상으로 유아의 자연성을 개발할 수 있도록 하며 유아에게 인위적인 제한을 가해서는 안 된다고 하였다. 그러면서 유아에게 '자연중심 교육방법', '소극적 교육방법', '직관(감각)중심 교육방법'이 적절하다고 하였다. '자연중심 교육방법'은 자연, 사물, 인간에 의한 교육이 잘 조화되어 동일한 목적에 일치되도록 하는 방법이다. '소극적 교육방법'은 목표에 맞추어 인위적으로 이끌어가기보다는 자연적 발달단계에 맞춰 교육하는 방법이다. '직관(감각)중심 교육방법'은 실물을 통한(시청각적 방법을 통한) 그리고 직접 경험하게 하는 감각경험을 중심으로 하는 교육방법이다. 이러한 방법을 구현하기 위해서는 무엇보다 성인의 간섭을 최소화해야 한다고 하였다.

⑥ 시사점

루소는 자연성을 토대로 아동의 개성을 존중하고 자발적인 성장과 자유로운 활동을 보장한 점과 다양한 교육방법(경험을 중시하는 자연주의 교육방법, 생활중심 교육방법 등)을 제시하여 아동중심 교육으로의 획기적인 전환을 가져온 계기를 제공한 점에서 유아교육에 중요한 공헌을 하였다.

(4) 페스탈로치(1746~1827)

① 생애

페스탈로치는 1746년 의사였던 아버지 요한 밥티스트와 유명한 호스 장군의 조카였던 어머니 수잔나 호스 사이에서 태어났다. 의사였던 아버지는 페스탈로치가 5세가 되던 해 세상을 떠났지만 어머니, 시골의 목사였던 할아버지, 가정부인 바벨리의 보살핌 속에서 사회적 약자에 대한 관심과 배려를 실천하는 가정에서 성장하였다. 노동과 학업을 병행하며 취리히 대학으로 진학하고 사회운동 단체에 활동하며 30세에 안나 슈테스를 만나 결혼을 하였다. 1774년 노이호프에서 20여 명의 어린이들과 낮에는 농사를 짓고 밤에는 공부하는 공동야학을 열었고, 이후 1798년 슈탄츠에서 고아원의 책임자로 교육에 힘쓰다가 1799년 부르크도르프에서 서민학교와 시민학교의 교사로 활동하였다. 1800년 고성을 대여 받아 학교를 세웠고 21년간 교육에 전념하다 82세에 세상을 떠났다.

② 아동관

페스탈로치는 인간을 누구나 본성에 있어 평등한 존재로 보았고 아동은 선한 존재이자 내재된 잠재력을 개발하는 존재이며 고유한 특성을 가진 존재로 보았다. 한편 페스탈로치는 아동을 빈곤과 무지에서 구원해야 할 대상으로 보기도 하였다.

③ 교육목적

페스탈로치는 교육이 '인간개혁'과 '사회개혁'을 가능하게 하는 것으로 보았으며 개인적 차원에서 인간의 행복에 기여하고 사회적 차원에서 유용한 구성원으로 만들어갈 수 있어야 한다고 하였다. 이에 페스탈로치의 교육목적은 아동에게 인간의 인격과 능력을 조화롭게 발달시켜 사회를 개혁하는 것이다.

④ 교육내용

페스탈로치의 교육은 내부에서 스스로의 발전을 통해 이루어지고 감각, 지각, 관찰과 자연과의 접촉, 직접적인 경험을 통해 학습이 가능하다고 하였다. 특히 어린이의 경우에는 가정에서의 기초교육(3R-읽기, 쓰기, 셈하기)에 도덕교육과 실제교육이 더해져야 한다고 하였다. 실제교육으로는 노동활동(농사, 청소, 생활공예, 식목 등)을 제시하였다.

⑤ 교육방법

페스탈로치는 자연주의 교육관에 기초하고 있으며 인위적인 방법이 아니라 아동 자신이 느끼는 자연적인 요구와 활동을 통해 이루어져야 한다고 하였다. 그러면서 '합자연의 교육방법'이 핵심이라 하였다. '합자연의 교육방법'에는 '직관의 원리', '자기활동의 원리', '조화의 원리', '생활공동체의 원리'를 제시하였다. 또한 페스탈로치는 최고의 자연교육으로 인간형성의 기초가 되는 가정교육을 강조하며 부모와 자녀들의 애정 넘치는 생활이 중요하다고 하였다.

⑥ 시사점

페스탈로치는 교육이론가라기보다는 교육실천가로 머리(Head), 가슴(Hand), 손(Heart)의 조화로운 발달을 통한 전인교육, 손을 발달시키기 위한 노작교육을 통한 자기주도학습, 가정교육의 중요성을 강조하며 교육의 사회적 기능에 대한 관점을 제공한 점에서 유아교육사에 중요한 공헌을 하였다.

(5) 프뢰벨(1782~1852)

① 생애

프뢰벨은 1782년 목사였던 아버지 요한 야곱 프뢰벨과 어머니 야코비네 엘에오노레 프리데리카 호프만 사이에서 태어났다. 생후 9개월만에 어머니가 세상을 떠나 고독한 유소년기를 보냈다. 14세에 산림관의 제자로 들어가 자연에 대한 탐구심이 싹트는 생활을 시작하였다. 1799년에 예나 대학 철학과에 입학한 후 경제적 어려움으로 그만두고 1809년 페스탈로치를 만나면서 교육에 대한 관심을 갖기 시작해 1816년부터 일반독일 교육원을 운영하였다. 1820년부터 1824년까지 카울하우에서 소논문을 발표하고 1836년 54세에 베를린으로 가서 "합자연의 발달은 놀이를 통해서 가능하다"는 확신을 토대로 1839년 놀잇감 중심의 유아교육에 대해 강연회를 열어 명성이 높아졌다. 같은 해 '어린이 작업소(유치원)'를 만들어 운영하다 70세의 나이로 세상을 떠났다.

② 아동관

프뢰벨은 인간의 삶 전체가 교육적 삶이라 보았으며 아동은 하나의 독립적이고 자주적인 존재로 보았다. 또한 아동의 내면에는 신성을 지녀 어린이를 신의 자태를 갖고 있는 존재로 보았다.

③ 교육목적

프뢰벨은 교육이란 인간에게 신성이 내재되어 있기 때문에 신성이 왜곡되지 않도록 보호해야 한다고 했다. 이를 위해서는 인간은 자연이나 신과 조화를 이루는 것이 무엇보다 중요하다 하였다. 이에 프뢰벨의 교육목적은 아동이 가진 내면의 신성을 인식하고 개발하도록 돕는 것이다.

④ 교육내용

프뢰벨은 안식, 인식, 표현의 삼위일체교육을 중시하였는데 이를 위해 종교, 자연, 수학, 언어, 예술을 다루어야 한다고 하였다. 종교는 안식에, 자연은 심정과 인식에, 수학, 언어, 예술은 표현에 해당하기에 인간의 기본적인 것을 갖추도록 하였다. 특히 유아기에는 놀이를 기반으로 노래, 이야기, 동시, 율동, 게임, 정원 가꾸기, 동물 돌보기, 선택 등의 활동을 제시하며 유아의 본성에 따를 수 있도록 하였다.

⑤ 교육방법

프뢰벨은 최초로 '어린이 정원(kindergarten)'이라는 용어를 사용하며 유치원을 설립하였다. 유치원에서는 훈련받은 교사가 유아를 교육하였으며 놀이를 통한 학습을 하였다. 이를 위해 '은물'이라는 교재 · 교구를 개발하여 활동하였고 구체적인 자료를 가지고 활동하는 '작업'을 고안하여 어린이들의 내면세계를 자유롭게 표현할 수 있도록 하였다. 10개의 은물과 11개의 작업은 형체, 면, 선, 점의 영역으로 나뉘고 재구조하는 과정을 통해서 자연의 원리와 우주의 진리를 스스로 깨닫고 자신의 내면 세계를 표현해 간다고 하였다. 즉, 자기활동의 원리와 놀이의 원리가 최적의 교육방법으로 제시하였다.

표 2-3 프뢰벨의 은물과 작업의 구성

구분	은물		작업	
	내용	영역	내용	영역
1		형체	구멍뚫기	점

구분	은물		작업	
	내용	영역	내용	영역
2		형체	바느질하기	선
3		형체	그리기	선
4		형체	색칠하기	면
5		형체	종이끈으로 형태 만들기	면
6		형체	매트짜기	면
7	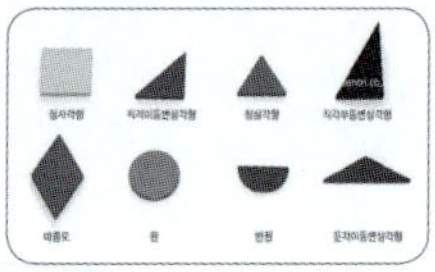	면	종이접기	면

구분	은물		작업	
	내용	영역	내용	영역
8		선	종이 오리기	면
9		선	콩으로 만들기	형체
10		점	상자 만들기	형체
11	–	–	점토로 만들기	형체

⑥ 시사점

프뢰벨은 놀이의 교육적 가치를 강조한 점과 아동이 스스로 탐색하고 배우는 창의적인 학습자이며 풍부한 교육환경(은물, 작업 등)을 제공해야 한다는 아동중심 교육의 토대를 마련한 점, 그리고 가정교육과 유아교육의 중요성에 대한 관점을 제시한 점에서 유아교육에 중요한 공헌을 하였다.

4) 현대의 유아교육

산업혁명과 정보화 시대, 세계화를 거치면서 교육은 더욱 다양하고 복잡한 양상을 보이게 되었다. 20세기 초에는 진보주의 교육, 아동중심 교육, 경험학습 등이 강조되었고 세계대전 이후에는 민주주의 교육, 평생교육, 교육의 기회균등이 중요한 가치로 부상하였다. 정보화 사회에서는 미래 사회에 필요한 역량을 강조하는 교육으로 변화하면서 현재는 디지털 기술을 활용한 교육이 확산되고 있는 추세이다. 현대에서는 아동이 무엇을 학습하고 어떤 태도로 학습하며 어린 시기의 경험이 성인이 되는 과정에서의 어떠한 영향을 미치고 있는지에 대한 연구가 활발하게 이루어지면서 다양한 교육사상이 등장하게 되었다.

(1) 듀이(1859~1952)

① 생애

듀이는 1859년 미국 버몬트주 벌링턴에서 상인이었던 아버지 아치벌드 스프레이그 듀이와 어머니 루사이너 아르터미지어 리치 듀이 사이에서 태어났다. 엄격한 가정교육을 받았고 15세의 나이에 버몬트 대학교에 철학에 대한 흥미를 보였다. 졸업 후 초등학교와 고등학교에서 교사로 재직하다 존스 홉킨스 대학교의 철학대학원에 입학하여 박사학위를 취득하였다. 이후 시카고 대학교에서 강사를 하다 미시간, 시카고, 콜롬비아 대학교에서 교수로 재직하였다. 시카고 대학에서 철학, 심리학, 교육학과의 주임교수로 활동하다 종합적 학문에 접근할 수 있었고 경험주의적 신념과 학교 제도에 대한 실용주의적 주장을 펼치며 시카고 실험학교(듀이스쿨)를 창립하여 자신의 주장을 실천하였다. 듀이는 컬럼비아 대학에서 저서와 연구를 하며 자신의 교육철학을 전 세계에 전파하다 93세로 세상을 떠났다.

② 아동관

듀이는 아동을 수동적인 존재가 아닌 스스로 경험하고 성장하는 능동적인 존재이자 유아가 지닌 잠재적 흥미, 관심을 존중하고 유아를 환경에 능동적으로 반응하는 존재로 보았다.

③ 교육목적

듀이의 교육은 학습자의 자기활동에 의해 이루어지는 경험의 재구성 과정으로 보고 교육이 무엇보다 경험 안에서, 경험에 의하여, 경험을 위하여 이루어지는 발전이라 하였다. 이에 듀이의 교육목적은 경험의 재구성을 통한 지속적인 성장이며 민주적 시민 양성을 목표로 하는 것이다.

④ 교육내용

듀이는 교육을 성장이라고 볼 때 교육과정은 고정된 것이 아니라 끊임없이 변화하고 재구성 · 재조직되어야 한다고 하였다. 경험의 지속적인 재구성이 아동과 교과를 이어주는 역할을 한다고 하였다. 듀이가 언급한 '행함으로 배운다(Learning by doing)'는 말처럼 유아 스스로 경험을 통해서 지식을 쌓아가는 경험중심 교육과정이 되어야 한다고 하였다. 그리고 놀이가 유아의 자연적 충동과 본능을 기초로 확장될 수 있다고 보아 일상생활에서 놀이를 중시하였다. 따라서 듀이는 적목놀이, 소꿉놀이, 목공놀이, 요리 등을 교육내용으로 제시하였다. 아울러 교육내용으로 조직하는 다섯 가지의 원칙을 다음과 같이 제시하였다. 첫째, 유아의 경험은 교재 혹은 지식과 연결되어 교육적 효과가 있어야 한다. 둘째, 생각하는 것을 학습할 수 있어야 한다. 셋째, 사회적 활동에 참여하는 것이어야 한다. 넷째, 계속성(과거-현재-미래 간에 미치는 영향)과 상호작용(개인과 환경 간에 미치는 영향)이 가능하도록 해야 한다. 다섯째, 유아의 심리적 요소를 고려하여 구성해야 한다. 이러한 원칙을 토대로 교육내용을 조직하면 생활과 일치할 수 있다고 하였다.

⑤ 교육방법

듀이는 유아의 흥미, 자유롭게 능력을 발전시키고 흥미를 기반으로 하는 자기활동이 되어야 하며 교육방법을 결정할 때 '상호작용', '변화', '연속성'의 원리를 고려할 것을 제시했다. 또한 그는 교사와 유아가 능동적인 상호작용이 가능하도록 개별화 교육을 토대로 반성적 사고에 기초한 문제해결 과정을 중시하였다. 듀이가 제시한 문제해결 과정은 반성적 사고를 통한 교육방법으로 표 2-4에 제시되어 있다.

표 2-4 듀이의 문제해결 과정(반성적 사고과정)

단계		내용
1	문제 제기 단계	유아가 경험에 직면하여 활동 자체에 관심과 흥미를 갖고 생활 경험을 해나가는 과정에서 당면한 문제
2	문제 규정 단계	유아가 당면한 상황 속에서 실제적인 문제를 찾는 단계
3	가설 설정 단계	유아가 그 문제를 다루는 데 필요한 정보를 수집하고 관찰하여 문제해결을 위한 잠정적 결론을 설정하는 단계
4	가설 실행 단계	잠정적 가설의 해결방안을 체계적으로 정립해 나가는 단계
5	가설 적용 및 검증 단계	아이디어를 실제 적용하여 의미를 분명히 하고 타당성을 스스로 확인히고 평가하는 단계

출처: 김병희 외(2014); 정금자 외(2014)

그리고 듀이는 교사의 역할로 유아의 개별적 흥미를 실현시킬 방법을 찾도록 노력하기 위해 관찰자, 조력자, 안내자(중재자)의 역할이 중요하다고 하였다. 이러한 역할을 통해 교사는 유아와 세계를 연결하는 매개체가 될 수 있다고 하였다.

⑥ 시사점

듀이는 교육을 생활이고, 성장이며, 계속적인 경험의 재구성으로 보고 교육의 원리로서 상호작용, 변화, 계속성의 원리를 제시한 점과 학습자중심의 민주적 · 실용적 교육환경에 대한 조성을 강조한 점이 통합교육과정 설계를 위한 이론적 근거를 제공하고 있기에 유아교육에 중요한 공헌을 하였다.

(2) 몬테소리(1870~1952)

① 생애

몬테소리는 1870년 이탈리아 키아라발레에서 고위직 공무원 귀족 출신 군인 장교인 아버지 알렉산드로 몬테소리와 교육자 가정 출신의 어머니 레보네 스테파니의 사이에서 태어났다. 건전하고 바른 가정에서 따뜻한 인성을 갖추게 되었고 1890년 마사피엔차 대학교에 물리학, 수학, 자연과학 분야의 학생으로 입학해 의과대학에서

임상학 실무를 공부할 수 있는 자격을 얻어 의대생이 되었다. 의과대학을 졸업 후 대학 부속 병원 소아정신과에 근무하다 아이들을 학대하는 당시의 관습에 지쳐 교육학으로 전향하게 되었다. 1898년에 로마의 국립 특수교육학교에서 일한 다음 로마 대학교에 재입학해 7년간 실험심리학과 교육학을 배웠고 1904년 로마대학 인류학 교수로 임용되었다. 1907년 3~6세까지의 노동자 자녀를 위한 '어린이집(Casa dei Bambini)'을 운영하다 1922년 이탈리아의 교육부 장관을 역임했고 1934년 스페인 바로셀로나에 정착한 후 네덜란드, 영국, 인도 등에서 교육법을 전파하다 82세로 세상을 떠났다.

② 아동관

몬테소리는 아동을 주변 환경으로부터 꾸준히 정보를 수집하며 독자적으로 탐색하고 학습하는 존재로 보아, 독립적이고 스스로 배우는 잠재력과 자율성을 지닌 능동적 존재로 보았다.

③ 교육목적

몬테소리는 아동을 스스로 성장할 수 있는 내적인 힘을 지닌 자유로운 존재로 보았다. 이에 몬테소리의 교육목적은 아동의 육체적, 정신적 에너지 상호작용을 통해 내면적 안정을 갖춘 정상화 상태를 유지하는 것이다.

④ 교육내용

몬테소리는 정상적인 아동을 위해 교구를 통한 감각훈련과 기본생활습관 훈련을 중시하였고 이를 위한 주요내용은 표 2-5에 제시되어 있다.

표 2-5 몬테소리의 교육내용

구분	교육 영역	주요 내용
1	일상생활 훈련	기본동작 익히기, 자기자신 가꾸기, 환경 가꾸기, 대인관계 형성하기
2	감각교육	짝 맞추기, 원기둥, 길이 막대, 입체도형, 기하도형
3	수학교육	수의 소개, 십진법, 연속 수, 암산, 분수, 시계
4	언어교육	노래 부르기, 종이글자, 알파벳, 언어카드
5	문화교육	자연, 종교, 지리, 역사, 음악, 미술, 사회

몬테소리 교육내용으로는 일상생활 훈련, 감각교육, 수학교육, 언어교육, 문화교육을 제시하였다. 일상생활 훈련은 실제 생활에서 더 적응을 잘할 수 있도록 경험하는 활동을 도와주는 것으로 기본동작 익히기, 자기자신 가꾸기, 환경 가꾸기, 대인관계 형성하기 등을 다룬다. 감각교육은 가장 중요시한 영역으로 간단한 것에서 복잡한 것까지 기초적인 추상적인 개념을 활동을 통해 자아 형성과 정신적 발달을 도와주는 것으로 짝 맞추기, 원기둥, 길이 막대, 갈색계단, 입체도형, 기하도형 등을 다룬다. 언어교육은 구체적인 사물조작을 통해 읽기와 쓰기의 발달을 도와주는 것으로 노래 부르기, 종이글자, 알파벳, 언어카드 등을 다룬다. 수학교육은 사고력을 기르는데 도와주는 것으로 수의 소개, 십진법, 연속 수, 암산, 분수, 시계 등을 다룬다. 마지막으로 문화교육은 인간이 살아가는 데 필요한 것의 이해를 목적으로 자연교육, 종교교육, 지리, 역사 등을 다룬다.

⑤ 교육방법

몬테소리는 정상적인 아동을 지향하였다. 정상적인 아동이 되기 위해서는 환경을 받아들이며 스스로 경험하여 배우게 되는 특성인 '흡수정신'과 일정 기간동안 특정한 행동에 대해 감수성이 예민하여 쉽게 배울 수 있는 시기인 '민감기'를 활용해 '자기활동'의 원리, '자동교육'의 원리, '준비된 환경'의 원리가 적용되어야 한다고 하였다. '자기활동'의 원리는 스스로 배울 수 있는 원리를 말하고, '자동교육'의 원리는 스스로 선택한 교구를 가지고 작업하면서 자신의 오류를 스스로 정정하며 자신의 능력을 발달시키는 것을 말한다. 그러면서 자동교육의 3단계 교수법을 제시하였는데 1단계는 교사가 유아에게 사물의 명칭을 가르쳐주고, 2단계는 교사가 사물의 명칭을 포함하여 다양한 질문을 하면서 유아가 해당하는 사물을 짚어보거나 대답하도록 하며, 마지막 3단계는 유아가 사물의 명칭을 기억할 수 있도록 말하도록 하는 것이다. 마지막으로 '준비된 환경'의 원리는 유아가 자기활동을 통해 책임감 있게 인격을 형성할 수 있도록 계획되어진 환경을 말한다. 그리고 몬테소리가 제시한 교사의 역할은 영유아를 관찰하는 관찰자, 준비된 환경을 제공하는 환경제공자, 유아의 발달 및 다양한 상호작용을 촉진하는 촉진자로 제시하여 내면적 안정을 갖춘 정상화 상태가 유지될 수 있다고 하였다.

⑥ 시사점

몬테소리는 유아기를 민감기와 흡수하는 정신이라는 내적인 특성을 바탕으로 자연적인 법칙에 따라 정신이 발달하는 시기로 보았다는 점과 유아의 선택과 활동을 도울 수 있는 환경(교구)을 개발한 점에서 유아교육에 중요한 공헌을 하였다.

2 동양(우리나라)의 유아교육사상

서양의 유아교육사상은 기독교라는 커다란 종교적 흐름 속에서 발달되어 왔다면 동양의 유아교육사상은 불교와 유교의 흐름 속에서 이해될 수 있다. 특히 우리나라는 시대에 따라 신화, 무속, 불교, 유교, 우리나라 교육사상의 전환점이 된 천도교와 서양에서 유입된 기독교가 정치, 경제, 문화, 교육 등에 영향을 주었다. 이에 신화, 무속, 불교, 유교, 천도교, 기독교의 사상을 중심으로 유아교육의 사상적 흐름을 고찰하고자 한다.

1) 신화

신화는 인류가 갖고 있는 상상력의 발로이자 공동체의 산물이다. 신화에서는 시조의 뿌리가 대부분 인간이 아니라 신이다. 예를 들면, 단군은 천신 환인의 손자이며 환웅과 웅녀의 아들이고, 주몽은 하백의 손자이며 일원신의 아들이다. 또한 금와왕은 천신 해모수의 손자이며 해부루의 아등일고 혁거세와 수로는 하늘에서 내린 하늘의 자손이며, 탈해는 적녀국의 왕녀와 해신의 함달바의 아들로 제시하고 있다. 특히 단군신화에는 우리 고대 한국인들의 사유구조가 집약되어 있기에 이를 이해하여 당시의 교육에 대한 생각을 이해할 수 있을 것이다.

단군신화 요약

환인(桓因)의 서자인 환웅(桓雄)이 자주 지상에서 살고 싶다고 간청하자 환인이 마침내 이를 허락하였다. 환웅은 태백산(지금의 백두산)에 내려와 360여 종의 세상일들을 맡아 홍익인간의 정신으로 세상의 사람들을 다스리고 교화하였다. 어느 날 곰과 범이 나타나 환웅에게 다가와 사람으로 만들어 줄 것은 요청하였다. 환웅은 그들에게 쑥 한줌과 마늘 스무 쪽을 주면서 그것만 먹고 100일 동안 햇빛을 보지 않고 지내면 사람이 된다고 일러주었다. 곰은 그것을 받아서 먹고 근신하여 21일만에 한 여자로 되었으나, 범은 참지 못하여 사람으로 되지 못하였다. 웅녀(熊女)는 환웅에게 아이를 가지게 해 달라고 기원하자, 그가 스스로 잠시 거짓 변신하여 그녀와 혼인하였다. 그리하여 낳은 아이가 바로 단군왕검이다. 그는 왕이 되어 평양성에 도읍을 정하고 나라를 「조선」이라고 하였다.

① 인간상

단군 혹은 단군왕검은 천상의 신격적 생명과 웅녀의 속세적 성품을 겸비하고 초인적 능력과 인간적 근신의 덕을 상속받는 자로 묘사하였다. 단군은 고조선의 지배자들이 본받고 따라야 할 수장의 전형이자 교육적 인간상이다(서영대, 1994).

② 교육목적

단군신화에서의 세상을 이치로써 교화한다는 '재세이화(濟世以化)'와 빛과 밝음으로 세상을 다스린다는 '광명이세(光明理世)', 인간을 널리 이롭게 한다는 '홍익인간(弘益人間)'은 고조선을 건국할 때 내세운 정신이다. 이러한 정신은 교육이념이자 교육목적으로 볼 수 있다.

③ 교육내용

곰과 범이 인간이 되려는 과정의 의미를 인간 형성의 과정인 교육의 과정으로 비추어 해석할 수 있다. 곰과 범이 쑥과 마늘을 먹는 과정은 인고(忍苦)의 과정이며 100일 동안 햇빛을 보지 못하도록 한 것은 통과의례이다. 이처럼 신화에서의 제시한 교육내용은 '통과제의'와 '제천의식'을 통한 교육이다. '통과제의'란 인생의 중요한 전환점에서 거치는 의례이며 '제천의식'이란 하늘에 제사를 지내고 숭배하는 의식이다. 이처럼 신화에서는 '통과제의'나 '제천의식'과 같은 의례나 의식이 교육내용으로 볼 수 있다.

④ 교육방법

신화에서는 부모의 역할로 아버지(天神)는 생명을 주는 존재이며 어머니(地神)는 생명을 받아 기르는 역할로 제시하고 있다. 특히 설화에서 나타난 곰의 인내심과 정성은 바람직한 어머니의 상과 일치한다고 할 수 있다. 그리고 '통과제의'와 '제천의식'에 참여하는 것이 교육방법으로 볼 수 있다.

⑤ 시사점

신화는 우리 민족의 정체성 형성의 바탕이자 고대 한국인의 세계관, 교육관 이해를 위한 정보를 제공하는 데 중요한 자료라는 점과 홍익인간을 우리의 교육이념으로 명시한 계기를 제공한다는 점에서 유아교육에 중요한 공헌을 하였다.

2) 무속

무속 혹은 무교로 알려져 있는 샤머니즘은 유교, 불교, 도교 등의 외래사상이 들어오기 전인 상고(上古)시대부터 있었던 신앙이다. 샤머니즘은 시대에 따라 다양한 형태로 전개되지만 교육의 의식을 통해 신과의 만남을 시도하고 이를 통해 이전과는 다른 새로운 세계, 새로운 삶을 추구한다.

① 아동관

자식은 명예나 재산과 같은 수단적 존재가 아니라 무엇과도 비교될 수 없는 소중한 존재로 보았다. 자식을 낳는 것은 신과의 관계 속에서 신으로부터 '점지'를 받는 것으로 보아 아동을 신이 점지한 우주적 존재이자 신적 존재로 보았다.

② 교육목적

우주를 '천지'라고 표현하며, 우주 자체는 누가 창조한 것이 아니라 경계가 없는 혼합(미분화)된 상태에서 점점 개벽(분화)이 이루어졌다고 한다. 이를 반영한 무속의 교육목적은 신과의 관계를 조화롭게 하여 우주적 존재, 신적 존재가 되는 것이다.

③ 교육내용

신과의 관계를 조화롭게 하기 위해서는 '정성'에 의하여 신을 감응하게 해야 한다. 신에 대한 외경심의 표현이자 인간의 겸손의 표현이다. 아동이 건강하게 잘 자라나서 사회적으로 훌륭한 구성원이 되는 데는 부모나 가족 그리고 주위 사람의 간절한 정성이 무엇보다 중요하다. 이처럼 정성은 무속교육의 방법적 원리이자 변화를 가능하게 하는 핵심적 기재로 정성과 관련된 의례(통과제의, 체전의식과 같은 의례나 의식)가 교육내용이라 할 수 있다.

④ 교육방법

무속에서는 세계를 천상, 지상, 지하의 세계로 나누며 각 세계에 사는 신이 다르며, 이 세계와 저 세계를 넘나들면서 혼돈과 갈등이 상태를 질서와 조화의 상태로 바꾸려는 조정자이자 매개자로 무당이 존재한다. 이처럼 무당을 통한 활동이 최고의 교육방법이라 하였다. 또한 아이가 바로 자라나려면 집안이 제대로 되어야 한다고 강조하며 부모와 가정을 중요시하였다.

⑤ 시사점

무속은 아동은 불완전하고 미완성의 존재가 아니라 우주적이고 신적인 존재로 그 자체로 완성된 하나의 인간으로 인식한 점과 가족이 함께 거주하는 가정이 교육공간으로 중요하다는 점에서 유아교육에 중요한 공헌을 하였다.

3) 불교

불교는 우리나라에 4세기 후반 중국에서 전래되었고, 372년에 고구려, 384년에 백제, 528년에 신라의 순으로 받아들였다. 삼국시대에는 불교가 왕권강화를 위한 이념적 지주역할을 했고 고려시대에는 국가의 후원으로 발전하여 국가 종교로서 지위를 누리면서 정치, 경제, 사회, 문화, 교육 전반에 지대한 영향을 주었다.

① 아동관

불교에서는 아동에 비교적 접근할 수 있는 용어로 1~6세에 해당하는 자를 영아(신생아)와 영동(유아기)으로 구분하였다. 그리고 4~20세의 남자는 동자(童子), 여자는 동녀(童女)라 하였다. 불교의 경전에서는 어린 아이를 불교에서 이상적인 인간상인 '보살'로 표현하고 아동을 소중한 존재로 인식하였다. 즉, 아동은 깨달음을 얻을 수 있고, 앞으로 깨달을 수 있는 가능성이 있는 존재로 소중히 여기고 가르쳐야 하는 존재로 보았다.

② 교육목적

불교에서 아동은 축소된 성인이 아니고 성인도 본받을 점이 있는 순수한 존재이기도 하지만 어른이 되기 전까지 투쟁, 미움, 질투, 아집이 들어있어 욕심과 성남, 어리석음을 일삼는 존재라고 보았다. 그래서 불교 경전 이해를 통해 종교적 지식과 인격함양, 나아가 불교적 세계관과 가치관을 내면화하는 것을 교육목적으로 보았다. 즉, 불교의 교육목적은 '깨달음'으로 이상 실현과 도덕적 삶의 추구이다.

③ 교육내용

불교에서는 성장과 발달에 따른 단계적이고 점진적인 교육과정을 중시하였다. 부처의 가르침을 어린이의 눈높이에 맞추어 선별하고 재구성하여 제공하였다. 교육의 장소로는 주로 사찰에서 이루어졌으며 스님들이 경전을 읽고 글공부를 가르쳤다. 아동에게도 구체적인 예화나 실물을 통해 불교의 경전과 신앙실천을 중심으로 교육이 이루어졌다.

④ 교육방법

불교의 교육방법은 나이에 따라 교육내용과 교육방법을 달리하였다(신희정, 2018). 아동의 놀이나 장난은 순수하고 이상적인 인간의 일면을 보여주는 것으로, 인간형과정이 중요한 것으로 보고 놀이를 중시하였다. 또한 아동은 자유방임이 되거나 방치되어야 할 존재가 아니며 그 아동에 대한 보호와 교도의 책임은 일차적으로 부모에 있다며 가정교육을 중시하였다. 그리고 교사의 역할을 했던 승려는 교육의 행함에 있어 인내와 현명함을 요구하였다. 이는 미성숙한 아동에 대하여 지혜롭게 기다리다가 아동에게 깨달음의 적기라고 판단되는 시점에 자극을 주는 역할을 강조하였다. 이는 교사로서의 안내자 및 촉진자 역할을 중시하였고 볼 수 있다.

⑤ 시사점

불교는 단순히 종교적 교리를 전달하는 것을 넘어 신분과 계층을 초월한 공동체 교육의 모델을 제시한 점과 아동기 자체에 대한 관심보다는 그 전 단계인 임신과 출생의 과정을 강조한 점에서 유아교육에 중요한 공헌을 하였다.

4) 유교

유교는 종교라기보다는 윤리적 성격을 띤 사상으로 유가 또는 유학이라고도 한다. 불교적 질서의 정체와 부작용으로 빠져들던 고려사회에 대한 개혁의 요구로 유교가 대두되었다. 유교는 불교적 세계관을 유교적 세계관이 대체해 가면서 조선시대 사회의 근본적인 질서로 확산되어 갔다. 유교는 조선시대 국가 종교로서 지위를 누리며 정치, 사회, 문화 전반에 걸쳐 지대한 영향을 주었다.

① 아동관

유교는 하늘을 공경하고 사람을 사랑하는 사상 속에서 아이 역시 하늘이 내린 소중하고 존중받는 존재이며 동시에 미숙하지만 무한한 가능성을 가진 '작은 어른'으로 보았다. 이에 아동도 효(孝), 제(悌), 충(忠), 신(信) 등의 유교적 덕목을 배우고 익혀서 사회 공동체에 적합한 인간으로 성장시켜야 할 존재로 보았다.

② 교육목적

유교에는 성인은 도덕적 완성을 이룬 인간상이며 수양과정을 통해 군자, 대인, 대중부 등이 된다고 하였다. 성인은 자기수양을 통해 인격을 완성하고 천하를 다스리는 자가 되며 인(仁), 의(義), 예(禮), 지(智)를 갖추고 수신(修身), 제가(齊家), 치국(治國), 평천하(平天下)를 실현하는 군자가 된다. 유교는 아동에게 교육을 통해서 성인과 군자가 되어야 한다고 하였다. 이에 유교의 교육목적은 개인적으로 수기(修己)이고 사회적으로 치인(治人)을 양성하는 것이며 이는 자신을 갈고 닦아 인격을 완성한 후 그 덕으로 타인을 교화하고 세상을 다스린다는 의미이다.

③ 교육내용

유교의 교육은 태교를 포함하여 네 단계로 구성되어 있는데 바로 태교기, 가정교육기, 소학교육기, 대학교육기다. 이 중 가정교육기와 소학교육기가 아동기에 해당한다. 가정교육기에는 주로 식사습관, 언어습관, 의복습관 등의 생활습관과 관련된 교육이 주가 되고 숫자, 방위의 학습을 비롯해 남녀유별과 장유유서의 습관교육을 주로 다룬다(이기숙, 2000). 또한 소학교육기에는 삼강오륜 등 유교 윤리와 예의범절을 익히고 『소학』과 같은 교재를 통해 서당에서 글자를 배우고 효제충신 등의 덕목을 실천하도록 하였다. 『소학』은 주희가 편찬한 책으로 아동 수준에 맞춰 유교 기본 원리, 일상생활의 예의범절, 수양을 위한 격언, 효자나 충신 등의 사적 등을 담은 지침서이다. 또한 아동기의 교육뿐만 아니라 임신의 과정에서부터 임신 중의 태교에 이르기까지 그 정성을 다해야 한다고 하였다. 태교는 임산부와 그 가족들의 일상에서 모든 부분에 있어서 조심하고 경계해야 하며 태교가 교육의 출발점이라고 강조하였다.

④ 교육방법

유교는 지식습득뿐만 아니라 유교적 윤리를 내면화하고 올바른 인격을 함양하기 위해 암송과 강독이 핵심적 방법이다. 유교경전을 끊임없이 소리 내어 읽고 암송하여 내용을 완전히 익히는 것이 암송이며, 단순히 외우는 것을 넘어 스승이 경전의 의미를 설명해주면 학생이 이를 경청하고 이해하는 과정이 강독이다. 또한 교육방법으로 주자는 뜻을 크게 세우는 '입지', 용감하게 학문에 정진하는 '견의', 공경하는 생활, 공경하는 마음을 갖는 '용경', 사물에 대한 앎을 얻으려고 하는 '구지', 항상 깨달음을 이루도록 하는 '실천'의 단계를 제시하였다. 율곡 이이도 인성교육의 방법으로 스스로 도덕적 자각을 통해 뜻을 정립하는 '입지', 인간의 본성을 보존하고 기르는 '거경', 사물의 이치를 독서를 통해 확실하게 얻는 '궁리', 배우고 익히는 것을 생활과 행동으로 실천하는 '역행'을 제시하였다. 유교의 주요 교육장소로는 최고 국립교육기관인 성균관, 지방의 유교 교육기관인 향교, 서당 등이 있었고 이외에도 성리학을 가르쳤던 서원 등 다양한 교육기관에서 유교 사상과 유교적 가치관을 지닌 인재를 양성하였다. 특히 서당에서는 글을 깨우치고 예의바른 몸가짐을 가르쳐주는 기초적인 교육기관으로 아동을 위한 교육을 담당했다.

⑤ 시사점

유교는 인성교육과 더불어 어려서부터 유교경전을 익히는 조기 교육의 중요성을 강조한 점과 태교의 중요성 및 교육장소로서 가정과 가족 구성원의 중요성을 강조한 점에서 유아교육에 중요한 공헌을 하였다.

5) 동학(천도교)

천도교는 조선사회가 갖고 있는 유교적 폐습을 타하고 새로운 국가체제를 확립하기 위한 우리 민족의 자발적이고 자주적인 종교운동이자 사상이다. 조선말기에 삼정(세금제도인 진정, 군정, 환곡)의 문란과 관리들의 부패로 민생이 피폐해졌고 서양 열강의 침략과 천주교(서학)의 확산으로 사회 전반

이 크게 흔들렸다. 이때 1860년 최제우가 혼란을 극복하고자 동학을 창시하고 그 뿌리로 하여 1905년 천도교로 개칭하였다. 동학의 종교적 이념은 인내천(人乃天)사상으로 인간존중과 인간평등이다. 이는 많은 민중의 삶의 변화, 의식과 행동의 변화를 가져왔고 이를 바탕으로 일제강점기에는 소파 방정환에 의해 어린이를 위한 아동중심 사상으로 발전시켰다.

① 아동관

동학에서는 인간이라면 누구나 시천주 즉, 한울을 모시고 있고 실제로 이미 모시고 있다고 제시하였다. 이러한 동학의 인간관을 바탕으로 태아의 임신과 출생, 성장은 천지와의 관계 속에서 이루어지는 우주적인 일이며 이렇게 태어난 아이는 곧 한울이라고 칭하며 하나의 존중받는 인격체로 보았다. 이는 아동의 잠재적이고 자율적인 성장가능성을 강조한 것이자 한울님을 모시듯 아동을 소중하게 길러야 한다는 것이다. 이러한 아동관을 가지고 유아교육 사상을 펼친 사람이 방정환이다. 방정환은 어린이를 하늘나라의 성품을 가진 존재로 아동을 하나의 인격체로 보았다.

② 교육목적

동학의 사상적 기초를 배경으로 성립된 방정환은 성선설을 중심으로 아동은 성인의 축소판이나 부모의 예속물이 아니고 "훌륭한, 한 사람으로 태어나오는 존재"라고 존재라고 보았다. 교육은 아동이 스스로 자율성에 따라 삶을 살아갈 수 있도록 도와주는 것이다. 이에 동학 그리고 방정환의 교육목적은 아동의 잠재력과 주체성을 발현시켜 민족의 미래를 이끌어갈 인재로 키우는 것이다.

③ 교육내용

동학과 방정환은 이상세계인 하늘나라의 성품을 가진 존재인 어린이를 착한 어린이의 성품을 그대로 보존하고 확충할 수 있도록 해야 한다고 하였다. 이를 위해 지적 교육과 정의적 교육의 조화를 위한 교육이 되어야 한다고 강조하였다. 도교의 교리와 경전의 내용을 주로 다루며 자연의 조화로운 삶을 실천할 수 있도록 하였다. 또한 방정환은 아동 운동의 실천가로서 어린이들의 정서를 함양할 수 있는 아동예술교육을 중요하게 아동에게 동화, 동요, 그림, 견학 등을 교육내용으로 제시하였다(이정아, 2021).

④ 교육방법

동학과 방정환은 성인과 아동의 서열을 중시하고, 일상생활 영역에서 행동으로 습관화시키는 성인중심의 교육방법이 아닌 아동의 조화로운 성장이 가능한 아동중심의 교육방법을 강조하였다. 아동중심교육을 위해서는 아동의 본성에 기초한 흥미와 놀이를 중시한 '흥미의 원리'와 자신의 생각이나 현실을 꾸밈없이 느낀 대로 표현하는 '표현의 원리'를 중시해서 교육해야 한다고 하였다. 왜냐하면 이 두 가지는 어린이의 본질적인 특성으로 성장의 바탕이 된다고 보았기 때문이다. 또한 어린이의 선천적 잠재 가능성 못지않게 후천적 환경의 영향을 중시하여 좋은 환경은 제공하고 나쁜 환경을 제거해야 한다고 하였다.

⑤ 시사점

동학과 방정환은 우리 전통의 교육사상인 유 · 불 · 선에 뿌리를 두면서 우리 민족 고유의 특성에 맞게 신교육을 소화 · 흡수한 새로운 형태의 아동중심사상을 제시한 점과 아동을 존엄한 인격체로 존중하여 현대 교육의 기틀을 마련한 점에서 유아교육에 중요한 공헌을 하였다.

6) 기독교

기독교는 조선 사회의 정치적 혼란, 경제적 궁핍, 민중의 종교적 갈망이 맞물리면서 천주교(서학)를 수용하였으나 천주교의 평등사상으로 기존 신분 질서를 뒤흔들면서 천주교 박해가 일어났다. 이후 1884년 9월에 의사인 미국 선교사 알렌이 입국을 시작으로 이후

에 다수의 선교사들이 입국해 의료사업과 교육사업을 통해서 종교적 신앙으로 발전하며 서구의 근대적인 지식과 문화를 전파하였다. 이러한 시대적 배경은 기독교가 한국 사회에 깊이 뿌리를 내리고 영향력을 행사하는 토대가 되었다.

① 아동관

기독교에서는 아동은 죄가 없고 신이 축복하는 순수한 존재로 보고 있으나 다른 한편으로 순수한 존재는 무지하고 의존적이며 무력한 존재라는 의미이기도 하다. 즉, 아동을 미숙하고 순수하면서 동시에 위험한 존재로 보았지만 아동을 독립된 인격체로 존중하였다.

② 교육목적

기독교는 시대적 배경과 요구에 따라 변하고 확장되었으나 성경에 "어린이를 내게로 오게 하라"는 글귀를 통해서 하늘의 뜻을 지닌 소중한 존재로 인식하였다. 기독교의 교육목적은 그리스도의 인격을 닮은 전인적 성장을 추구하며 그리스도인으로서의 삶의 태도를 형성하는 것이다.

③ 교육내용

기독교는 핵심교리와 성경을 중심으로 그리스도와의 올바른 관계를 맺는 방법을 교육한다. 또한 신앙 공동체(교회)의 생활을 통해 상호작용을 하며 사회화 과정을 배우게 하였다. 한편 우리나라의 최초의 유치원은 브라운 리 선교사가 세운 1914년 이화유치원으로 프뢰벨의 교육원리를 적용하여 손을 이용한 공작활동인 수공, 프뢰벨이 고안한 교구인 은물, 놀이를 통한 학습인 유희, 성경, 한문 등을 포함하여 교육했고 더불어 자모교육도 병행하여 실시하였다. 이후에는 진보주의적 교육이념과 듀이의 철학사상을 바탕으로 일반 유아교육의 신체, 정서, 사회성, 언어, 인지 발달 목표를 성경적 세계관 안에서 성취할 수 있도록 통합교육으로 운영하였고 현재도 이러한 흐름은 지속되고 있다.

④ 교육방법

어린이는 성인의 축소물이 아니며 사고할 수 있는 인격적 존재이므로 어린이 나름대로 발달에 순응해서 교육해야 한다. 그리스도를 체험할 수 있도록 환경을 구성하고 유아의 인지적 측면뿐만이 아니라 감각적 통로를 이용하여 그리스도를 느낄 수 있도록 하였다. 또한 무력하고 순수한 아이가 죄에 빠지지 않도록 이끄는 것은 어른의 몫으로 아이의 죄보다는 어른의 죄가 더 무겁기에 아동이 죄를 짓지 않을 수 있도록 지도해야 한다고 하였다. 즉, 교사는 교육이 충실하게 이루어질 수 있도록 안내자가 되어야 한다고 하였다.

⑤ 시사점

기독교는 유교적 전통에 의한 권위주의와 일제시대의 속박에서 벗어나려는 우리 민족의 잠재의식을 일깨웠다. 그리고 진보주의 교육이념과 듀이의 철학사상, 아동 심리 이론 등으로 아동에 대한 우리나라 사람의 관점을 변화시키는 데 중요한 계기를 제공한 점에서 유아교육에 중요한 공헌을 하였다.

activity 1. 나만의 유아교육사상을 만들어 보세요.

구분	나만의 유아교육사상 만들기!
아동관	아동은 ____________________ 존재이다.
교육목적	교육은 ____________________ 것을 목적으로 한다.
교육내용	교육내용은 ____________________로 제시한다.
교육방법	교육방법은 ____________________을 활용한다.

activity 2. 서양과 동양의 유아교육사상에 대한 공통점과 차이점을 도출해 보세요.

[활동방법 안내]

Step 1 서양의 유아교육사상에 대한 특성을 정리해 보세요.

Step 2 동양의 유아교육사상에 대한 특성을 정리해 보세요.

Step 3 공통점과 차이점을 밴다이어 그램으로 작성해서 발표해 보세요.

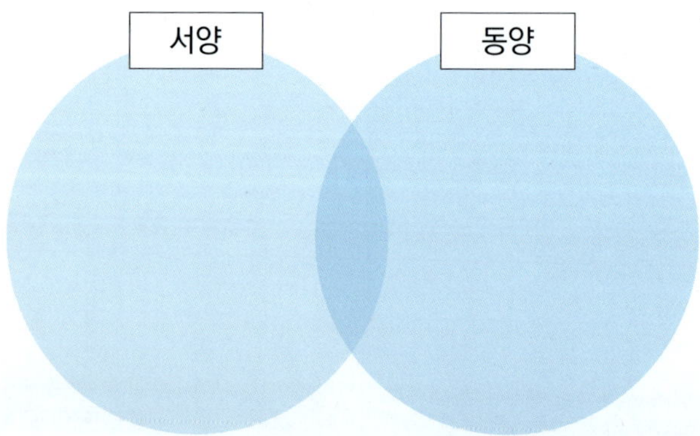

보기
교구, 개인중심, 특별한 존재, 놀이, 아동중심, 가정교육, 습관교육, 태교, 공동체중심

chapter 3

발달과 유아교육

1 발달의 이해

1) 발달의 개념

발달이란 인간이 정자와 난자가 만나 수정에서 사망에 이르기까지 전 생애를 통해서 연속적으로 나타나는 모든 변화 과정을 말한다. 유아의 발달이란 단순히 키가 크고 몸무게가 늘어나는 것만을 의미하는 것이 아니라, 사고 능력, 감정 표현, 사회적 관계, 도덕적 판단 등 다양한 영역에서의 전인적 변화를 포함한다. 이 변화의 과정에는 아래와 같이 두 가지 차원이 함께 작동한다.

양적 변화 ➡ 얼마나 늘었는가? 키, 몸무게, 어휘 수, 수행 횟수 등

질적 변화 ➡ 어떻게 달라졌는가? 사고의 수준, 정서조절, 사회적 상호작용의 방식 등

※ 유아기는 양적 변화와 질적 변화가 빠른 속도로 상호작용하는 시기이다.
따라서 발달은 양적인 확대와 질적인 성숙이 함께 이루어지는 복합적인 과정이라고 할 수 있다.

그림 3-1 발달의 두 가지 변화 과정

발달적 변화는 성숙(maturation)과 학습(learning)의 두 과정을 통해 일어난다. 성숙이란 유전적 계획에 의한 생물학적 발달을 말하는 것으로, 뇌 발달이나 사춘기 2차 성징과 같이 시간의 흐름에 따라 자연스럽게 나타나는 변화를 말한다. 반면 학습은 가정 및 교육환경 등 직 · 간접적 경험이 만들어 내는 영속적인 변화를 의미한다.

사례

축구를 잘하기 위해서는 어느 정도의 신체적 성숙이 필요하나, 공을 자유자재로 잘 다루기 위해서는 연습과 노력이 필요하다. 이처럼 발달적 변화는 성숙과 학습의 두 가지 과정의 영향을 받으며 진행된다.

유아는 성장하면서 내적 성숙을 기반으로 새로운 학습 경험을 받아들이고, 그 경험은 다시 발달을 촉진시킨다. 따라서 교사는 유아의 발달단계를 이해하고, 성숙이 이루어질 때 적절한 학습 환경과 경험을 제공해야 한다.

2) 발달의 원리

유아의 발달은 우연히 일어나는 변화가 아니라, 일정한 원리와 방향성을 가지고 진행된다. 발달의 원리를 이해하는 것은 유아의 성장 과정을 올바르게 바라보고, 각 발달단계에 맞는 교육적 지원을 계획하기 위한 기초가 된다.

(1) 발달에는 일정한 순서와 방향성이 있다.

발달은 대체로 일정한 순서와 방향성에 따라 진행된다. 인간은 태어나서 앉고, 서고, 걷고, 마지막으로 달린다. 언어발달에 있어서도 먼저 울음으로 의사표시를 하다 옹알이의 단계를 지나 한 단어를 말하기 시작한다. 발달에 순서와 방향이 있다는 것은 선행 단계가 후속 단계의 토대가 되며, 하위 단계에서 상위 단계로 이행할 때 좀 더 높은 차원의 발달이 이루어진다는 것을 보여주고 있다.

(2) 발달에는 개인차가 있다.

발달의 정도와 속도는 개인마다 다르다. 같은 나이의 유아라 하더라도 걷기, 말하기, 사회적 상호작용 능력 등에서 차이가 난다. 인간은 각자 내재한 유전적인 요인이 다를뿐 아니라 그것이 노출되는 환경적 자극이나 주어진 경험이 각기 다르기 때문에 개인차가 존재한다. 발달의 개인차는 '정상'과 '비정상'을 구분하는 기준이 아니라, 각자의 고유한 발달 리듬을 의미한다. 따라서 개별 유아의 발달 속도와 특성을 존중하며 그에 맞는 교육적 지원을 제공해야 한다.

(3) 발달을 위한 결정적 시기가 있다.

발달에는 특정 기능이나 능력이 가장 잘 형성되는 "결정적 시기(critical period)"가 존재한다. 이 시기에 적절한 자극과 경험이 제공되지 않으면, 이후 발달이 제한되거나 회복이 어려울 수 있다. 예를 들어, 언어발달의 경우 생후 초기의 언어 자극이 매우 중요하며, 시각이나 청각 발달도 일정 시기에 충분한 감각적 자극이 주어져야 정상적으로 발달할 수 있다.

이는 발달이 단순히 시간의 흐름에 따라 자동적으로 이루어지는 것이 아니라, 적절한 시기에 알맞은 경험이 제공될 때 비로소 최적의 발달이 가능함을 의미한다. 따라서 교사는 유아의 발달단계에 맞는 교육 시기와 방법을 세심히 고려해야 한다.

(4) 발달은 유전과 환경의 상호작용에 의해 이루어진다.

인간은 부모로부터 받은 유전(타고난 요인)적 영향과 외부 환경(경험적 요인)의 영향에 의해 발달한다. 키, 피부, 혈액형 등 부모로부터 유전에 의해서 영향을 받고 태어나지만 유아는 각자의 환경에서 다른 경험을 하게 되며, 이러한 경험은 유전과 상호작용하면서 유아의 발달에 영향을 준다. 예를 들어, 언어 능력의 발달은 언어 습득 능력을 타고나더라도, 풍부한 언어 환경 속에서 대화와 책 읽기를 통해 촉진된다. 반대로 적절한 자극이 결여되면 유전적 잠재력도 충분히 발휘되지 못한다.

(5) 발달은 초기 경험이 중요하며 누적적으로 이루어진다.

발달은 누적적(cumulative) 과정이다. 이전 단계에서의 경험과 학습은 다음 단계의 발달에 영향을 미치며, 그 결과가 쌓여 더 높은 수준의 기능으로 발전한다. 초기의 긍정적 경험은 다음 발달을 촉진하지만, 부정적 경험이나 결핍은 발달에 지연을 초래할 수도 있다. 예를 들어, 유아기에 안정적인 애착을 형성한 아동은 이후 또래 관계에서도 긍정적 사회성을 보이는 경향이 있다. 따라서 유아의 작은 경험 하나하나가 발달의 밑거름이 된다는 점에서, 교사는 지속적이고 일관된 교육적 지원을 제공해야 한다.

2 발달이론

1) 성숙주의적 접근

성숙주의 이론은 인간의 발달을 유전적으로 미리 결정된 생물학적 과정으로 본다. 즉, 발달은 외부 환경의 자극보다는 내적으로 프로그램화된 성숙(maturation)의 결과로 이해된다. 이 접근은 유아의 발달을 자연적·생리적 과정으로 보고, 교육은 단지 그 과정이 원활히 이루어지도록 돕는 역할에 그쳐야 한다고 본다. 성숙주의적 관점을 대표하는 학자는 홀(G. Stanley Hall)과 게젤(Arnold Gesell)이다.

(1) 홀(Hall)의 발달론

홀은 인간의 발달이 자연의 성장 법칙에 따라 일정한 단계를 거쳐 이루어진다고 보았다. 홀은 다윈의 생물학적 진화론의 개념을 아동발달 연구에 적용하고 교육에 발달원리를 적용하였다. 그에 따르면 발달은 내재된 유전적 힘에 의해 자연스럽게 이루어지므로, 부모와 교사는 그 흐름을 억지로 바꾸려 하기보다 유아의 발달단계에 맞게 기다려주고 관찰해야 한다. 홀의 발달론은 아동 발달을 자연적 · 생물학적 성숙의 과정으로 이해한 초기 이론이며, 이후 게젤의 체계적 연구에 중요한 사상적 토대가 되었다. '아동연구운동의 창시자'라 불리는 홀은 객관적이고 아동연구에 과학적인 연구방법을 제시하여 관찰법, 질문지법을 고안하는 등 유아연구의 과학적인 기초를 마련하였다.

(2) 게젤(Gesell)의 성숙이론

게젤은 홀의 발달론을 계승하여 성숙이론을 발전시켰다. 게젤은 '성숙'의 과정이 인간 발달의 각 발달단계에 따라 미리 예정되었던 순서대로 진행된다고 주장하였다. 그는 아동의 발달이 유전적으로 정해진 시간표에 따라 진행된다고 보았으며, 환경은 이러한 성숙이 드러날 수 있도록 적절한 자극과 기회를 제공하는 보조적 역할을 한다고 주장했다.

① 준비도

성숙주의 이론에서는 '준비도(Readiness)'의 개념이 중요하다. 인간 발달은 내재적 성장의 영향을 받고 있기 때문에 자연적 시간표에 따른 성숙이 이루어지는 것이 중요하다. 따라서 성숙이라는 개념에 근거하여 어떤 것을 할 충분한 준비가 되어 있을 때까지 '기다림'이 중요하다고 본다. 성인이나 교사는 자연적 발달을 위해 충분한 환경과 자기 성장을 위한 터전을 마련해 주며 유아가 받아들일 준비가 될 때까지 기다리면서 안내하는 역할을 해야 한다.

② 표준행동목록

게젤의 가장 큰 업적 중 하나는 아동의 발달을 체계적으로 측정하기 위해 만든 '표준행동목록(Developmental Schedules)'이다. 1개월부터 6세까지의 아동 수천 명을 관찰하여 연령별로 나타나는 전형적 행동 양식과 발달 특성을 정리하였으며, 신체운동, 언어, 사회적 행동 등 여러 영역에서의 발달단계를 세분화하여 제시했다. 이를 통해 부모나 교사는 특정 연령의 영유아가 어떤 행동을 보이는 것이 일반적인지를 파악할 수 있고, 발달지연이나 특이행동을 진단하는 데에도 활용할 수 있다. 예를 들면, 2세 아동이 혼자 숟가락질을 할 수 있는지, 3세 아동이 간단한 문장을 구사하는지 등을 통해 발달의 적절성을 평가할 수 있다.

표준행동목록은 이후 여러 나라에서 '발달검사(Developmental Test)'의 기초 자료로 활용되었으며, 현대 유아평가도구(예: 게젤 발달진단검사, 덴버 발달선별검사)의 기초가 되었다.

2) 정신분석적 접근

정신분석학은 지그문트 프로이드(Sigmund Freud)에 의해 시작된 심리학 이론이자 치료 방법으로, 인간 행동의 근원이 되는 무의식(Unconscious)의 중요성을 강조한다. 인간의 성격과 행동은 어린 시절의 경험과 내면의 심리적 갈등에 의해 크게 결정되며, 무의식 속의 본능적 욕구와 이를 조절하려는 자아의 갈등을 해결하는 과정 속에서 형성된다. 대표적인 학자로는 지그문트 프로이드(Sigmund Freud)와 에릭 에릭슨(Erik Erikson)이 있다.

(1) 프로이드(Freud)

'정신분석학의 아버지'라고 불리는 프로이드는 의사로서 일생의 대부분을 비엔나에서 보냈다. 프로이드는 인간의 행동이 무의식 속에 잠재된 생각이나 욕망에 의해 일어나므로 무의식의 세계를 이해함으로써 인간의 행동을 이해할 수 있다고 하였다. 프로이드는 회상과정을 통하여 환자들의 무의식적인 동기를 연구하였는데 환자의 어린 시절의 아픈 사건들에 대해 자유롭게 말하도록 함으로써 정서적으로 어려움을 겪는 성인들을 치료하고자 시도하였다.

① 성격의 구조

프로이드는 아동의 성격은 원초아(id), 자아(ego), 초자아(super ego)로 구성되며, 이 구성요소들은 발달단계를 거치는 동안 통합된다고 하였다.

■ 원초아(id)

원초아는 성격의 가장 원초적인 부분으로 출생 때부터 가지고 태어나는데, 기본적인 생물학적 욕구를 포함하며 쾌락의 원리에 의해 지배된다. 대부분의 행동이 원초아에 의해 지배되는 아기는 충동을 지연 없이 즉각적으로 만족시키려고 하기 때문에, 자신의 충동이 현실세계에서 충족되지 않을 때, 긴장하여 좌절을 경험하게 된다.

■ 자아(ego)

유아기 초기에 나타나는 자아는 현실을 고려하여 원초아의 급박한 요구를 조절하고 통제하는 역할을 하며, 방향을 재설정하여 적절한 대상과 수용 가능한 시기와 장소에서 욕구를 충족시킬 수 있도록 조정한다.

■ 초자아(super ego)

4~5세경에 나타나는 초자아는 부모와의 동일시와 사회적 상호작용을 통하여 발달시킨다. 초자아는 영유아의 가치체계에 내면화되어 사회적 가치, 도덕적 가치, 문화적 규범을 형성하며 이것이 적절한지 여부를 판단하는 역할을 한다.

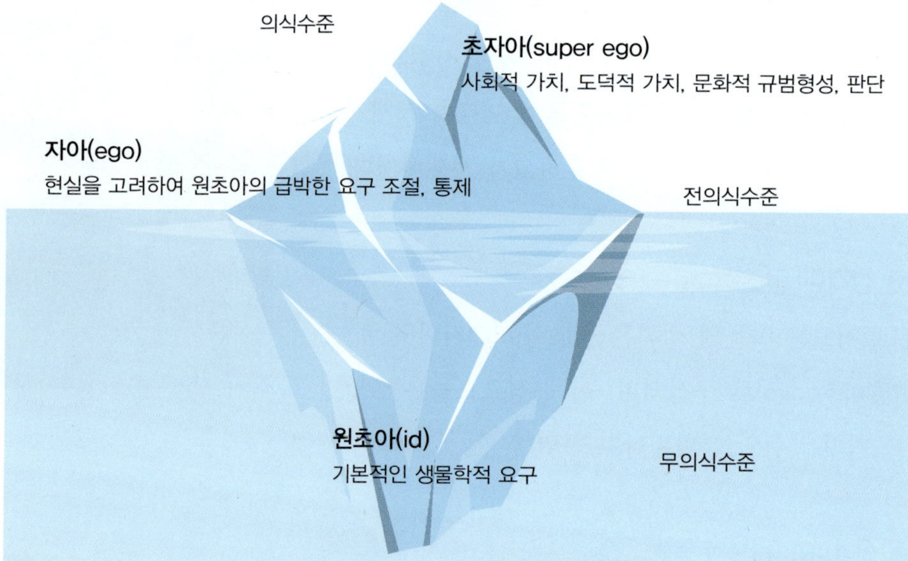

그림 3-2 프로이드 성격의 구조

② 심리성적 발달단계(Psychosexual Stages of Development)

프로이드는 인간의 발달을 무의식적 성적 에너지(libido)의 흐름에 따라 다섯 단계로 구분했다. 프로이드는 성적 본능(리비도, Libido) 에너지가 신체의 특정 부위에 집중되는 과정을 통해 발달한다고 보았으며 이 시기의 욕구 충족 방식이 성격 형성과 성인기의 행동에 영향을 미친다고 보았다.

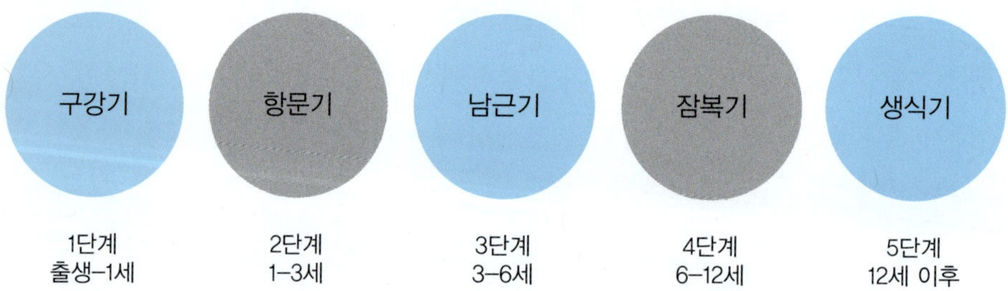

그림 3-3 프로이드의 심리성적 발달단계

■ **제1단계: 구강기(출생~1세)**

• 특징: 리비도가 입(구강)에 집중한다. 아기는 젖을 빨거나, 깨물거나, 입에 물건을 가져가는 등의 활동을 통해 쾌감을 얻고 세상을 탐색한다.

• 영향: 영아기에 구강 욕구가 적절하게 만족되지 못하면, 엄지손가락 빨기, 손톱 물어뜯기, 연필 깨물기, 과식, 흡연과 같은 강박적 습관들을 발달시킬 수 있다.

■ **제2단계: 항문기(1~3세)**

• 특징: 리비도가 항문 및 배설 기능에 집중한다. 이 시기는 배변 훈련을 시작하며, 아동은 자신의 배설물을 보유하거나 배출하는 과정을 통해 쾌감을 느끼고 스스로의 통제력을 처음으로 경험한다.

• 영향: 이 시기는 배변훈련 과정이 중요하다. 유아에게 배변훈련을 지나치게 엄격하거나 통제적이었다면, 성인이 되어서 결벽증이나 강박적인 성격으로 나타날 수 있으며, 반대로 부모가 배변훈련에 지나치게 무관심하면 극도로 지저분하고, 무질서한 생활태도를 보일 수 있다.

■ **제3단계: 남근기(3~6세)**

• 특징: 리비도가 성기(남근)에 집중되며, 자신의 성기에 관심을 갖고 남여 성차를 인식하게 된다. 이 시기의 가장 중요한 발달 과제는 오이디푸스 콤플렉스(Oedipus Complex) 또는 엘렉트라 콤플렉스(Electra Complex)의 경험과 해결이다. 남아는 어머니를 독차지하려 하고 아버지를 경쟁 상대로 보며, 여아는 그 반대의 감정을 느낀다.

• 영향: 이러한 콤플렉스는 동성 부모를 동일시하고 성역할 정체성을 확립함으로써 해소된다. 이 단계의 미해결된 갈등은 성인의 자존감, 성정체성, 권위에 대한 태도 등에 영향을 미칠 수 있다.

프로이드의 정신분석이론에 따르면, 아동은 보통 3~6세 사이인 남근기(Phallic Stage)에 부모를 중심으로 한 삼각관계 속에서 이 두 가지 콤플렉스를 겪게 된다고 하였다.

- 오이디푸스 콤플렉스는 남아가 이성 부모(어머니)에게 강한 성적 애착을 느끼고 동성 부모(아버지)를 경쟁자이자 제거의 대상으로 여기는 심리적 갈등이다. 남아는 아버지로부터의 보복에 대한 불안감, 즉 거세불안 때문에 결국 아버지와의 경쟁을 포기하고 아버지를 동일시함으로써 이 갈등을 해결하는 것이다.
- 엘렉트라 콤플렉스는 여아가 이성 부모(아버지)에게 애착을 느끼고 동성 부모(어머니)를 경쟁자로 인식하는 현상이다. 여아는 남근이 없다는 사실에 충격을 받고 남근 선망을 느끼며, 이 결핍에 대해 어머니를 탓하고 아버지의 사랑을 얻으려 하는 것이다. 여아는 결국 어머니를 경쟁하는 대신 어머니를 동일시하며, 아이를 낳고 싶은 소망으로 남근 선망을 대체함으로써 이 갈등을 해소하는 것이다.

■ **제4단계: 잠복기(6~12세)**

- 특징: 리비도가 일시적으로 잠복상태에 머무는 것을 의미한다. 성적 에너지가 잠시 억제되고 학습과 사회적 관계에 집중하는 시기이다. 아동은 학교생활과 또래 관계를 통해 협동심, 규칙, 사회적 역할을 학습한다.
- 영향: 이 시기는 휴식과 통합의 기간으로, 초자아(Superego, 도덕적 양심)가 크게 발달하며 사회적 기술과 지적 능력을 습득하는 데 집중한다.

■ **제5단계: 생식기(12세 이후)**

- 특징: 이전에 잠복했던 리비도가 다시 활성화되어 성숙한 성적 관심과 상호적인 이성 관계에 집중한다. 청소년은 가족의 울타리를 넘어 사회의 구성원으로 자리 잡으려 하며, 건강한 성적 관계와 직업 정체성을 형성하는 데 초점을 맞춘다.
- 영향: 이전의 네 단계를 성공적으로 거쳤다면, 성숙하고 균형 잡힌 성격으로 발달하여 타인과의 깊은 사랑과 사회적 생산성을 추구할 수 있게 된다. 프로이드의 관점에서 이 시기는 심리성적 발달의 최종 단계이다.

이와 같은 발달단계를 거치면서 유아가 한 특정 발달단계에서 지나치게 적게 또는 지나치게 많이 만족되었을 때 발달이 정지된 상태인 고착이 일어난다. 지나친 만족을 경험한 유아는 보다 성숙한 행동을 발달시키지 못하는 반면, 만족이 충족되지 않은 유아는 좌절된 충동을 끊임없이 충족시키고자 하므로 부모는 자녀의 기본적인 욕구를 어느 정도 만족시켜 줄 것인가를 분명하게 결정할 필요가 있다.

(2) 에릭슨(Erikson)의 이론

에릭슨(Erikson)은 프로이드의 정신분석학을 토대로 하면서도 이를 사회문화적 측면으로 확장한 심리사회적 발달이론(Psychosocial Development Theory)을 제시하였다. 에릭슨은 발달의 사회적 맥락을 강조함으로써 프로이드의 심리성적 발달의 5단계를 확장하여 8단계 이론을 정립하였다.

에릭슨은 8단계의 인간발달과정 중 각 발달단계마다 심리사회적 위기(Psychosocial Crisis)가 존재하며 이 위기를 어떻게 극복하느냐에 따라 긍정적인 자아발달이 이루어질 수 있다고 하였다. 에릭슨의 심리사회 이론에서 제시한 8단계 내용은 다음과 같다.

① 제1단계: 신뢰감 대 불신감(출생~1세)

이 단계에서는 주양육자가 영아의 신체적, 심리적 욕구에 대해 일관성 있고 적절하게 충족시켜 주고 따뜻한 반응적인 양육을 제공하면 영아는 사람에 대한 신뢰감을 발달시킨다. 반면 주양육자가 영아의 욕구를 적절하게 충족시켜 주지 못하거나 일관성 없이 대하면 영아는 타인에 대해 불신감을 갖게 된다.

② 제2단계: 자율성 대 수치심(1~3세)

이 시기의 영아들은 신체적, 언어적, 인지적 발달이 활발하게 이루어진다. 또한,

다른 사람에게 의존하지 않고 스스로 무엇인가를 하려고 애쓴다. 이때 부모가 인내심을 가지고 유아에게 자유로운 탐색을 허용하고 과도하게 통제하지 않는다면 유아의 자율성 발달이 촉진되나, 과잉 통제를 당하는 유아는 자신이 다른 사람들로부터 통제받는다는 것을 알고 무능하게 느껴 수치심을 느끼게 된다.

③ 제3단계: 주도성 대 죄책감(3~6세)

이 시기의 유아들은 주도적으로 목표를 세우고 책임감을 가지고 달성하며 세상에 대한 통제감을 익힌다. 그러나 유아의 주도성을 부모가 지나치게 통제하고 간섭하면 유아는 자신의 목표가 사회적으로 금지되는 것이라고 생각하여 죄책감을 느끼고 위축될 수 있다.

④ 제4단계: 근면성 대 열등감(6~12세)

이 시기의 아동은 학교와 사회생활에서 지적, 사회적 기술을 습득하고 과제를 근면하게 완수하려 한다. 노력의 결과가 인정받지 못하면 자신감 결여로 인한 열등감을 갖게 된다. 칭찬과 인정은 자신감을 높이고 성취욕을 강화하지만, 반복된 실패나 비교는 열등감을 초래할 수 있다.

⑤ 제5단계: 자아정체감 대 자아혼란(청소년기, 11~18세)

변화의 시기인 청소년기는 급격한 신체적 변화와 함께 자신의 특성과 처지, 능력을 깨닫게 되면서 자아정체감이 형성된다. 학업성적이나 직업 결정의 압박감을 가지며 자기 존재에 대한 의문에 해답을 찾으려 하는데 이에 대한 고민과 방황이 길어질 때 정체감의 혼란을 겪게 된다.

⑥ 제6단계: 친밀감 대 고립감(성년기, 18~24세)

성인초기에 해당하는 시기이며, '자아정체감 대 자아혼란' 단계에서 형성된 정체감을 바탕으로 타인과 인간관계를 맺고 친밀감을 나누는 등 사회관계를 형성해나가는 시기이다. 청소년기에 자아정체감이 올바르게 형성되지 못하는 사람은 타인과의 관계에서 원만한 인간관계를 형성하지 못하고 고립감을 갖는다.

⑦ 제7단계: 생산성 대 침체감(중년기, 24~54세)

성인 후기에 해당하는 시기이며 가정을 이루고 양육하는 것에 관심을 갖게 된다. 다음 세대를 교육하거나 사회에 기여하는 활동을 통해 생산성을 추구한다. 이 시기에 생산성을 발휘하지 못하면 침체성이나 흥미 상실이 나타나게 된다.

⑧ 제8단계: 자아통합감 대 절망감(노년기)

노년기에 속하는 시기로, 자신의 삶 전체를 되돌아보며 의미 있고 가치 있는 삶이었다고 수용할 때 자아통합감을 느낀다. 반면, 후회와 미련이 남으면 절망감을 느낀다.

표 3-1 프로이드와 에릭슨의 발달단계

발달기간 \ 구분	프로이드의 심리성적 단계	에릭슨의 심리사회적 단계
출생~1세	구강기	신뢰감 대 불신감
1~3세	항문기	자율성 대 수치심
3~6세	남근기	주도성 대 죄책감
6세~사춘기	잠복기	근면성 대 열등감
청소년기	생식기	자아정체감 대 자아혼란
성년기		친밀성 대 고립감
중년기		생산성 대 침체감
노년기		자아통합 대 절망감

3) 행동주의적 접근

행동주의적 접근은 유아의 발달을 환경과의 상호작용을 통해 학습된 행동의 결과로 본다. 눈에 보이지 않는 내면 사고나 감정보다는 관찰하고 측정할 수 있는 외현적인 행동에 초점을 맞추는 것이다. 유아의 행동이나 발달은 타고난 특성보다는 주변 환경에서 주어지는 자극(Stimulus)과 그에 따른 반응(Response)의 연결을 학습한 결과라는 입장이다. 행동주의 이론은 자극과 반응의 연합을 통한 학습을 강조하는 초기 행동주의 이론과 인간의 욕구 및 인지능력의 중요성을 인정한 사회학습이론으로 구분할 수 있다. 초기 행동주의 이론의 대표적인 학자로는 파블로프, 왓슨, 스키너를, 그리고 대표적인 사회학습이론가로 반두라를 들 수 있다.

(1) 파블로프(Pavlov)의 고전적 조건형성이론

러시아의 생리학자 파블로프(Pavlov)는 개의 타액 분비에 관한 실험을 통하여 고전적 조건형성(Classical Conditioning)이론을 제시하였다. 파블로프는 개의 타액 분비 실험을 통해 학습이 '자극과 반응의 연합'으로 이루어짐을 밝혔다. 본래 아무 반응이 없던 중립자극(종소리)이, 무조건자극(음식)과 반복적으로 제시되면, 이후 종소리만으로도 조건반응(타액 분비)이 나타난다는 것이다.

파블로프의 개의 타액 분비 실험

개는 음식이라는 무조건자극에 대해 침을 흘리는 무조건 반응을 보인다. 그러나 개는 종소리를 듣고 본능적으로 침을 흘리지는 않기 때문에, 이 경우 종소리는 중립자극이 된다. 파블로프는 실험에서 개에게 음식을 줄 때마다 반복적으로 종소리를 들려주었으며 그 결과, 음식을 주지 않고 종소리만 들려주었을 때에도 침을 흘리게 되는 것을 증명하였다. 이처럼 무조건자극(음식)과 함께 제시되는 중립자극(종소리)은 반복적인 경험에 의해 이후에는 조건반응(CR)을 일으키는 조건자극(CS)으로서의 역할을 하게 되며, 이러한 자극과 반응 간의 연합을 통한 조건화의 과정을 고전적 조건화라 한다.

파블로프의 개 실험을 구성하는 네 가지 요소		
무조건자극(UCS)	학습하지 않아도 무조건적으로 반응을 일으키는 자연적 자극	실험 예시: 음식
무조건반응(UCR)	무조건 자극에 대한 자동적인 타고난 반응	실험 예시: 침 분비
조건자극(CS)	학습 전에는 아무 반응이 없었으나 짝짓기 학습(음식+종소리) 후 반응을 유발하게 된 자극	실험 예시: 종소리
조건반응(UR)	조건자극(종소리)에 대해 학습을 통해 나타나게 된 반응	실험 예시: 침 분비

그림 3-4 고전적 조건형성 실험 모형

(2) 왓슨(Watson)의 행동주의 이론

왓슨은 인간발달에 대한 설명은 인간의 행동을 관찰하는 것을 통해 가능하다고 주장하였다. 왓슨은 외부자극에 의해 동물의 반응이 형성된다고 주장한 파블로프의 고전적 조건화 개념을 인간행동에 적용하여 증명하였다. 이 실험은 인간의 정서반응(두려움 등)도학습될 수 있음을 보여주었으며, 환경이 발달에 가장 강력한 영향력을 미치며, 성인이 자극과 반응연합을 통제함으로써 아동의 행동을 형성할 수 있다고 결론지었다. 그러나 이는 건강한 아동발달을 촉진하는 데 필요한 아동의 요구와 능력을 전혀 배려하지 않은 결과라는 비판이 따르고 있다.

어린 알버트(11개월) 실험

알버트(11개월)는 흰쥐를 무서워하지 않고 오히려 손을 뻗어 만지려고 하였다. 그 후 흰쥐를 보여주기 전에 큰 소리를 반복적으로 들려주었더니 알버트는 깜짝 놀라며 우는 반응을 보였다. 이를 계속한 결과 알버트는 흰쥐만 보아도 고개를 돌리며 피하고 울었다. 즉 처음에는 중립자극이었던 흰쥐가 큰 소리와 연합하여 조건화된 놀라고 피하는 반응을 보이는 조건형성이 이루어진 것이다. 결과적으로 나중에 알버트는 토끼, 개, 면화솜, 털코트 같이 흰 털 달린 물건들을 모두 두려워하는 반응을 보이게 되었다.

그림 3-5 행동주의 모형 실험

(3) 스키너(Skinner)의 조작적 조건형성

스키너(Skinner)는 대표적인 행동주의 심리학자로, 조작적 조건형성이론(Operant Conditioning Theory) 을 제시하였다. 그는 인간의 행동이 단순한 자극과 반응의 연결이 아니라, 행동의 결과에 의해 학습되고 유지된다고 보았다. 즉, 어떤 행동 뒤에 강화(reinforcement)가 주어지면 그 행동은 반복될 가능성이 높아지고, 벌

(punishment)이 주어지면 감소한다고 설명하였다.

스키너는 조작적 조건화를 실험하기 위해 스키너 상자라고 지칭하여 조그마한 실험 상자를 만들었다.

- A 지렛대를 누르면 접시에 먹이가 떨어지도록 고안되어 있는 상자 안에 쥐를 넣어 두었음
- B 쥐는 이리저리 돌아다니다가 우연히 지렛대를 누르고 되고 먹이접시에 먹이가 떨어지는 것을 보게 됨
- C 쥐는 지렛대를 누르는 것과 먹이가 떨어지는 것 간의 연관성을 학습하게 되고 반복적으로 지렛대를 누르게 됨 → 조작적 조건화가 형성됨
- D 우연히 지렛대를 눌렀을 때 먹이 대신 전기 충격이 오면 쥐는 지렛대를 누르는 행동을 하지 않게 됨

그림 3-6 스키너 상자 실험

스키너는 막대를 누르면 먹이가 나오는 장치인 스키너 상자 안의 쥐의 행동을 통해 조작적 조건화의 과정을 증명하였다. 스키너 상자 안의 쥐는 우연히 막대를 눌러 먹이가 나오는 경험을 반복적으로 하게 되면, 원하는 먹이를 또 다시 얻기 위해 스스로 막대를 누르는 의도된 반응행동을 하게 된다. 이처럼 조작적 조건화 과정에서 행동의 반복 여부는 만족스러운 결과를 제공하는지에 의해 조건화된다고 볼 수 있다. 스키너는 이러한 조건화의 과정에 작용하는 원리로 강화(보상)와 처벌의 개념을 소개하였다.

스키너에 의하면, 긍정적인 행동의 빈도는 음식, 칭찬, 친절한 미소, 혹은 새 장난감과 같은 다양한 강화물(보상)이 행동과 함께 수반됨으로써 증가될 수 있고, 불인정, 특권의 박탈 같은 벌을 통하여 줄어들 수 있다고 하였다. 스키너의 연구 결과로 조작적 조건은 학습 원리로 광범위하게 적용되었다.

(4) 반두라(Bandura)의 관찰학습이론

반두라는 사회학습이론 발전에 가장 큰 영향력을 비친 학자이다. 그는 조작적 조건화가 학습에 매우 중요한 원리라는 점에서는 스키너의 주장에 동의하였으나 인간이 동물과 다른 존재라는 점에 주목하였다. 인간은 외부로부터의 정보를 능동적으로 처리할 수 있는 인지적 존재이므로 인간의 행동은 동물의 그것과 다른 원리로 설명되어야 한다고 보았다.

반두라는 유아가 자극이나 강화가 없어도 모델의 행동을 관찰하고 모방함으로써 새로운 행동, 기술, 태도 등을 학습할 수 있다는 관찰학습이론을 발전시켰다. 이러한 관찰학습은 모델링으로 불리기도 하며, 특히 유아의 공격성이나 배려행동, 성역할 행동 등의 발달을 설명하는 데 유용하다. 반두라에 의하면, 유아는 주변 모든 사람의 행동을 모방하는 것은 아니라 애정적이고 권위적인 대상을 모방하는 경향이 있다. 유아에게 있어 이러한 대상은 대개 부모인 경우가 많으며, 유아는 부모의 행동뿐만 아니라 그들의 가치관과 신념 등을 모방하게 된다.

4) 인지발달이론

인지발달이론에서 인간은 능동적으로 환경에 적응하고, 적극적으로 환경과 상호작용하면서 자신의 인지구조를 구성한다고 여긴다. 인지발달이론을 대표하는 학자로는 피아제(Piaget)와 비고츠키(Vygotsky)를 들 수 있다.

피아제는 유아를 자신의 주변 환경을 적극적으로 탐색하고 조작하여 구성해 나아가는 능동적인 존재로 보았으며 유아의 인지발달은 환경과의 상호작용을 통해 이루어진다고 주장하였다. 유아의 발달은 부모나 교사의 일방적인 가르침이나 환경적 자극에 의해서 이루어지는 것이 아니라 스스로 환경을 탐색하면서 환경을 지각하고 사고하는 과정을 통해 이루어진다고 보았다.

피아제는 인간이 적응(adaptation)을 통해 자신의 인지구조를 재구조화해 나간다고 하였다. 적응이란 동화(assimilation)와 조절(accomodation) 사이의 평형을 유지하려는 경향을 의미한다. 여기서 동화란 유아가 환경적 자극이나 새로운 정보를 자신이 가지고 있는 기존의 구조에 맞추어 넣는 것이다. 조절이란 환경적 자극이나 새로운 정보를 인식하기 위해 자신이 가지고 있는 구조를 변형하는 것을 의미한다. 신체구조가 환경에 맞추어 적응해 나가듯이 인지구조도 영유아기와 아동기에 걸쳐서 동화와 조절 과정을 통해 환경에 보다 잘 적응하기 위해 발달해간다. 유아의 인지적 이해는 유아가 인지적 평형을 유지하기 위해 지속적으로 노력함으로써 발달해 가는데, 여기서 평형이란 유아가 자신의 인지구조와 외부 환경의 요구 간의 균형을 이루려고 하는 인지적 노력을 뜻한다.

피아제에 의하면, 모든 아동들은 아래와 같이 4개의 인지발달단계를 동일한 순서로 거치게 되며, 이전 단계에서의 인지능력을 바탕으로 더 복잡한 다음 단계의 사고능력을 발달시킬 수 있다.

(1) 피아제(Piaget)의 인지발달이론

출생~2세
- 감각과 운동능력을 통해 환경 탐색
- 대상영속성 발달

2~7세
- 상징 사용
- 직관적이고 비논리적으로 사고
- 자기중심성이 나타남

7~12세
- 구체적 대상에 대해서 논리적으로 사고
- 추상적 사고는 불가능
- 보존성 및 가역성의 개념 획득

12세 이상
- 추상적 내용에 대해서 논리적으로 사고
- 가설적 상황이나 가능성에 대한 사고 가능

그림 3-7 피아제(Piaget)의 인지발달단계

① 감각운동기

감각운동기에 속하는 출생에서 2세 사이의 영아는 감각(보기, 듣기 등)능력과 운동(빨기, 잡기 등)능력을 통해 세상을 이해하고 경험한다. 이 시기 영아의 가장 중요한 인지적 성취는 대상영속성을 획득하는 것이다. 대상영속성이란 사람이나 사물이 시야에서 벗어나더라도 여전히 존재한다는 것을 이해하는 인지능력이다. 이러한 능력은 영아기 동안 서서히 발달하게 되며, 18개월 이상이 되어야 대상영속성의 개념을 완전히 습득한다.

② 전조작기

전조작기는 2~7세까지의 유아기에 해당하며, 유아의 언어와 상징적 사고가 급격히 발달하는 시기이다. 하지만 사고는 여전히 자기중심적이어서 다른 사람의 관점을 이해하지 못하며, 논리나 추리보다는 실제로 보이는 대로 사고하고 판단하며 모든 사물이 자신과 마찬가지로 사고하고 기능한다고 생각한다.

③ 구체적 조작기

구체적 조작기는 7~12세 아동의 인지발달단계로, 이 시기에는 현실적이고 구체적인 문제에 대해서 논리적으로 생각하고 해결할 수 있게 된다. 이 시기의 아동은 가역성과 보존개념이 획득되고, 탈중심화(decintrarion) 사고를 한다. 여러 사물이나 현상들을 특정 속성에 따라 순서대로 배열할 수 있는 서열화(seriation) 능력과 유목화 능력도 발달한다.

④ 형식적 조작기

형식적 조작기는 대략 12세 이후의 청소년기부터 성인기에 걸쳐 나타나는 피아제의 인지발달 마지막 단계이다. 이 시기의 가장 큰 특징은 추상적인 사고가 가능해지고, 가설 설정과 연역적 추론 능력이 발달한다는 것이다. 아동은 더이상 구체적인 사물이나 경험에 의존하지 않고도 머릿속에서 가설을 설정하고, 그 가설이 맞는지 체계적으로 검증하는 논리적 사고를 할 수 있게 된다.

(2) 비고츠키(Vygotsky)의 사회문화적 인지발달이론

비고츠키는 인간이 타인과의 관계에서 영향을 받으며 성장하는 사회적 존재임을 강조하면서 유아를 이해하려면 그들이 성장해가는 사회, 문화적 맥락을 함께 이해해야 한다고 주장하였다.

① 사회문화적 관점(언어와 사고)

비고츠키는 유아의 인지발달은 유아가 성장해 가는 사회와 문화 및 관습적 맥락에서 이해해야 한다고 주장한다. 특히 인간의 사고와 행동을 조절하기 위해서는 언어를 사용하는 능력이 중요한데, 언어는 타인과의 의사소통을 가능하게 하며 사회적 경험을 표현하는 방법이고 사고에 필수적인 도구이다.

유아의 발달은 독립된 유기체 내에서 이루어지는 과정이기보다는 사회적 상호작용에 의해 이루어진다. 유아가 새로운 사고방식을 습득하게 되는 인지적 성장은 더 많은 지식을 가지고 있는 성인이나 유능한 또래와의 협력적인 대화를 통해 가능하다는 것이다. 따라서 그의 이론은 사회적으로 공유된 신념, 가치, 전통 등의 문화가 어떻게 유아의 발달에 영향을 주게 되는지에 관심을 가졌으며, 그 과정에서 언어의 역할을 강조하였다.

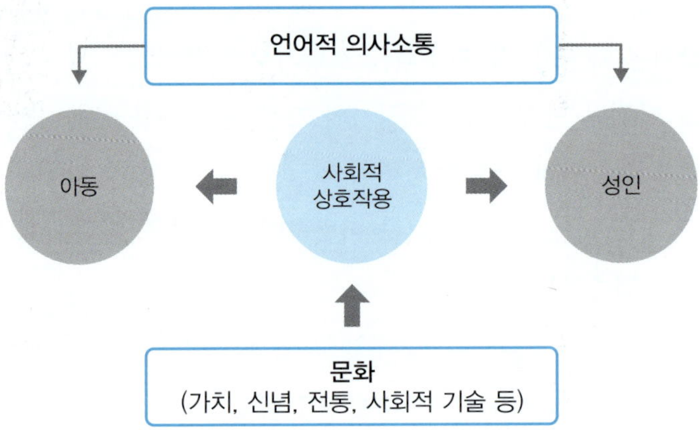

그림 3-8 비고츠키(Vygotsky)의 사회적 · 문화적 상호작용

② 근접발달 영역

비고츠키는 발달과 교육과의 관계에 대해 근접발달 영역(Zone of Proximal Development)이라는 개념으로 설명하고 있다. 근접발달 영역은 유아가 스스로의 힘으로 해결할 수 있는 수준인 실제적 발달 수준과 혼자서 해결할 수 없지만 성인이나 유능한 또래의 도움을 받으면 해결할 수 있는 잠재적 발달 수준이 있는데, 이 두 수준 간의 거리를 의미한다. 비고츠키에 의하면, 부모나 교사와 같은 성인은 아동의 학습을 지도하고 조직하는 데에 도움을 주어야 하는데, 이는 근접발달 영역이 존재하기 때문이다. 즉, 특정 과업을 수행하는 데 있어 아동 혼자는 완전히 이룰 수 없는 경우 부모나 교사가 바람직한 도움을 준다면 아동은 근접발달 영역에서 그 과제를 성공적으로 수행할 수 있게 된다.

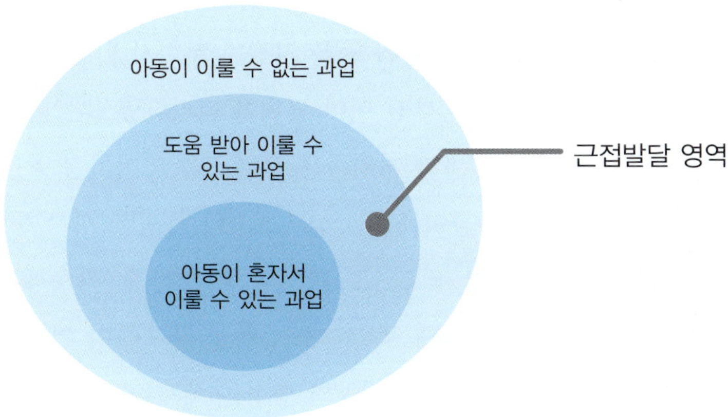

그림 3-9 비고츠키의 근접발달 영역

5) 동물행동학적 이론

동물행동학은 다윈(Darwin)의 진화론적 관점에서 비롯된 동물과 인간의 행동을 연구하는 학문으로서 인간발달에 있어서의 생물학적 역할을 강조한다. 동물행동학자들은 진화론적 접근을 바탕으로 다른 동물에게서 발견된 지식을 인간에게 적용하는 시도를 하였으며 대표적으로 로렌즈(Lorenz)의 각인이론과 보울비(Bowlby)의 애착이론이 있다.

(1) 로렌즈(Lorenz)의 각인이론

현대 동물행동학의 아버지라 불리는 로렌즈는 동물행동 연구에 다윈의 진화론적 관점을 도입하여 독자적인 이론을 발전시켰다. 그는 인간을 사회를 구성하는 동물의 하나로 생각하고, 그러한 생각을 인간행동 연구에 적용시켰다.

로렌즈는 자연계의 서식지에서 여러 종의 동물들의 행동을 관찰하고서 생존 가능성을 증진시키는 행동

패턴을 발견하였다. 한 어미 거위가 낳은 알을 두 집단으로 나누어 한 집단의 알은 어미 거위가 부화하게 하고, 다른 집단의 알은 자신이 부화시켰다. 첫 번째 집단의 새끼 거위는 예측한 대로 부화 직후부터 어미 거위를 따라다녔으나, 부화하면서 로렌즈를 처음 본 두 번째 집단의 새끼 거위들은 로렌즈를 어미처럼 졸졸 따라다녔다. 이와 같이 로렌즈는 어린 동물이 일단 생후 초기의 특정한 시기 동안 어떤 대상에 노출되어 그 뒤를 따르게 되면 그 대상에 애착하게 되는데 이를 각인(imprinting)이라 하였다. 많은 종류의 조류와 포유동물 새끼들이 어미를 쫓아다니는 추종반응을 보였는데 이러한 신속한 행동의 형성은 새끼들이 위험에 처했을 때, 새끼들로 하여금 도망가는 어미를 따라가 위험으로부터 보호받을 수 있는 생존가능성을 높이는 행동이라고 본다.

(2) 보울비(Bowlby)의 애착이론

보울비는 동물행동학의 개념을 인간발달에 적용하고자 노력하였으며, 애착이론을 통해 아기가 사람에 대한 애착을 형성하는 과정을 설명하였다. 영아가 태어나서 자신을 돌보는 사람, 특히 어머니와 강한 정서적 유대를 맺게 되는데 이것이 애착관계이다.

보울비가 제시한 애착발달단계는 다음과 같다.

첫째, 비변별적 사회 반응 단계이다. 출생 후부터 3개월까지의 시기로 영아는 사람들에게 웃기, 쳐다보기 등의 사회적 신호를 하는 단계이다. 그러나 이 시기의 영아는 낯익은 사람과 낯선 사람을 구분하지는 못한다.

둘째, 변별적 사회적 반응 단계이다. 생후 3~6개월에 해당하는 시기로 낯익은 사람에게 초점을 맞추며 특히 친숙하고 자신의 필요와 요구에 잘 응해주는 사람에게 강한 애착을 형성한다. 그러나 아직까지 낯선 사람에게도 비교적 다정하게 대한다.

셋째, 적극적이고 능동적인 접근과 접촉 추구의 단계이다. 생후 6개월~3세에 이르는 시기로 영아는 애착대상에게 기어가거나 따라가는 등의 능동적인 접근행동을 하며 곤경에 빠졌을 때 애착대상을 찾는다. 또한 격리불안이 나타난다.

넷째, 목표-수행적인 동반자적 관계이다. 3세 이후~아동기 말 시기로 유아는 애착대상의 행동을 이해하게 되고 애착대상이 없는 경우에도 일시적이며 다시 돌아온다는 사실을 알고 기다릴 수 있게 된다. 이 시기의 유아 행동은 융통성 있게 되고 애착대상과의 관계도 협조적인 동반자와 같은 관계가 된다.

6) 생태학적 접근

생태학적 접근은 인간의 발달을 개인이 생활하는 환경의 맥락 안에서 이해하는 것이다. 인간의 행동을 가족, 지역사회, 문화 등 인간이 몸담고 있는 생태환경과 연관시켜 설명한다. 이 접근의 대표적인 학자인 브론펜브레너(Bronfenbrenner)는 유아를 둘러싸고 있는 생태환경을 5개의 맥락적 체계로 구분하였다.

(1) 브론펜브레너(Bronfenbrenner)의 이론

브론펜브레너는 모든 유기체의 발달이 그를 둘러싸고 있는 생태학적 체계 안에서 이루어진다고 보았다. 따라서 아동의 발달을 이해하기 위해서는 아동 개인이 매일의 일상생활 속에서 상호작용하는 환경체계를 이해해야 할 뿐만 아니라 아동과 직접적인 상호작용을 하지 않더라도 그들의 발달에 간접적으로 영향을 미칠 수 있는 사회문화적 환경체계 및 체계들 간의 관계를 포괄적으로 이해해야 한다고 보았다.

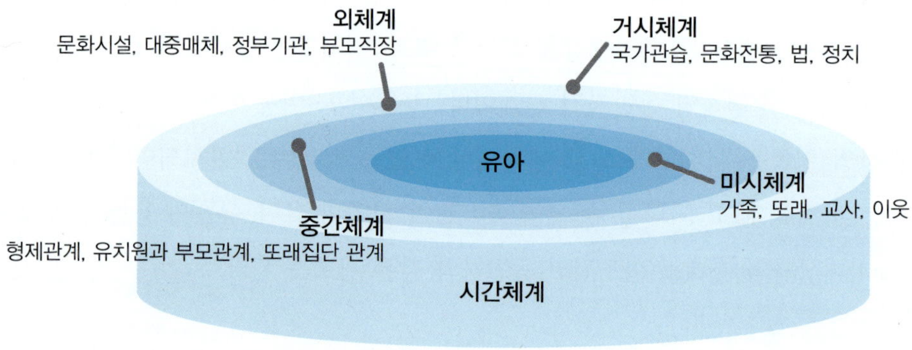

그림 3-10 브론펜브레너의 생태체계

① 미시체계

미시체계(microsystem)는 유아 개인과 직접적으로 상호작용하는 환경체제를 의미한다. 대표적으로 부모를 포함한 가족, 또래집단, 교사 등의 인적 환경뿐만 아니라 장난감, 집, 학교, 놀이터 등과 같은 물적 환경도 포함된다.

② 중간체계

중간체계(mesosystem)는 유아를 둘러싸고 있는 미시체계들 간의 상호작용을 의미한다. 예를 들어, 부모와 교사 간에 이루어지는 상담이나 정보교류가 중간체계에 해당한다.

③ 외체계

외체계(exosystem)는 유아와 직접적인 상호작용을 하지는 않지만 그들의 발달에 간접적으로 영향을 주는 환경체계를 의미한다. 부모의 직장, 지역사회 복지서비스, 교육체계 등이 포함된다.

④ 거시체계

거시체계(macrosystem)는 유아가 속한 사회의 지배적인 가치나 신념, 관습 등이

해당된다. 유아가 속한 사회의 가치나 신념, 관습 등에 따라 양육되는 방식이나 방향 등이 달라지기 때문에 궁극적으로 아동발달에 중요한 틀을 제공한다.

⑤ 시간체계

시간체계(chronosystem)는 유아의 일생동안 발생하는 시간의 흐름에 따른 환경 변화나 역사적 사건들을 의미한다. 시간의 흐름에 따른 유아의 성장은 물론, 가족 구성원 또는 거주지의 변화와 같은 환경적 변화를 그 예로 들 수 있다.

3 유아기의 발달과 교육

유아기의 발달과 교육에서는 만 3세에서 만 5세의 유아를 대상으로 하며 발달 영역별 특징과 교육에 대해 살펴보고자 한다.

1) 유아기 신체 · 운동발달

유아기는 자신의 신체를 다양하게 움직이는 방법을 배우게 됨으로써 대 · 소근육이 발달하고 신체의 균형 유지, 신체 부분 간의 협응력, 공간지각 등의 기초적인 신체조절능력이 길러지는 시기이다.

유아기의 신체성장 속도는 영아기에 비해 완만하지만 꾸준한 성장과 운동기능이 향상되고 힘을 조절할 수 있는 능력이 발달하는 시기이다. 유아기 성장속도는 신장이 매년 5~7㎝ 정도 자라며 체중은 2~3㎏씩 증가한다. 외형적인 변화와 함께 유아의 근육과 골격의 성장도 빠르게 진행되어 신체적으로 더욱 단단해지고 힘이 세진다.

- 3세가 되면 한 발로 뛰기, 그네 타기, 계단 오르내리기 등 대근육을 이용한 다리 운동을 할 수 있고, 손이나 손가락을 사용하는 소근육도 발달한다.

- 4, 5세경에는 대근육 활동이 활발해지고 소근육의 발달이 점차로 정교해져서 가위질하기, 컵에 물 따르기, 실에 구슬 꿰기 등의 작업을 할 수 있게 되고 단추를 채우고 옷을 입는 등 눈과 손의 협응능력이 향상된다.

운동능력을 통해서 얻게 되는 자신감과 성취감은 긍정적인 자아상을 가질 수 있게 하므로 유아들에게 적합하며 운동발달은 매우 중요하다. 그러나 유아들의 신체운동 발달은 매우 활동적이고 유아가 스스로 자신의 호기심을 조절하거나 신체적 움직임으로 인한 피곤함을 잘 느끼지 못하기 때문에 부모나 교사가 유아의 행동을 조절할 수 있도록 도와주어야 한다.

2) 유아기 언어발달

유아기의 언어발달은 자신의 생각과 감정을 말로 표현하고, 타인의 말을 이해하며 소통하는 능력이 빠르게 성장하는 과정이다.이 시기의 유아는 주변 사람들과의 대화, 이야기, 노래, 놀이를 통해 언어를 자연스럽게 익힌다.

- 3세에는 사용하는 어휘 수가 급속도로 증가하고, 충분히 의사소통이 가능해지는 시기이다. 3세가 되면 유아는 주어, 목적어, 동사가 나타나는 문장을 사용하며, 다른 사람의 대화에 관심을 갖고 참여하려고 한다. 또한 부정문이나 복수형에 대한 개념을 갖게 되어 '싫어', '아니'와 같은 부정적 의미의 문장을 많이 사용한다. 또한 3세의 유아들은 타고난 호기심으로 주변 사물이나 상황에 대해 많은 질문을 하며, '왜', '무엇'과 같은 의문사를 많이 사용한다.
- 4~5세의 유아는 평서문, 부정문, 의문문 및 명령문 등 다양하고 복잡한 문장을 사용할 수 있으며, 부사와 형용사도 사용한다. 그리고 5세 정도 되면 유아는 숫자와 글자를 쓸 수 있으며, 어른과 대등한 발음의 정확도를 보이며, 정보교환을 위한 대화를 하기도 한다.

유아들의 실생활과 관련되며 유아들이 직접 경험한 것을 바탕으로 할 때 의미 있는 학습이 될 수 있다. 따라서 유아의 언어발달을 격려하기 위해서는 언어 환경에서 유아가 올바른 언어를 사용할 수 있도록 언어모델이 되어야 하며 자연스러운 의사소통과 쓰기, 읽기 발달이 이루어질 수 있도록 유아들의 요구와 흥미를 배려한 놀이환경이 제공되어야 한다. 무엇보다 교사는 유아들의 말을 잘 들어주고 이해하고 공감하고 있다는 언어적, 비언어적 태도를 취함으로써 유아의 언어발달을 촉진할 수 있도록 해야 한다.

3) 유아기 사회성 발달

유아기의 사회성 발달은 타인과 관계를 맺고 협력하며 함께 생활하는 능력이 자라나는 과정이다. 이 시기의 유아는 놀이와 일상 속 상호작용을 통해 규칙을 배우고, 양보와 협동, 공감과 같은 사회적 기술을 익히며 점차 공동체의 일원으로 성장해 간다. 유아기는 주도성이 강해지면서 독립심과 자신감을 얻게 되는 시기이다. 그래서 '나'에 대한 의식이 강해지면서 부모에게 의존하기보다는 스스로 결정하고 행동하기 시작한다.

- 3세 유아는 자기중심적인 사고가 강하여 또래들 간의 놀잇감을 나누거나, 양보하는데 다툼이 빈번하게 일어난다.
- 4세의 유아는 타인을 이해하려는 능력이 발달하기 시작하면서 또래들과 집단을 형성하며 역할놀이에 참여한다.
- 5세에는 타인에 대한 공감과 감정이입이 가능하여 또래와의 관계를 형성하고 유지하는 대인관계 기술이 발달된다. 그러나 또래와 지내는 시간이 늘어나면서 자신을 통제하거나 또래와 타협하는 능력이 아직은 부족해서 정서적 갈등을 겪게 되기도 한다.

유아의 사회성 발달을 촉진하기 위해서 유아들은 부모, 형제관계 외에 또래들과의 많은 관계 경험 및 상호작용이 필요하다. 일과운영 및 교육활동을 통해서 남을 배려하고 규칙을 지키며, 서로 협동하는 등 더불어 조화롭게 살아갈 수 있는 방법들을 자연스럽게 경험하고 배울 수 있도록 해야 한다.

4) 유아기 인지발달

유아기는 피아제의 인지발달단계 중 전조작기에 해당하는 시기이다. 이 시기에는 주변 세계에 대한 호기심과 탐구력이 강해지면서 '왜?' 또는 '어떻게?'라는 질문을 많이 하게 된다. 이 시기 사고의 특징에는 상징적 사고, 자아중심적 사고, 직관적 사고, 물활론적 사고, 비가역적 사고 등이 있다.

- **상징적 사고**: 유아는 2세경부터 상징을 사용하기 시작하며 상징놀이를 통해 상징적 사고가 발달한다. 막대기를 가지고 총이나 말놀이를 하는 '마치 ~인 것처럼' 생각하며 노는 가상놀이를 즐긴다. 그리고 생명이 없는 대상과 현상에 대하서 생명과 감정을 부여하는 물활론적 사고를 보이기도 한다.
- **자기중심적 사고**: 유아들은 자신의 입장에서 사물을 보기 때문에 다른 사람의 관점을 고려하거나 이해하지 못한다. 다른 사람도 자신과 동일한 방식으로 지각한다고 생각하는 자기중심적 사고를 한다. 어머니의 생일 선물로 자기가 좋아하는 인형을 선물하고 엄마도 좋아할 것이라고 생각한다.
- **직관적 사고**: 유아는 눈에 보이는 현상이나 자신이 느낀 인상에 근거해서 판단하는 직관적 사고를 하기 때문에, 어떤 사물의 겉모습이 바뀌어도 속성은 바뀌지 않는다는 보존개념 이해능력이 부족하다. 그리고 아무런 관계가 없는 두 현상을 연결지어 한 특정 사건으로부터 다른 특정 사건을 추론하는 전환적 추론을 나타낸다. 예를 들어 유아가 동생을 질투한다는 사실과 동생이 아프다는 두 가지 사실을 자신이 동생을 괴롭혀서 동생이 아프게 되었다는 인과관계를 연결시킨다.

유아의 인지발달을 위해 유아가 스스로 탐색하고 생각하며 배우는 과정을 돕는 데 초점을 두어야 한다. 또래나 교사와의 상호작용을 통해 사고의 폭을 넓혀 가도록 지원해야 한다. 무엇보다 교사는 정답을 주기보다 유아가 스스로 사고하고 발견하는 과정을 존중함으로써, 학습이 단순한 지식의 습득이 아니라 사고력과 이해의 성장을 이끌 수 있도록 해야 한다.

5) 유아기 정서발달

유아기에는 다양한 정서가 표출되고 분화되어 나타난다. 불쾌의 감정에서 분노, 혐오, 공포의 정서가 분화되고, 쾌의 감정에서는 애정, 즐거움 등의 정서가 분화된다. 또한 정서표현이 강하고 변화가 커서 변덕이 심하며 특히 정서의 통제가 미숙하기 때문에 화가 나는 일이 있으면 참지 못하고 그대로 표현한다.

- 3세 유아는 감정을 인식하고 표현하는 능력이 빠르게 발달하는 시기다. 이 시기의 유아는 기쁨, 분노, 슬픔, 두려움 등 기본적인 감정을 명확히 드러내며, 자신이 느낀 감정을 즉각적으로 표현하는 경향이 있다. 아직 감정 조절 능력이 충분히 발달하지 않아 울거나 떼쓰는 행동으로 감정을 나타내기도 하지만, 주변 어른의 반응을 관찰하면서 점차 감정을 조절하는 방법을 배우기 시작한다.
- 4~5세경의 유아들은 성인의 칭찬과 격려를 받기 위해 행동하는 경향이 있다. 교사는 수용적이며 반응적인 태도로 유아의 잘하려고 노력하는 모습들을 격려해 주어야 한다. 5세경에는 타인의 분노와 슬픔을 이해할 수 있으며 엄마와도 떨어지는 데 큰 어려움이 없다.

유아기에 나타나는 주요 정서로는 기쁨, 분노, 공포, 질투, 애정 등이 있다. 유아기는 다른 사람의 정서를 이해하고 정서를 긍정적으로 표현하는 방법을 배우는 것이 중요하다. 유아의 정서발달을 촉진하기 위해서는 정서적으로 안정된 환경을 조성해 주고 정서 이해능력을 향상시킬 수 있도록 또래집단과 풍부한 상호작용을 할 수 있도록 지도한다. 또한 또래와의 다양한 놀이를 통해 유아들이 다양한 감정을 경험하고 표현해 볼 수 있는 환경을 제공하는 것도 하나의 방법이다.

activity 1. 토론하기

1) '유전'과 '환경' 중 유아발달에 더 큰 영향을 미치는 요인은 무엇이라고 생각하나요?

2) 발달의 개인차를 존중하는 교사는 어떠한 교사인가요?

activity 2. 함께 생각해 보기

1) 인간 발달의 5가지 원리에 대해 설명해 보세요. (pp.76-78)

2) 유아기 신체 · 운동발달, 언어발달, 사회성 발달, 인지발달, 정서발달의 주요 내용을 설명해 보세요. (pp.101-105)

activity 3. 피아제 VS. 비고츠키 분석하기

피아제와 비고츠키 이론을 분석하여 공통점 및 각 이론의 특징과 내용을 아래의 그림에 정리하여 적어보세요.

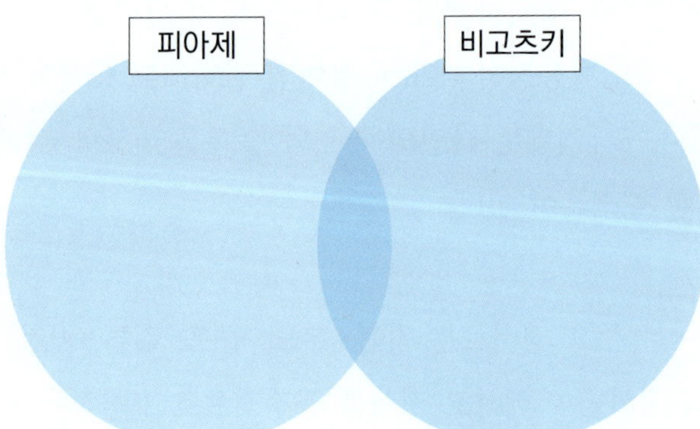

chapter 4

유아교육과정 및 유아교육 프로그램

1 유아교육과정의 이해

1) 유아교육과정의 개념 및 특징

(1) 유아교육과정의 개념

교육과정을 뜻하는 curriculum(커리큘럼)의 어원은 라틴어 currere(쿠레레)라는 '달린다'는 뜻에서 유래되었다. 이는 '말이 달리는 경우로' 또는 '달리는 과정'을 의미한다. 즉, 교육과정은 교육목표를 향해 하나씩 이루며 진행되는 과정을 의미한다. 일반적으로 교육과정은 누가(교수자), 누구에게(학습자), 무엇을(교육내용), 어떻게(교육방법) 가르치고 평가할 것인가를 제시하는 보편적인 기준이라고 인식되어 왔다.

교육과정이란 용어는 「The Curriculum」(Bobitt, 1918)에서 처음 제시되면서 교육학 분야에서 본격적으로 활용되기 시작됐다. 이후 많은 학자들이 학습자, 학습환경, 사회문화적 배경 등 다양한 요소를 바탕으로 교육철학적 관점을 반영하여 교육과정에 대한 다양한 정의를 제시하고 있다. 또한, 교육과정의 실제(내용으로의 교육과정, 경험으로의 교육과정, 계획으로의 교육과정, 결과로의 교육과정), 교육과정의 주체(의도된 교육과정, 전개된 교육과정, 실현된 교육과정), 교육과정의 의도성(공식적 교육과정, 잠재적 교육과정, 영 교육과정), 교육과정의 운영(국가수준 교육과정, 지역수준 교육과정, 기관수준 교육과정) 등 분류기준에 따라 교육과정의 개념이 다양하게 제시되기도 한다.

이와 같이 교육과정의 개념은 하나로 특정할 수 없지만 보편적인 관섬에서 교육과정이란 교육목표 및 목적을 설정하고 그것을 달성하기 위해 요구되는 교육내용, 교육방법, 교육평가에 대한 구체적인 내용을 체계적으로 구성해 놓은 것이라고 할 수 있다. 이러한 맥락에서 볼 때 유아교육과정이란 유아를 대상으로 한 교육과정으로써 유아의 올바른 성장과 발달을 위한 교육내용 및 방법을 제시한 기준이라고 할 수 있다. 하지만 유아교육과정의 개념 역시 교육과정의 개념과 마찬가지로 교육을 바라보는 시각에 따라 다를 수 있다. 슈바르츠와 로비슨(Schwartz & Robison, 1982)은 다양한 유아교육과정 개념을 아래와 같이 다섯 가지 범주로 정리하여 제시하였다.

① 교육과정이란 '우연히 일어나는 것'이다.

유아가 경험하는 것에 초점을 맞추고 유아의 흥미와 요구를 존중하는 교육과정이다. 교사는 교육의 내용을 미리 계획할 수 없으며 유아가 관심 갖는 것을 파악하여 깊이 있게 확장될 수 있도록 교육환경을 제공해줘야 한다. 유아중심 교육과정으로 유아 경험의 중요성을 강조하며 개별적 특성을 존중한다는 점에서 장점이 있지만 교사의 역량이 중요요소 중 하나라는 점에서 교육과정 운영의 어려움이 있다.

교사의 역량에 따라 영향을 많이 받는 교육과정은 교사의 경험, 학문적 지식 수준, 교육철학, 성향 등 다양한 요소에 따라 다르게 분석되고 운영될 수 있다. 따라서 이러한 교육과정은 교육과정에 대한 이해를 높이기 위해 지속적인 교사교육이 요구되며 교사 스스로 반복적인 반성적 사고를 함으로써 효과적인 교육과정을 위해 노력해야 한다.

② 교육과정이란 '기관에서 경험하는 모든 것'이다.

유아들이 다니는 교육기관에서 경험하는 모든 일을 교육과정으로 보는 것이다. 여기서의 경험은 교사가 미리 계획한 의도적 경험과 미리 계획하지 않은 비의도적 경험 모두를 포함한다. 잠재적 교육과정이라고도 표현하는 이 교육과정은 예상하지 못했던 다양한 상황들이 모두 교육이 될 수 있다고 보는 관점으로써 교육환경, 교사의 상호작용 등 주변의 변화들이 학습 결과에 영향을 미칠 수 있다. 따라서 교사는 교육기관에서 나타나는 모든 상황에 민감하게 반응하고 대처할 수 있는 능력이 요구된다.

이러한 교육과정은 유아를 둘러싸고 있는 부모 또는 가족 구성원 및 가정환경 등 유아에게 영향을 미칠 수 있는 전반적인 환경들에 대한 분석이 요구되기 때문에 교육과정 운영에 어려움이 있을 수 있다. 또한 학습결과를 예측할 수 없고 교사가 교육과정 운영에 대한 통제가 어렵다는 단점이 있다.

③ 교육과정이란 '교수계획'이다.

교수계획으로써 교육과정을 정의하는 것은 가장 전통적인 보편적 교육과정 개념이라고 할 수 있다. 이러한 교육과정은 교육주제를 중심으로 내용영역, 목표, 방법 등 교육활동을 위해 요구되는 요소별 내용이 구체적으로 제시되어 있다. 교사중심 교육과정이라고도 하는 이 교육과정에서 교사는 사전에 계획된 교육내용을 바탕으로 활동자료를 준비하고 활동방법을 계획하여 시행하면 된다.

이 교육과정은 유아가 발달수준 및 연령에 따라 습득해야 하는 능력을 미리 분석하여 그에 적합한 교육을 체계적으로 계획하여 제공하는 과정을 통해 예측 가능한 교육효과를 기대할 수 있다는 장점이 있다. 하지만 유아의 개별성 특성 및 상황에 따라 달라질 수 있는 흥미에 따라 교사의 융통성 있는 대처가 어렵다는 단점이 있다.

④ 교육과정이란 '교수요목'이다.

유아를 대상으로 한 교육의 목표, 내용, 방법 등 일련의 내용을 문서로 정리해 놓은 교육과정이다. 공식적인 문서를 통해 교육과정을 제시함으로써 단기적 교육계획뿐만 아니라 장기적 교육계획을 위한 자료로도 활용된다. 또한 문서의 성격을 갖고 있기 때문에 통일된 준거를 바탕으로 교육목표 및 교육내용 등 세부적인 활동내용을 계획 및 운영할 수 있으며 그에 따른 결과를 예측할 수 있다.

교수요목으로써의 교육과정은 교사가 교육의 전반적인 사항들을 사전에 철저히 준비하여 실행함으로써 모든 유아가 동일한 교육을 받을 수 있다. 하지만 앞서 제시된 교수계획으로써의 교육과정과 마찬가지로 유아의 흥미가 무시될 수 있으며 획일화된 교육으로 유아에게 영향을 미칠 수 있는 나양한 환경 및 경험들이 교육과정에 반영되기 어렵다.

⑤ 교육과정이란 '프로그램'이다.

프로그램을 교육과정으로 보는 관점은 유아교육 분야에서만 나타나는 특징으로써 유아교육현장에 적용되는 프로그램을 교육과정과 동일한 개념으로 정의하는 것이다. 몬테소리 프로그램, 레지오에밀리아 프로그램, 발도르프 프로그램, 생태교육 프로그램 등이 해당된다. 프로그램은 개발한 학자의 교육철학 및 이론적 관점을 반영하기 때문에 각 프로그램에 따라 교육목표, 교육내용 및 교육방법, 교사의 역할 등 차별화된 특징을 갖고 있다. 따라서 다른 교육과정보다 구체적이며 실제 적용에 있어 명확성을 갖는다.

교육과정으로써 프로그램을 진행하는 교사는 그 프로그램에 대한 높은 이해도가 요구된다. 즉, 각 프로그램의 이론적 배경 및 개념, 특성, 운영방법, 평가 등 프로그램 전반에 대해 정확하게 알고 적용할 수 있어야 한다.

이 밖에도 미국유아교육협회(NAEYC: National Association for the Education of Young Children, 1991)는 유아교육과정이란 '유아가 학습할 내용, 교육과정을 통해서 목표를 성취해 나가는 과정, 유아의 이러한 목표 성취를 돕기 위한 교사의 역할, 교수와 학습이 발생하는 상황에 관해 서술한 조직화된 틀'이라고 정의하였다. 스포덱(Spodek, 1991)은 유아교육과정이란 '교육목적에 따라 계획, 조직된 학습경험의 목록'이라고 정의하였으며, 이영석(1998)은 '유아의 전인적 발달을 달성하기 위한 계획적인 경험의 총체'라고 정의하였다. 종합하면 유아교육과정이란 '유아의 전인적 성장과 발달을 돕기 위해 의도적으로 계획된 교육목표, 교육내용, 교육방법, 평가를 체계적이고 조직적으로 구성한 교육계획'이라고 정의할 수 있다.

(2) 유아교육과정의 특징

유아교육과정은 유아를 대상으로 한다는 특수성으로 인한 고유한 특징이 있다. 유아를 대상으로 한 교육은 지식전달뿐만 아니라 신체, 건강, 언어, 사회, 정서 등 전인적 발달 측면에서 유아기에 요구되는 모든 영역을 포함한다. 이영석(1998)이 제시한 유아교육과정의 특징을 바탕으로 유아교육과정의 특수성을 살펴보면 다음과 같다.

- 유아교육과정은 교사주도적 교육활동보다 아동중심적 교육활동을 중시한다. 유

아의 흥미는 다양하며 계속해서 변화된다. 유아교육과정은 교육주체인 유아의 다양한 경험과 환경, 개별적 특성이 반영되며 예측할 수 없는 방향으로 진행되기도 한다.

- 유아교육과정은 개방적이며 비형식적이다. 유아교육의 내용, 방법은 명확하게 정해져 있는 기준이 없으며 교육현장의 상황에 따라, 활동의 진행에 따라 유동적으로 운영된다.
- 유아교육과정은 교육활동의 선정에 있어서 유아의 발달적 적합성을 중요시한다. 유아기의 발달은 양적인 변화와 질적인 변화가 함께 나타나는데 질서 정연하고 일관성이 있으며 체계적이고 연속적이다. 또한 일정한 발달의 순서와 패턴이 있으며 비교적 지속적이다. 유아교육과정은 유아기의 이러한 발달적 특성을 고려해야 하며 그에 적합한 내용과 방법으로 구성되어야 한다.
- 유아교육과정은 학습의 결과보다 학습의 과정을 중요시하는 특징을 갖고 있다. 유아를 대상으로 한 교육은 유아의 성향, 가정환경, 경험 등 개별적 조건에 따라 다양한 결과를 나타낸다. 따라서 유아 개인에게 나타나는 경험의 과정에 중요한 의미가 있으며 교사는 그것을 다음 교육계획에 반영한다.
- 유아교육과정은 유아의 발달 영역이나 생활 영역 또는 프로젝트 중심으로 교육활동이 구성된다. 즉, 초 · 중등학교 교육과정처럼 교과 영역 위주로 학습내용이 구성되지 않고, 교과 영역별 내용이 융합되어 다양한 형태의 활동으로 운영된다.
- 유아교육과정은 편의상 다섯 가지의 발달 영역 또는 생활 영역으로 교육활동을 설정하였지만, 각 영역을 별도로 학습하는 것이 아니라 통합적으로 교육하는 특징을 갖고 있다. 예를 들어, 자연관찰활동을 하면서 유아는 의사소통, 사회관계, 건강 등 자연탐구 외 영역을 함께 경험한다.
- 유아교육과정은 다양한 쌍방적 관계를 중요시한다. 유아교육은 유아를 대상으로 교육이 이루어지는 모든 상황을 말한다. 그 상황에는 교사, 또래(친구), 교구 · 교재 등 유아가 경험할 수 있는 모든 것들이 포함된다. 따라서 유아교육과정은 교사-유아 관계뿐만 아니라 유아-유아, 유아-교구 · 교재(환경) 등 유아교육기관에서 유아를 둘러싸고 있는 주변 모든 것들과의 관계를 중요시한다.

2) 우리나라 유아교육과정의 변천

(1) 유치원 교육과정의 변천

우리나라 국가수준의 유치원 교육과정은 1969년에 고시된 제1차 유치원 교육과정을 시작으로 현재 2019 개정 누리과정이 시행되고 있다. 국가수준의 교육과정은 국가의 교육정책을 반영하여 각 연령에 적합한 수준별 교육이 제공될 수 있도록 국가에서 기준점을 마련하여 제공하는 공식적인 문서이다. 우리나라는 국가수준 유치원 교육과정을 고시하고 실행할 수 있는 제도를 마련함으로써 유아교육에 대한 국가의 책임을 명확히 하고 있다.

① 제1차 유치원 교육과정

1969년 2월 19일에 고시(문교부령 제207호)된 제1차 유치원 교육과정은 우리나라 최초 국가수준의 유치원 교육과정이다. 고시문을 통해 유치원은 어린이들의 개성에 따라 사회적, 신체적, 정서적, 지적 면에서 균형된 성장을 꾀할 수 있는 교육을 계획하고 실천해야 함을 강조하였다. 또한, 유아기 신체적 특징, 사회적 특징, 지적 정서적 특징을 바탕으로 유치원 교육의 필요성 및 교육과정의 목표, 운영방법을 제시하였다.

KEYWORD

튼튼한 몸과 마음/바른 사회적 태도/민주적 사고력/바른말 · 고운말/심미적 태도

② 제2차 유치원 교육과정

1979년 3월 1일에 고시(문교부 고시 제424호)된 제2차 유치원 교육과정은 긍정적으로 사고하고, 능률적으로 행동하며, 국민의 지혜와 역량을 한데 모아 민주주의를 확립함으로써 주체적이며 강력한 국력을 배양하는 데 총력을 기울여야 한다는 국가 방침을 바탕으로 한다. 이를 위해 유아의 무한한 잠재 능력을 신장시켜 국가 발

전을 지속화하고 가속화할 수 있는 기반이 조성되도록 하며, 유아에게 흥미롭고 다양한 환경을 제공하여 즐거움과 행복감을 가지고 생활하게 함으로써 건전한 성격 발달의 기틀을 마련하는 것에 중점을 두었다.

> **KEYWORD**
> 더불어 생활하기/호기심/탐구/원활한 언어소통/건강한 생활습관

③ 제3차 유치원 교육과정

1981년 12월 31일에 고시(문교부 고시 제442호)된 제3차 유치원 교육과정은 처음으로 초·중등 교육과정과 함께 발표된 교육과정이다. 교육은 민주, 복지, 정의 사회의 건설에 적극적으로 이바지할 수 있는 자주적이고 창의적인 국민을 길러내는 것을 목적으로 유아의 전인적 발달이 이루어질 수 있도록 교육과정 구성의 방향을 제시하였다.

> **KEYWORD**
> 건전한 심신의 육성/지력과 기술의 배양/도덕적인 인격 형성/민족 공동체의식의 고양

④ 제4차 유치원 교육과정

1987년 6월 30일에 고시(문교부 고시 제87-9호)된 제4차 유치원 교육과정은 국제관계의 다양화와 정보화 사회로의 변화 속에서 바람직한 미래 사회를 구현하기 위해 적절한 인간상을 분석하고 반영하고자 하였다. 이를 위해 건전한 정신과 튼튼한 몸을 지닌 건강한 사람, 스스로 결정하여 실천하는 자주적인 사람, 문제를 슬기롭고 합리적으로 해결하는 창조적인 사람, 인간을 존중하고 자연을 아끼며 올바르게 판단하고 행동하는 도덕적인 사람을 기르는 데 역점을 두고 교육과정을 구성하였다.

> **KEYWORD**
> 조화로운 신체발달/자주적인 사람/창의적 사고/민주시민 양성

⑤ 제5차 유치원 교육과정

1992년 9월 30일에 고시(교육부 고시 제1992-15호)된 제5차 유치원 교육과정은 우리나라 교육과정 최초로 중앙 집권형 교육과정을 지방 분권형 교육과정으로 전환하였다. 이때의 교육과정은 유아의 기본 생활 교육을 강조하였으며 유아의 요구와 흥미 및 개별성 존중, 놀이중심의 교육, 유아의 전인적 발달을 돕는 것에 중점을 두고 구성되었다.

> **KEYWORD**
> 기본 생활 교육/개별성/놀이중심 교육/전인적 성장 · 발달

⑥ 제6차 유치원 교육과정

1998년 6월 30일에 고시(교육부 고시 제1998-10호)된 제6차 유치원 교육과정은 수준별 교육내용의 연속성을 체계화하고 교육내용을 적정화하는 데 중점을 두고 개정되었다. 이 교육과정은 국가수준의 공통성과 지역, 유치원, 개인수준의 다양성을 추구하였으며, 유아의 자율성과 창의성을 신장하기 위한 유아중심 교육과정, 교육청 · 유치원 · 교원 · 유아 · 학부모가 함께 실현해 가는 교육과정의 성격을 갖는다.

> **KEYWORD**
> 다양성/창의성/민주시민 의식/발달에 적합한 수준별 교육과정/평가(교육의 질관리)

⑦ 2007 개정 유치원 교육과정

2007년 12월 19일에 고시(교육인적자원부 고시 제2007-153호)된 2007 개정 유치원 교육과정은 21세기 지식 정보화 시대에서 인류사회의 변화에 능동적으로 대처할 수 있는 교육과정이 강조되면서 초 · 중등학교 교육과정과의 연계성을 강화하였다. '사람과 자연을 존중하고 사랑하는 한국인 육성'을 기본 방향으로 유아의 기본 생활습관과 전통문화, 창의성을 강조하였으며, 유아의 발달 특성을 고려하여 수준별

교육과정을 구성하였다. 또한 지역과 유치원의 자율성을 확대하고 교육과정 평가체제를 통해 교육에 대한 질 관리를 강화하였다.

> **KEYWORD**
> 자율성과 창의성/행복 추구/유아중심 교육과정/전통문화 강조/놀이

⑧ 2011 개정 유치원 교육과정

2011년 9월 5일에 고시(교육과학기술부 고시 제2011-30호/보건복지부 고시 제2011-106호)된 2011 개정 유치원 교육과정은 5세를 대상으로 유치원 교육과정과 어린이집 표준보육과정을 통합하여 하나의 국가수준 교육과정으로 고시되어 시행된 '5세 누리과정'이다. 5세 누리과정 도입으로 우리나라에서 유치원 또는 어린이집에 다니는 5세는 소득수준과 관계없이 모두 유아학비 및 보육료를 지원받게 되었다. 5세 누리과정은 5세 유아에게 필요한 기본 능력과 바른 인성을 기르고, 민주시민의 기초를 형성하는 것에 목적이 있다.

> **KEYWORD**
> 5세 누리과정/유치원 교육과정과 표준보육과정의 통합/전인발달/초등학교 연계 교육과정

⑨ 2012 개정 유치원 교육과정

2012년 6월 29일에 고시(교육과학기술부 고시 제2012-13호/보건복지부 고시 제2012-82호)된 2012 개정 유치원 교육과정은 앞서 고시된 2011 개정 유치원 교육과정을 3-4세로 확대하여 유아교육과 보육 내용을 통합하여 일원화한 공통과정으로 고시되어 시행된 '3-5세 누리과정'이다. 3-5세 연령별 누리과정 도입으로 2013년부터 만 3-5세를 대상으로 한 완전 무상교육이 시행되었다. 이 교육과정은 3-5세 유아의 발달 특성을 고려하여 연령별로 구성되었으며 0-2세 표준보육과정과 초등학교 교육과정과의 연계성을 고려하여 구성되었다.

KEYWORD

3-5세 누리과정/0-2세 표준보육과정과의 연계성/연령별 교육과정/5개 영역

(2) 표준보육과정의 변천

① 제1차 어린이집 표준보육과정

2010년 9월 7일에 고시(보건복지부 고시 제2010-71호)된 제1차 표준보육과정은 2009년 3월 1일부터 시행된 2007 개정 유치원 교육과정과 함께 「영유아보육법 시행규칙」 제30조에 의거하여 영유아를 대상으로 구체적 보육내용 및 교사지침 등 필요한 사항을 고시한 최초의 국가수준 보육과정이다. 제1차 표준보육과정은 0-5세 영유아가 갖추어야 할 바람직하고 적합한 태도와 가치, 지식과 기술을 포함하며, 보육환경의 질을 높이고 교사의 역할을 강화하였다.

KEYWORD

6개 영역/연령별 보육목표 및 내용/계열성/개인차/1 · 2 · 3수준

② 제2차 어린이집 표준보육과정

2012년 2월 29일에 고시(보건복지부 고시 제2012-28호)된 제2차 표준보육과정은 2012년 3월 1일부터 시행된 5세 누리과정과 함께 고시된 0-5세 대상 국가수준 보육과정이다. 제2차 표준보육과정은 6개 영역으로 구성되었으며 각 영역은 영유아가 건강하고 안전하며 바르게 생활하는 데 필요한 내용과 신체, 사회, 언어, 인지 정서 등의 전인 발달을 위해서 영유아가 갖춰야 할 지식, 기술, 태도와 가치를 포함하였다.

KEYWORD

발달수준/흥미/전인발달/부모참여/지역사회의 협조

③ 제3차 어린이집 표준보육과정

2013년 1월 21일에 고시(보건복지부 고시 제2013-8호)된 제3차 표준보육과정은 2013년 3월 1일부터 시행된 3-5세 누리과정과 함께 고시된 0-5세 대상 국가수준 보육과정이다. 2013년 3월부터 정보는 0-5세 무상보육을 추진하기로 결정하고 2012년에 고시된 5세 누리과정을 확대하여 3세와 4세 보육프로그램과 0-2세 영아 보육프로그램을 추가로 개발하여 보급하였다. 제3차 표준보육과정은 영유아의 발달 특성과 개인차를 고려하여 연령 및 수준별로 구성되었으며 사람과 자연을 존중하고 우리문화를 이해하는 데 중점을 두었다.

> **KEYWORD**
> 흥미영역/놀이중심/연령별 보육과정의 연계/표준보육과정 운영 평가

④ 제4차 어린이집 표준보육과정

2020년 4월 9일에 고시(보건복지부 고시 제2020-75호)된 제4차 표준보육과정은 2019 개정 누리과정을 고려하여 같은 방향으로 구성된 유아 · 놀이중심 보육과정이다. 제4차 표준보육과정은 영유아가 놀이를 통해 심신의 건강과 조화로운 발달을 이루고, 바른 인성과 민주 시민의 기초를 형성하는 데 목적이 있다. 4차 표준보육과정은 3차 표준보육과정과 달리 연령별 보육내용이 아닌 6개 영역의 범주에 따른 주요내용을 제시하고 있으며 0-2세 대상 보육과정과 3-5세 대상 보육과정의 목표를 구분하여 제시하였다.

> **KEYWORD**
> 유아 · 놀이중심/경험하기/영유아의 자율성/교사의 자율성/초등교육과의 연계

표 4-1 유치원 교육과정과 어린이집 표준보육과정의 변천과 내용

유치원 교육과정			어린이집 표준보육과정		
기별	시행	주요내용	기별	시행	주요내용
1차	1969년 3월 1일	• 생활 · 경험 중심 • 교과 성격을 지닌 생활영역(건강, 사회, 자연, 언어, 예능)			
2차	1979년 3월 1일	• 생활 · 경험 · 놀이중심 • 인지발달 교육 강조			
3차	1982년 3월 1일	• 활동중심, 놀이중심의 개별화 교육 • 국민학교와의 연계성 강조			
4차	1989년 3월 1일	• 흥미 · 경험 · 놀이중심			
5차	1995년 3월 1일	• 21세기 대비 교육 • 기본생활습관 형성의 강조 • 수준별 교육과정 도입			
6차	2000년 3월 1일	• 유아중심 통합 교육과정 • 수준별 교육내용의 적정화 • 생활주제 중심의 통합적 운영 강조 • 기본생활습관 및 협동적 생활태도 강조 • 감성 계발 교육의 강조 • 창의성, 정보능력 함양 교육의 강화 • 세계화에 대비한 전통문화 강조			
2007 개정	2009년 3월 1일	• 전인적 성장 발달에 '행복 추구' 포함 및 강조 • 일상생활과 놀이 속에서의 통합교육이라는 유치원 기본 성격 규명 • 공통성과 다양성 추구	1차	2010년 9월 7일	• 최초 국가수준 보육과정 • 영유아의 잠재력 발휘 강조 • 보육환경 및 교사의 역할 강화 • 부모, 가족, 지역사회와의 협력 • 6개 영역

유치원 교육과정			어린이집 표준보육과정		
기별	시행	주요내용	기별	시행	주요내용
2011 개정	2012년 3월 1일	• 무상교육 및 보육의 확대(5세) • 5세 대상 유치원 교육과정과 어린이집 표준보육과정 통합 • 기본생활습관과 창의 · 인성 교육 강조 • 초등학교 교육과정과의 연계성 고려 • 놀이중심의 통합과정으로 구성	2차	2012년 2월 29일	• 무상교육 및 보육의 확대(5세) • 5세 누리과정 포함 0–5세 보육과정 • 공동체 내 사회적 지식과 태도 습득 강조 • 연령별 보육계획 편성 • 어린이집과 지역사회 특성 고려
2012 개정	2013년 3월 1일	• 무상교육 및 보육의 확대(3–5세) • 유치원과 어린이집으로 이원화되어 있는 교육 · 보육과정의 통합을 통한 유아교육의 질 제고 • 자율성과 창의성, 전인교육에 중점 • 사람과 자연 존중, 우리문화 이해에 중점 • 초등 교육과정 및 0–2세 표준보육과정과의 연계성 고려	3차	2013년 3월 1일	• 무상교육 및 보육의 확대(0–5세) • 0–1세 보육과정, 2세 보육과정, 3–5세 보육과정으로 구성 • 영유아의 발달특성 및 개인차를 고려한 놀이중심 보육과정 • 부모교육 계획 및 운영 • 표준보육과정의 운영평가 및 영유아평가 확대 적용
2019 개정	2020년 3월 1일	• 유아중심 · 놀이중심의 교육과정 • 자연과 생명 존중에 대한 태도 교육에 중점 • 지속가능사회 실현을 위한 역할 강조 • 교육과정 운영에 대한 교사의 자율성 확대	4차	2020년 9월 1일	• 2019 개정 누리과정 고려 • 유아 · 놀이중심 보육과정 • 경험중심 보육과정 • 0–2세의 기본생활 강조 • 영유아의 자율성 및 창의성 강조
			2024 개정	2025년 3월 1일	• 교육부 고시 및 시행 • 유보통합 정책 실행을 위한 기틀 마련 • 5개 영역(기본생활 영역과 신체운동 영역의 통합)

출처: 행정안전부 국가기록원 〉 분야별 검색 〉 교육〉 취학전교육 〉 유치원 정책 〉 유치원 교육과정 제정 https://www.archives.go.kr/next/newsearch/listSubjectDescription.do?id=003245&sitePage=
중앙육아종합지원센터 보육과정 웹사이트 〉 표준보육과정 https://www.nccw.educare.or.kr/web/main.do

3) 2019 개정 누리과정과 2024 개정 표준보육과정

(1) 2019 개정 누리과정

2019년 7월 24일에 고시(교육부고시 제2019-189호/보건복지부 고시 제2019-152호)되어 2020년 3월 1일부터 시행된 2019 개정 누리과정은 3-5세 유아를 위한 국가수준의 공통 교육과정으로써 유아중심 · 놀이중심의 교육과정이다. 2019 개정 누리과정은 '해설서', '놀이이해자료', '놀이실행자료'로 나누어 보급되었다. 해설서는 2019 개정 누리과정 고시문의 이해를 돕기 위한 설명, 편성 · 운영과 교수 · 학습의 중 내용, 영역별 목표 및 내용 해설, 교사의 이해를 돕기 위한 5개 영역의 통합적 이해자료 등이 제시되어 있다. '놀이이해자료'는 해설서에 근거한 다양한 놀이 사례를 제시하여 현장에서 유아의 놀이를 이해하도록 돕는다. '놀이실행자료'는 현장에서 유아의 놀이를 지원하는 교사의 역할에 초점을 두어 누리과정의 실천에 대한 다양한 사례를 제시하였다. 2019 개정 누리과정의 주요내용은 다음과 같다(2019 개정 누리과정 해설서, 2019).

① 누리과정 개정의 취지

■ 미래 사회에 부응하는 새로운 교육과정

미래 사회는 지식이 많은 사람보다는 지식을 잘 활용할 수 있는 사람을 필요로 한다. 또한 자연과 생명을 존중하며 다른 사람과 함께 살아가는 바른 인성을 갖추고, 창조적 사고로 지속 가능한 사회를 만들어 갈 수 있는 역할을 갖춘 사람이 필요하다. 2019 개정 누리과정에서는 시대의 요구에 따라, 교육내용을 간략화하고 유아가 주도하는 놀이를 통해 배움이 구현될 수 있도록 유아 · 놀이중심 교육과정으로 나아가고자 하였다.

■ 유아의 놀이가 중심이 되는 교육과정

유아가 놀이하며 보여주는 독특한 움직임, 표정, 재미있는 말과 이야기, 그림이나 노래 등은 모두 놀이의 과정이자 배움의 결과물이다. 유아는 놀이하며 다른 사람과 관계를 맺고, 세상의 중요한 구성원으로 성장해간다. 2019 개정 누리과정에서는 유아가 각자 자신에게 가장 적합한 방식으로 스스로 놀이하며 배운다는 점에 주목하여 유아가 주도하는 놀이를 강조하였다. 또한 교사가 유아 놀이의 가치와 의미를 이해하고, 유아의 놀이를 통한 배움을 지원하도록 하는 데 중점을 두었다.

■ 유아의 놀이를 지원하기 위한 교사의 자율성

유아의 놀이는 예측하여 계획하기 어렵기 때문에 교사는 유아의 놀이 흐름에 따라 가장 적합한 교육적 자원이 무엇인지를 상황에 따라 판단하고 실천해야 한다. 2019 개정 누리과정은 교사가 자율성을 기반으로 유아가 놀이하며 배운다는 가치를 믿고 유아가 중심이 되고 놀이가 살아나는 교육과정을 유아와 함께 실천해 갈 수 있도록 하였다.

② 개정 누리과정의 구성

■ 추구하는 인간상

가. 건강한 사람

나. 자주적인 사람

다. 창의적인 사람

라. 감성이 풍부한 사람

마. 더불어 사는 사람

■ 목적과 목표

누리과정의 목적은 유아가 놀이를 통해 심신의 건강과 조화로운 발달을 이루고 바른 인성과 민주시민의 기초를 형성하는 데에 있다.

누리과정의 목표는 다음과 같다.

가. 자신의 소중함을 알고, 건강하고 안전한 생활습관을 기른다.

나. 자신의 일을 스스로 해결하는 기초능력을 기른다.
다. 호기심과 탐구심을 가지고 상상력과 창의력을 기른다.
라. 일상에서 아름다움을 느끼고 문화적 감수성을 기른다.
마. 사람과 자연을 존중하고 배려하며 소통하는 태도를 기른다.

■ 구성의 중점

누리과정 구성의 중점을 다음과 같다.
가. 3-5세 모든 유아에게 적용할 수 있도록 구성한다.
나. 추구하는 인간상 구현을 위한 지식, 기능 태도 및 가치를 반영하여 구성한다.
다. 신체운동건강, 의사소통, 사회관계, 예술경험, 자연탐구의 5개 영역을 중심으로 구성한다.
라. 3-5세 유아가 경험해야 할 내용으로 구성한다.
마. 0-2세 보육과정 및 초등학교 교육과정과이 연계성을 고려하여 구성한다.

③ 누리과정의 운영

■ 편성 · 운영

다음의 사항에 따라 누리과정을 편성 · 운영한다.
가. 1일 4~5시간을 기준으로 편성한다.
나. 일과 운영에 따라 확장하여 편성할 수 있다.
다. 누리과정을 바탕으로 각 기관의 실정에 적합한 계획을 수립하여 운영한다.
라. 하루 일과에서 바깥 놀이를 포함하여 유아의 놀이가 충분히 이루어지도록 편성하여 운영한다.
마. 성, 신체적 특성, 장애, 종교, 가족 및 문화적 배경 등으로 인한 차별이 없도록 편성하여 운영한다.
바. 유아의 발달과 장애 정도에 따라 조정하여 운영한다.
사. 가정과 지역사회와의 협력과 참여에 기반하여 운영한다.
아. 교사 연수를 통해 누리과정의 운영이 개선되도록 한다.

■ **교수 · 학습**

교사는 다음 사항에 따라 유아를 지원한다.

가. 유아가 흥미와 관심에 따라 놀이에 자유롭게 참여하고 즐기도록 한다.

나. 유아가 놀이를 통해 배우도록 한다.

다. 유아가 다양한 놀이와 활동을 경험할 수 있도록 실내외 환경을 구성한다.

라. 유아와 유아, 유아와 교사, 유아와 환경 간에 능동적인 상호작용이 이루어지도록 한다.

마. 5개 영역의 내용이 통합적으로 유아의 경험과 연계되도록 한다.

바. 개별 유아의 요구에 따라 휴식과 일상생활이 원활히 이루어지도록 한다.

사. 유아의 연령, 발달, 장애, 배경 등을 고려하여 개별 특성에 적합한 방식으로 배우도록 한다.

■ **평가**

평가는 다음 사항에 중점을 두고 실시한다.

가. 누리과정 운영의 질을 진단하고 개선하기 위해 평가를 계획하고 실시한다.

나. 유아의 특성 및 변화 정도와 누리과정의 운영을 평가한다.

다. 평가의 목적에 따라 적합한 방법을 사용하여 평가한다.

라. 평가의 결과는 유아에 대한 이해와 누리과정 운영 개선을 위한 자료로 활용할 수 있다.

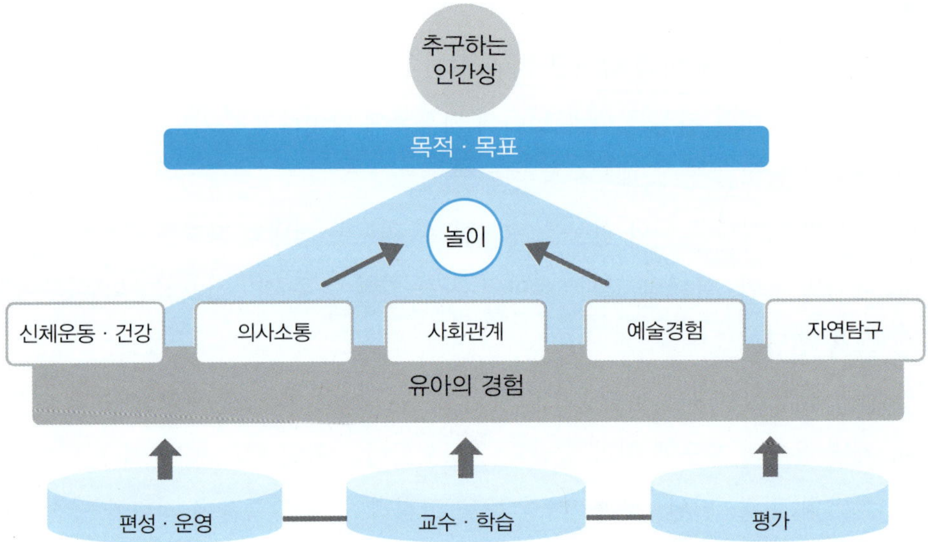

그림 4-1 개정누리과정의 구성

출처: 교육부, 보건복지부(2019c), p.21

④ 영역별 목표 및 내용

2019 개정 누리과정은 신체운동 · 건강, 의사소통, 사회관계, 예술경험, 자연탐구 등 5개 영역을 유지하였으나, 각 영역에 포함되는 범주와 내용을 간략화하였다. 각 영역은 3개의 내용범주를 두어 총 15개의 내용범주와 총 59개의 내용으로 간략화 영역별 목표 및 내용범주는 다음과 같다.

표 4-2 영역별 목표 및 내용범주

영역	목표	내용범주
신체운동 · 건강	실내외에서 신체활동을 즐기고, 건강하고 안전한 생활을 한다. 1) 신체활동에 즐겁게 참여한다. 2) 건강한 생활습관을 기른다. 3) 안전한 생활습관을 기른다.	신체활동 즐기기 건강하게 생활하기 안전하게 생활하기

영역	목표	내용범주
의사소통	일상생활에 필요한 의사소통 능력과 상상력을 기른다. 1) 일상생활에서 듣고 말하기를 즐긴다. 2) 읽기와 쓰기에 관심을 가진다. 3) 책이나 이야기를 통해 상상하기를 즐긴다.	듣기와 말하기 읽기와 쓰기에 관심 가지기 책과 이야기 즐기기
사회관계	자신을 존중하고 더불어 생활하는 태도를 가진다. 1) 자신을 이해하고 존중한다. 2) 다른 사람과 사이좋게 지낸다. 3) 우리가 사는 사회와 다양한 문화에 관심을 가진다.	나를 알고 존중하기 더불어 생활하기 사회에 관심 가지기
예술경험	아름다움과 예술에 관심을 가지고 창의적 표현을 즐긴다. 1) 자연과 생활 및 예술에서 아름다움을 느낀다. 2) 예술을 통해 창의적으로 표현하는 과정을 즐긴다. 3) 다양한 예술 표현을 존중한다.	아름다움 찾아보기 창의적으로 표현하기 예술 감상하기
자연탐구	탐구하는 과정을 즐기고, 자연과 더불어 살아가는 태도를 가진다. 1) 일상에서 호기심을 가지고 탐구하는 과정을 즐긴다. 2) 생활 속의 문제를 수학적, 과학적으로 탐구한다 3) 생명과 자연을 존중한다.	탐구과정 즐기기 생활 속에서 탐구하기 자연과 더불어 살기

(2) 2024 개정 표준보육과정

2024년 12월 9일에 고시(교육부 고시 제2024-23호)되어 2025년 3월 1일부터 시행된 2024 개정 표준보육과정은 정부의 유보통합 정책에 따라 교육부에서 고시한 영유아 대상 국가수준 통합과정이다. 우리나라 최초의 보육과정인 제1차 표준보육과정부터 제4차 표준보육과정까지 어린이집에서 시행된 표준보육과정은 모두 보건복지부에서 고시 및 시행하였지만 2024 개정 표준보육과정은 교육부에서 고시하고 시행되고 있다.

2023년 1월 30일 교육부에서는 유보통합 추진방안을 발표함으로써 국민 안심 책임교육 · 돌봄 환경을 만들기 위한 단계적 추진방안을 제시하였다. 유보통합은 유치원과 어린이집으로 이원화되어 있는 재정규모, 관리체계, 교사관리 등과 0세부터

5세까지의 영유아를 대상으로 한 교육 · 보육기관의 운영 및 관리를 비롯한 전체적인 사항들을 하나로 통합하는 것이다. 먼저 1단계로 유치원과 어린이집의 격차 해소와 통합기반 마련을 추진하였으며, 2단계에서는 2025년부터 교육부와 교육청을 중심으로 통합을 본격적으로 시행하기 위해 제도적 틀을 체계적으로 구성하여 적용하고 있다. 2024 개정 표준보육과정은 정부의 유보통합 정책 실행을 위한 일환으로 추진되었다.

2024 개정 표준보육과정은 0-5세 영유아를 위한 국가수준의 보육과정으로써 0-1세 보육과정, 2세 보육과정, 3-5세 보육과정(누리과정)으로 구성되어 있다. 2019 개정 누리과정과의 연계를 고려하여 0세, 1세, 2세 보육과정에서 놀이를 중심으로 영아가 경험해야 할 내용을 강조하였으며, 기존의 6개 영역을 5개 영역으로 동일하게 구성하였다. 2024 개정 표준보육과정의 주요내용을 다음과 같다(2024 개정 표준보육과정, https://www.nccw.educare.or.kr/web/care/pag7/carePage.do 2025.10.1. 검색).

① 표준보육과정의 구성방향

■ 추구하는 인간상

가. 건강한 사람

나. 자주적인 사람

다. 창의적인 사람

라. 감성이 풍부한 사람

마. 더불어 사는 사람

■ 목적과 목표

표준보육과정의 목적은 영유아가 놀이를 통해 심신의 건강과 조화로운 발달을 이루고 바른 인성과 민주시민의 기초를 형성하는 데에 있다.

이를 실현하기 위한 목표는 다음과 같다.

가. 0~1세 보육과정 및 2세 보육과정 목표

1) 자신의 소중함을 알고 건강하고 안전한 환경에서 즐겁게 생활한다.
2) 자신의 일을 스스로 하고자 한다.
3) 호기심을 가지고 탐색하며 상상력을 기른다.
4) 일상에서 아름다움에 관심을 가지고 감성을 기른다.
5) 사람과 자연을 존중하고 소통하는 데 관심을 가진다.

나. 3~5세 보육과정 목표

1) 자신의 소중함을 알고 건강하고 안전한 생활습관을 기른다.
2) 자신의 일을 스스로 해결하는 기초능력을 기른다.
3) 호기심과 탐구심을 가지고 상상력과 창의력을 기른다.
4) 일상에서 아름다움을 느끼고 문화적 감수성을 기른다.
5) 사람과 자연을 존중하고 배려하며 소통하는 태도를 기른다.

■ 구성의 중점

표준보육과정은 영유아가 개별적인 특성을 지닌 고유한 존재임을 전제로 다음 사항에 중점을 두고 구성한다.

가. 0~5세 모든 영유아에게 적용할 수 있도록 구성한다.
나. 추구하는 인간상 구현을 위한 지식, 기능, 태도 및 가치를 반영하여 구성한다.
다. 신체운동 · 건강, 의사소통, 사회관계, 예술경험, 자연탐구의 5개 영역을 중심으로 구성한다.
라. 0~5세 영유아가 경험해야 할 내용으로 구성한다.
마. 초등학교 교육과정과의 연계성을 고려하여 구성한다.

② 표준보육과정의 운영

■ 편성 · 운영

다음의 사항에 따라 표준보육과정을 편성 · 운영한다.

가. 각 기관의 운영 시간에 맞추어 편성한다.

나. 표준보육과정을 바탕으로 각 기관의 실정에 적합한 계획을 수립하여 운영한다.

다. 하루 일과에서 바깥 놀이를 포함하여 영유아의 놀이가 충분히 이루어지도록 편성하여 운영한다.

라. 성, 신체적 특성, 장애, 종교, 가족 및 문화적 배경 등에 따른 차별이 없도록 편성하여 운영한다.

마. 영유아의 발달과 장애 정도에 따라 조정하여 운영한다.

바. 가정과 지역사회와의 협력과 참여에 기반하여 운영한다.

사. 교사 연수를 통해 표준보육과정의 운영을 개선할 수 있도록 한다.

■ **교수・학습**

교사는 다음 사항에 따라 영유아를 지원한다.

가. 영유아가 흥미와 관심에 따라 놀이에 자유롭게 참여하고 즐기도록 한다.

나. 영유아가 놀이를 통해 배우도록 한다.

다. 영유아가 다양한 놀이와 활동을 경험할 수 있도록 실내외 환경을 구성한다.

라. 영유아와 영유아, 영유아와 교사, 영유아와 환경 사이에 능동적인 상호작용이 이루어지도록 한다.

마. 5개 영역의 내용이 통합적으로 영유아의 경험과 연계되도록 한다.

바. 개별 영유아의 요구에 따라 휴식과 일상생활이 원활히 이루어지도록 한다.

사. 영유아의 연령, 발달, 장애, 배경 등을 고려하여 개별 특성에 적합한 방식으로 배우도록 한다.

■ **평가**

평가는 다음 사항에 중점을 두고 실시한다.

가. 표준보육과정 운영의 질을 진단하고 개선하기 위해 평가를 계획하고 실시한다.

나. 영유아의 특성 및 변화 정도와 표준보육과정의 운영을 평가한다.

다. 평가의 목적에 따라 적합한 방법을 사용하여 평가한다.

라. 평가의 결과는 영유아에 대한 이해와 표준보육과정 운영 개선을 위한 자료로 활용할 수 있다,

③ 영역별 목표 및 내용

2024 개정 표준보육과정에서는 0-2세 영아를 대상으로 구성되어 있던 6개 영역을 5개 영역으로 수정 · 보완하여 각 영역별 목표 및 내용으로 구성하였다. 3-5세 보육과정의 영역별 목표 및 내용은 2019 개정 누리과정의 내용과 동일하므로 0-2세 보육과정의 영역별 목표 및 내용을 제시하고자 한다.

표 4-3 0-2세 보육과정의 영역별 목표 및 내용

영역	목표	내용범주
신체운동 · 건강	실내외에서 신체활동을 즐기고, 건강하고 안전한 일상생활을 경험한다. 1) 감각 경험과 신체활동을 즐긴다. 2) 건강한 일상생활을 경험한다. 3) 안전한 일상생활을 경험한다.	신체활동 즐기기 건강하게 생활하기 안전하게 생활하기
의사소통	일상생활에서 의사소통 능력을 기른다. 1) 일상생활에서 듣기와 말하기를 즐긴다. 2) 읽기와 쓰기에 관심을 가진다. 3) 책과 이야기에 재미를 느낀다.	듣기와 말하기 읽기와 쓰기에 관심 가지기 책과 이야기 즐기기
사회관계	나를 알아가며, 더불어 생활하는 경험을 한다. 1) 나는 알고 긍정적으로 여긴다. 2) 함께 지내는 즐거움을 경험한다.	나를 알고 존중하기 더불어 생활하기
예술경험	아름다움을 느끼고 즐긴다. 1) 자연과 생활에서 아름다움을 경험한다. 2) 자유롭게 예술 표현을 한다.	아름다움 찾아보기 창의적으로 표현하기
자연탐구	주변 환경과 자연을 탐색하는 과정을 즐긴다. 1) 일상에서 탐색하는 과정을 즐긴다. 2) 주변 환경에 관심을 가지고 탐색한다. 3) 생명과 자연에 관심을 가진다.	탐구과정 즐기기 생활 속에서 탐구하기 자연과 더불어 살기

2 유아교육 프로그램의 이해

1) 몬테소리 프로그램

(1) 배경 및 아동관

몬테소리 프로그램은 이탈리아 최초의 여성의학자 마리아 몬테소리(Maria Montessori)가 저소득층 유아를 위해 개발된 유아교육 프로그램이다. 몬테소리는 1907년에 로마 근교의 빈민가인 산 로렌초에 어린이집의 집(Casa dei Bambini)을 설립하여 빈곤층 유아를 대상으로 인지발달을 위한 자발적 학습을 할 수 있도록 영역별 교구를 고안하여 유아들에게 제공하였다. 하지만 이 시기는 진보주의 교육철학이 널리 전파되어 교육 현장에 적용되어 있었기 때문에 몬테소리 교육 프로그램은 주목받지 못했다. 이후 1960년대 교육을 통한 인지발달이 강조되기 시작하면서 읽기, 쓰기, 셈하기의 기초 학습의 중요성에 관심이 모아지면서 몬테소리 프로그램은 주목받기 시작했다.

몬테소리 프로그램의 원칙 중 하나는 유아를 존중하는 것이다. 유아의 개별적 특성(발달속도, 관심 분야, 주변 환경 등)을 있는 그대로 인정해 줌으로써 유아의 자율성과 자존감 형성을 돕는 것에 초점을 맞춘다. 유아의 스스로 선택한 교구에 집중하고 반복하는 내적 훈련 과정을 통해 자신감을 발달시키고 자신에 대한 만족감을 가진다. 이러한 과정은 결국은 유아에게 행복과 즐거움을 느끼게 해주며 몬테소리를 이것을 정상화되는 과정 혹은 정상화된 상대라고 설명했다.

(2) 교육원리

① 개별화 교육

몬테소리 프로그램은 유아의 개별화 교육을 기본 원칙으로 한다. 유아의 개별적 특성을 존중하기 위해 유아가 스스로 개인의 흥미에 따라 교구를 선택하고 개별적으로 훈련한다. 유아의 생각과 행동은 성인과 다르며 존중되어야 함을 강조한다. 성인은 유아가 자유롭게 자신을 표현할 수 있도록 도와야 하며 유아에게 적절한 자극을 제공함으로써 무한한 능력을 키워갈 수 있도록 안내해야 한다.

② 민감기

몬테소리는 유아가 잠재적으로 갖고 있는 능력을 최대한 발휘할 수 있는 민감한 시기가 있다고 주장하였다. 유아는 민감기 동안 특정 행동과 기술을 보다 쉽게 습득할 수 있으며 집중하여 노력하는 특성을 나타낸다. 유아의 민감기는 발달 영역에 따라 다르게 나타나며 민감한 시기에 있는 발달 영역에 대한 성과는 배가 되고 그 결과 즐거움과 행복을 느낀다.

③ 흡수정신

흡수정신은 유아가 주변 환경을 통해 경험하는 모든 것을 무의식적 · 의식적으로 흡수함으로써 학습이 이루어진다는 것이다. 몬테소리는 0세부터 3세까지는 무의식적인 흡수정신이 나타나며, 3세부터 6세까지는 의식적 흡수정신이 나타나는 시기라고 설명하였다. 흡수정신은 유아의 내부에 잠재되어 있는 정신능력으로 다양한 자극을 통해 스스로 경험하며 학습하는 특성이다.

④ 정상화

정상화된 유아는 자기가 좋아하는 것이 무엇인지 알고 스스로 선택하여 즐거운 마음으로 본인이 만족할 때까지 반복한다. 즉, 정상화란 유아 내면의 새로운 모습을 발견하고 주변 사람과 조화롭고 평화롭게 성장할 수 있는 상태에 이르는 유아의 모습이라고 할 수 있다. 몬테소리에 따르면 유아의 정상화를 위해 성인은 유아의 새로운 면을 찾아내고 성장할 수 있도록 환경을 제공해야 한다.

⑤ 자동교육

몬테소리는 유아는 준비된 환경 속에서 스스로 선택한 활동을 주도적으로 참여하면서 자연스럽게 학습이 이루어진다고 강고하였으며 이를 자동교육이라고 설명하였다. 유아는 스스로 선택한 활동에 대한 실패도 경험하게 되는데 몬테소리는 실패 또한 유아에게 중요한 학습자원이 될 수 있다고 보았다. 유아는 실패를 통해 자신의 발달 수준에 적합한 활동을 선택하고 스스로 습득할 수 있을 때까지 반복하면서 학습하는 자동교육이 이루어진다.

⑥ 준비된 환경

몬테소리는 유아의 흡수정신은 풍요로운 준비된 환경을 통해 가능하다고 하였다. 준비된 환경이란 자유가 있는 환경, 구성과 질서가 있는 환경, 현실과 자연을 접할 수 있는 환경, 아름답고 매력적인 분위기의 환경, 발달수준을 고려한 몬테소리 교구가 마련되어 있는 환경, 사회성 발달이 가능한 환경을 말한다. 즉, 유아가 스스로 선택한 활동에 직접 참여할 수 있는 자유가 보장되고 유아의 신체 및 사회정서가 반영된 유아중심 생활에 적합한 환경이다.

(3) 교육목표 및 내용

① 교육목표

몬테소리 프로그램의 교육목표는 궁극적으로 유아의 정상화이다. 몬테소리에 의하면 모든 유아는 태어나면서부터 내적 생명력을 갖추고 있다. 따라서 유아는 무안한 발전의 가능성이 있으며 그것은 준비된 환경을 통해 흡수하는 과정에서 완성되는 것이다. 몬테소리 교육을 통해 신체와 정신, 감각, 지적능력, 개성, 사회관계가 균형 있게 발달할 수 있도록 하는 것이다.

② 교육내용

몬테소리 프로그램은 일상생활교육, 감각교육, 언어교육, 수교육, 문화교육 영역을 중심으로 유아의 발달에 따른 수준별 활동과 교구들이 다양하게 구성되어 있다.

표 4-4 몬테소리 프로그램의 교육내용

영역	주요 내용
일상생활	기본동작, 환경의 배려, 자기자신에 대한 배려, 사회에 대한 배려, 운동의 분석과 조정
감각	단순감각(시각, 촉각, 청각, 후각, 미각, 입체식별감각), 복합감각
언어	듣고 말하기, 쓰기, 말 읽기, 품사의 역할, 단어, 문장분석
수	수의 소개, 십진법, 연속수, 암산, 추상에의 과정, 분수
문화	세계지도, 다른 나라 문화, 생활양식, 지형, 역사, 생명(동 · 식물학) 등

(4) 교사역할

① 관찰자

교사는 유아가 스스로 선택한 활동이 무엇인지, 집중의 정도, 활동을 주도적으로 이끌어가고 있는 모습 등을 참을성 있게 기다리고 면밀하게 관찰하여야 한다. 이를 통해 교사는 유아에게 필요한 것이 무엇인지 파악하여 습득할 수 있도록 이끌어 줄 수 있어야 한다.

② 촉진자

교사는 유아가 스스로 활동을 선택할 수 있도록 기다리거나 적절한 시기에 개입하여 유아의 흥미를 끌 수 있는 방법을 찾고 유아와 교구, 유아와 환경의 상호작용을 촉진할 수 있다.

③ 안내자

교사는 몬테소리 프로그램의 교육철학 및 교육목표, 내용 등을 충분히 이해하고 전문적 지식을 기반으로 유아를 안내할 수 있어야 한다. 교사는 유아가 스스로 선택한 활동에 대한 이해가 부족할 때 시범을 보일 수 있으며, 유아가 활동에 집중함으로써 만족감을 즐거움을 느끼고 학습할 수 있도록 존중해 주어야 한다.

④ 환경 구성자

몬테소리 프로그램은 유아가 스스로 선택할 수 있도록 교사가 사전에 유아 발달 수준을 고려한 준비된 환경을 제공하는 것이 중요하다. 교사는 유아의 자연스러운 성장을 돕기 위한 적절한 환경을 마련해 줄 필요가 있다. 교사는 유아의 민감기를 이해하고 환경을 흡수할 수 있도록 적합한 환경을 제공해야 한다.

2) 레지오 에밀리아 접근법

(1) 배경 및 아동관

레지오 에밀리아 접근법은 1963년 이탈리아 북부에 위치한 에밀리아 로마냐 주의 레지오 에밀리아 시에서 시작된 유아대상 교육 프로그램이다. 2차 세계대전 종결 후 이 지역의 부모들은 새로운 교육에 대한 필요성에 공감하고 유아를 위한 교육에 열정을 가지고 부모협동학교를 설립하여 영유아를 대상으로 교육과 보육의 질높은 서비스를 제공하였다. 레지오 에밀리아 접근법을 이해하기 위해서는 사회·문화·역사적 맥락에 대한 이해가 우선되어야 한다. 레지오 에밀리아 지역의 부모중심 공동조합 형태의 교육이 성공한 것은 진보적 민주주의를 바탕으로 공동의 책임을 중요시여겼기 때문인 것으로 분석된다. 이는 그 지역 구성원들의 사회·문화적 배경이 뒷받침되었기 때문이다.

레지오 에밀리아 접근법에서 유아는 호기심이 많고 발전 가능성이 있는 풍부한 잠재력을 소유하고 있는 존재로 바라본다. 따라서 성인(교사)이 유아에게 일방적으로 정보를 전달하려고 할 필요가 없으며 유아는 주변 환경과의 상호작용을 통해 관계를 맺고 스스로 지식을 구성한다. 이러한 과정을 통해 유아는 행복한 삶을 즐길 수 있으며 성인(교사)은 이를 위한 환경을 제공하고 보호해야 한다.

(2) 교육목표 및 내용

① 교육목표

레지오 에밀리아 접근법의 교육목표는 사전에 계획된 학습에 국한하여 설정할 수 없으며 유아의 주변 환경과의 상호작용을 통해 설정된 주제를 중심으로 다양하게 만들어진다. 교사는 유아의 사회문화적 맥락 속에서 조화로운 상호협력 과정을 통해 교육목표를 설정할 수 있으며 진행 과정 중 또 다른 목표를 설정할 수도 있다.

② 교육내용

- **발현적 교육과정**: 교사에 의해서 미리 계획되어진 활동으로 운영되는 것이 아니라 유아의 흥미에 따라 의미 있는 교육을 위해 무엇을 경험할 것인가를 지속적으로 정해가는 과정이다. 교사는 유아의 자율성을 보장해주고 유아의 흥미에 따라 활동의 내용이 정해지기도 하지만 유아의 잠재력을 고려하여 교사의 판단에 따라 활동주제를 선정할 수도 있다.
- **학습을 위한 그리기**: 레지오 에밀리아 접근법에서 그리기는 유아가 자신의 사고를 재고찰하고 반성하는 기회를 갖기 위한 도구로 활용된다. 유아의 그리기를 통해 이해 정도를 알 수 있으며, 학습내용을 탐색하고 의사소통의 수단이 된다.
- **다상징화**: 유아가 다양한 매체를 활용하여 다각도로 접근하는 것이다. 유아는 다양한 매체를 활용함으로써 이전의 표상을 수정할 수 있으며 매체 제시 순서에 따라 다른 학습효과를 가져올 수 있다.
- **표상**: 레지오 에밀리아 접근법에서 표상은 학습과정에서 이루어지는 인지적 · 상징적 표현으로써 사고를 구축해가는 중요한 요소가 된다(김은희, 2000). 유아는 표상을 통해 기억을 되살리거나 자신의 경험을 반성하기도 하며, 다른 사람과 생각을 나누기도 한다.
- **사회적 상호작용**: 레지오 에밀리아 접근법에서 유아의 사회문화적 경험은 중요한 학습요소 중 하나이다. 유아는 주변 환경과의 사회적 상호작용을 통해 의견

불일치를 경험하고 협력할 수 있는 방안을 찾아가는 과정 속에서 자신감과 소속감을 갖게 된다.

- **기록화**: 기록화는 레지오 에밀리아 접근법의 성공적인 결과를 얻기 위한 필요요건이다. 활동과정을 담은 사진, 녹음하여 전사한 글, 표상활동의 결과물 등 전반적인 과정에 대한 기록들을 판넬화하여 유아, 교사, 부모, 일반인 등 누구나 볼 수 있도록 전시한다. 기록화를 통해 유아는 반성적 사고를 경험하게 되며, 교사는 활동의 방향을 설정하고 확장하고, 부모는 유아 활동에 관심을 갖고 참여할 수 있는 동기를 부여한다.

(3) 물리적 환경

레지오 에밀리아 접근법에서 공간은 유아 활동에 직접적인 영향을 미치기 때문에 중요한 교육적 의미가 있다. 레지오 에밀리아 접근법의 환경은 대표적으로 피아자, 교실, 아뜰리에로 구성된다.

① 피아자

피아자는 건물 중앙에 위치하여 교실 내부 공간들을 볼 수 있다. 피아자는 유리벽으로 되어 있어 자연의 빛이 들어오게 설계되어 있으며 실내 정원이 있어 자연식물의 심미적 문화를 경험할 수 있다. 유아들은 피아자에서 가게놀이, 의상놀이, 거울 보기, 인형극, 편지 쓰기 등의 활동을 한다.

② 교실

교실은 유아들이 학급별로 모여 또래들과 오랜시간 함께 시간을 보내는 장소이다. 레지오 교실에는 라이트 테이블, 이젤, 투명한 용기, 그림자 스크린, 실물 화상기 등 다양한 매체들이 준비되어 있어 유아가 스스로 대상물을 다루고 문제를 발견, 검증, 해결의 과정을 경험한다.

③ 아뜰리에

아뜰리에는 유아가 활동에 대한 표상을 하는 장소로 아뜰리에리스타가 상주하여 유아의 표상활동에 전문가적 도움을 제공한다. 아뜰리에에는 다양한 미술 자료가 준비되어 있으며 유아는 자신에게 필요한 자료를 선택하고 활용할 수 있도록 충분한 시간과 자유를 제공 받는다.

(4) 운영자

① 교사

레지오 에밀리아 교사는 2명의 교사가 팀이 되어 한 학급을 3년간 담당한다. 교사는 동일한 유아들과 오랜 시간 함께 지내면서 서로 더욱 깊게 이해하며 기관에서 안정적인 생활을 할 수 있다. 교사들은 서로 끊임없이 의견을 나누고 연구하는 과정을 통해 유아의 경험 속 의미를 발견하고 분석하여 발전시키고자 노력한다.

② 페다고지스타

페다고지스타는 교육전문가로서 1명이 3~4개의 기관을 담당하며 기관 전반의 정책이나 문제에 대해 관련 부처와 협의하는 역할을 한다. 또한 교사의 역량 개발을 위해 교사교육을 체계적으로 계획하여 운영하며 교직원들의 근무환경 개선을 위한 소통을 지속적으로 진행한다.

③ 아뜰리에리스타

아뜰리에리스타는 유아의 표상활동을 전문적으로 촉진할 수 있도록 돕는 미술지원교사이다. 유아의 표상활동이 더욱 창의적으로 진행될 수 있도록 조언하고 교사들이 발견하지 못한 유아의 다상징적인 부분을 볼 수 있도록 협력한다.

3) 프로젝트 접근법

(1) 배경 및 아동관

프록젝트 접근법은 1989년 캐츠(Katz)와 차드(Chard)가 출간한 『Engaging Children's Mind: The Project Approach』에서 처음 소개되었다. 1920년대 존 듀이(John Dewey)가 유아의 경험에 대한 중요성을 강조하면서 프로젝트 교수 방법을 소개하여 교육현장에서 큰 관심을 모았으나 1960년대 학문중심 교육과정이 대두되면서 프로젝트 교육에 대한 관심은 낮아졌다. 이후 캐츠와 차드에 프로젝트 접근법이 다시 재조명되기 시작했으며 교육 프로그램으로 지지를 받게 되었다.

프로젝트 접근법은 유아들이 특정 주제를 함께 심층적으로 연구하는 활동으로써 정답을 찾아가기보다는 연구활동과정 속에서 다양한 것들을 학습한다. 유아는 선정된 주제와 관련된 궁금한 것들을 스스로 찾아 해결하며 깊이 있게 학습할 수 있다. 교사는 효과적인 프로젝트 운영을 위해 유아의 흥미와 해결 방법을 존중하고 스스로 찾아갈 수 있도록 환경을 제공해야 한다.

(2) 교육목표

프로젝트 접근법의 교육목표는 첫째, 지식의 향상이다. 유아는 특정 주제에 대한 깊이 있는 연구를 통해 도식, 아이디어, 사실, 개념, 정보, 이야기 등 새로운 지식을 획득한다. 둘째, 기술의 향상이다. 쓰기, 읽기, 셈하기 등과 같은 인지적 기술, 차례 지키기, 문제 해결하기 등과 같은 사회적 기술, 타인과 언어적 · 비언어적 의사소통 기술, 신체적 기술 등 유아의 전이발달을 위한 다양한 기술을 형성한다. 셋째, 개인의 올바른 성향 발달이다. 유아 개인이 경험하는 문제상황에 대처하는 태도, 습관 등의 성향을 발달시키는 것이다. 넷째, 정서발달이다. 소속감, 안정감, 자아존중감 등 긍정적인 감정 또는 정서상태를 향상시키는 것이다.

(3) 교육내용

① 계획 및 시작단계

프로젝트 접근법 1단계는 계획하고 시작하는 단계이다. 1단계에서 프로젝트의 주제를 선정하고 개념지도를 작성하며 프로젝트 주제망을 구축하여 질문을 구성한다. 프로젝트의 주제는 유아의 관심 분야 중에서 교사가 선정할 수도 있고 유아 주변의 환경 및 기관의 상황을 고려하여 선정할 수도 있다.

주제가 선정되면 유아의 사전경험 등을 바탕으로 이미 알고 있는 것과 앞으로 알고 싶은 것, 경험하고 싶은 것 등에 대해 이야기 나눈 후 프로젝트 주제망을 구축하고 조사해보고 싶은 것들에 대해 질문을 구성하여 프로젝트를 시작한다.

② 탐색 및 표상단계

프로젝트 접근법 2단계는 선정된 주제를 깊이 있게 탐색하고 표상하는 단계이다. 주제의 깊이 있는 탐색을 위해 책 찾아보기, 현장 견학가기, 전문가 초청하기 등의 활동을 통해 관련 영역에 대한 다양한 전문적 지식을 습득하고 새롭게 알게 된 정보를 표상해봄으로써 학습한다.

③ 마무리 및 평가단계

프로젝트 접근법 마지막 단계는 활동을 마무리하고 평가하는 단계이다. 학부모를 초청하여 프로젝트를 진행하는 과정에서 얻게 된 결과물(주제망, 질문, 그림, 도표, 조형물, 사진 등)들을 전시하고, 공연하는 활동 등을 통해 유아가 자신들의 활동을 다른 사람들과 공유할 수 있는 기회를 제공한다.

(4) 교사역할

① 학습의 촉진자

프로젝트 접근법은 교사주도적 활동이 아닌 유아가 직접 구성한 질문들을 바탕으로 과제를 해결해가는 것에 목적이 있다. 따라서 교사는 유아에게 직접적인 지식 전달자가 아닌 문제를 해결할 수 있는 환경을 제공하고 학습을 촉진할 수 있도록 활동을 설계해야 한다.

② 준비된 교사

교사는 프로젝트를 준비하는 단계부터 주제에 대한 정보를 수집하고 유아들이 활동할 자원을 제공하기 위한 방안을 연구해야 한다. 유아가 사회적 상호작용을 통한 다양한 경험을 할 수 있도록 준비하고 지원하는 것이 교사의 중요한 역할이다.

③ 수업설계자

교사는 프로젝트 수업의 설계자로서 해결해야 하는 과제를 선택하고 활동의 진행 과정을 통한 결과를 예측하여 수업을 설계해 간다. 프로젝트 접근법에서 유아의 자율성은 완전히 보장되지 않는다. 교사는 유아들이 자기주도적으로 학습할 수 있도록 자료를 제공하고 환경을 구성하지만 확실한 프로젝트의 방향성을 갖고 유아가 과제 해결을 위해 필요한 학습자원을 미리 준비하여 제공해줘야 한다.

4) 발도르프 프로그램

(1) 배경 및 아동관

1차 세계대전 이후 독일의 황폐한 환경 속에 운영되었던 발도르프-아스토리아(Waldorf-Astoria) 담배공장 사장인 몰트(Emil Molt)는 공장에서 일하고 있는 노동자의 자녀들의 교육을 위해 인지학자 루돌프 슈타이너(Rudolf Steiner)에게 도움을 요청하였다. 슈타이너는 1919년 담배공장의 이름을 그대로 인용하여 '자유 발도르프 학교(Freie Waldorfschule)'를 설립하였다. 슈타이너가 주장한 인지학에서 인간은 우주의 영적 요소와 연결되어 있는 존재로 본다. 발도르프 프로그램은 인간의 지식습득이 아닌 인간이 갖고 있는 정신, 영혼, 신체의 조화로운 통합을 중요시여기며,

지 · 정 · 의가 조화된 인간으로의 성장을 위해 예술적 감각을 바탕으로 한 구체적 교육 프로그램을 제공한다.

슈타이너에 따르면 인간발달은 7년 주기로 나타나는데 육체적 발달과 정신적 발달이 통합적으로 이루어진다. 출생부터 7세까지의 유아기는 물리적 신체의 탄생 시기로 보고 몸 전체가 하나의 감각기관으로써 활동적인 놀이와 모방을 바탕으로 발달이 이루어진다고 보았다. 이 밖에도 7세부터 14세까지의 아동기를 생명체의 탄생 시기로 보았으며, 14세부터 21세까지의 청소년기는 영혼 · 육체 · 감정체의 탄생 시기로 보았다.

(2) 교육원리

① 리듬과 반복

인간은 호흡, 식사, 수면 등과 같은 반복적인 리듬 속에서 살아간다. 이러한 반복은 유아가 안정감 있게 성장할 수 있도록 돕고 조화롭게 생활할 수 있는 힘을 제공한다. 따라서 교사는 유아가 정돈된 환경 속에서 생활할 수 있도록 교실을 구성하고 리듬 있는 일상을 경험할 수 있도록 해야 한다.

② 모방

유아는 세상의 모든 것들을 처음 경험하면서 모방을 통해 학습한다. 유아의 모방은 성인의 행동뿐만 아니라 심리적 정서 상태까지도 영향을 미친다. 모방은 교사의 인위적 가르침이 아닌 유아가 스스로 자유롭게 선택적으로 수용하고 의지를 갖고 행할 때 가능하다. 따라서 교사는 유아의 모방 가능성을 고려하고 모든 생활에 진지하게 임해야 한다.

③ 질서

발도르프 프로그램에서 질서는 중요한 의미를 갖는다. 질서는 유아에게 신뢰를 쌓을 수 있는 원동력이 되며 주변 환경과 타인과의 관계를 익힐 수 있도록 돕는다.

유아는 공간의 질서 속에서 창의적 활동에 몰두할 수 있으며, 하루, 일주일, 한달, 일년을 주기로 규칙적으로 운영되는 시간의 질서 속에서 삶의 뿌리를 형성하고, 영혼의 질서를 통해 타인과의 신뢰감을 형성함으로써 외부 세계를 긍정적으로 받아들인다.

(3) 교육목표 및 내용

① 교육목표

발도르프 프로그랜의 교육목표는 정신과 영혼, 신체의 통합체인 전인적인 인간교육이다. 즉 신체, 인지, 정서, 사회성 등 인간에게 요구되는 능력이 균형 있게 발달할 수 있도록 한다. 이를 위해 발도르프 프로그램에서 유아는 존중받고 자유롭게 성장할 수 있도록 돕는다.

② 교육내용

- **미술활동과 음악활동**: 발도르프 프로그램은 인간의 지식습득보다 예술 감각에 의한 학습과정을 중시한다. 다양한 미술활동을 통해 유아의 생각과 감각을 표현할 수 있는 기회를 제공하고 자유롭게 표현할 수 있도록 한다. 또한 수업 전반에 걸쳐 음악활동을 적용함으로써 유아의 심미감 형성을 돕는다.
- **오이리트미**: 오이리트미를 발도르프 프로그램의 대표적인 예술교육으로써 신체를 활용하여 인간의 정서, 감정, 영적 상태 등을 표현하는 것이다. 오이리트미는 음악과 그림을 동작으로 재현하는 동작예술로써 단순히 음악에 맞추어 신체를 움직이는 동작과 구분되며 인간이 자신의 감정과 의미, 정서를 신체에 담아 움직임으로 표현해내는 것이다(하정연 외, 2017).
- **스토리텔링**: 발도르프 프로그램에서의 스토리텔링은 다양한 이야기를 반복적으로 들려주는 것이다. 유아는 이야기를 반복적으로 들으며 상상하고 말 또는 그림, 글로 표현한다. 이 과정에서 유아는 안정감을 느낌을 교사와 유대감을 형성한다.

(4) 교사역할

발도르프 프로그램의 창시자인 슈타이너는 교육자 자신이 영유아에게 배울 때에야 참된 교육이 이루어진다고 강조하였다(하정연 외, 2017). 교사는 일방적인 지식 전달자가 아닌 유아의 모방을 위한 본보기가 되고 유아가 규칙적인 리듬과 반복을 경험할 수 있는 환경을 제공하는 것이 중요하다. 다시 말해 유아 스스로 행할 수 있도록 다양한 기회를 제공해야 한다. 뿐만 아니라 발도르프 교사는 정기적으로 교사 재교육을 통해 전문성을 유지하고 유아에게 적합한 교육과정 개발을 위해 연구하고 노력해야 한다.

발도르프 프로그램을 운영하는 교육기관의 특징 중 하나는 원장이 없다는 것이다. 교사는 학부모와 공동체를 형성하여 교육을 위한 논의를 하고 방향을 설정하며 함께 협력한다. 따라서 서로 존중되는 동료 교사와의 상호작용이 중요하며 정기적으로 학부모협의회를 통한 의견 나눔이 핵심적인 요소가 된다.

5) 생태교육 프로그램

(1) 배경 및 아동관

지속적인 기술발전에 따라 편리한 삶을 누리는 현대 사회의 문제점으로 물질만능주의, 무차별한 개발로 인한 자연 훼손, 생태계 파괴 등이 나타나고 있다. 이러한 사회적 문제들을 극복하기 위해 인간 삶에 대한 새로운 분석이 시작되었으며 해결방안으로 자연친화교육 특히, 유아를 대상으로 한 생태교육 프로그램이 새로운 교육 패러다임으로 자리 잡았다. 유아는 생태교육을 통해 자연과 생명의 소중함을 알고 스스로 돌볼 수 있는 능력을 삶 속에서 경험을 통해 향상시킨다. 생태교육은 인간과 자연의 조화로운 공존의 중요성을 강조하고 유아가 자연과 교감할 수 있도록 한다.

생태교육 프로그램은 우리의 조상들이 아이를 키우면서 쌓은 지혜가 바탕이 된 유아교육방법이다. 생태교육은 아이를 한울님으로 모시는 아이살림 유아교육이며, 생명의 원리에 따라 아이라는 생명을 모시고 살리는 생명살림 유아교육이다(임채택, 2007). 생태교육은 유아의 삶 자체 속에서 실천되는 것이다.

(2) 교육원리

생태교육 프로그램의 교육원리는 유아의 일상과 놀이 속에서 구체적으로 구현되며 교사의 교육적 태도와 환경 구성, 상호작용 방식 등에 영향을 미친다(안효정, 2025). 교육원리 네 가지는 다음과 같다.

첫째, 관계성의 원리이다. 유아는 삶 속에서 다양한 존재를 만날 수 있으며 그 속에서 관계를 형성해 갈 수 있다. 이 관계를 통해 유아는 세계를 이해하고 자신을 형성해간다.

둘째, 순환성의 원리이다. 삶의 흐름에 따라 시간과 공간 속에서 자연스럽게 흐르는 교육이 지혜와 깨달음을 얻게 한다(오정희 외, 2023). 유아는 생명의 순환 안에서 감각적으로 경험하고 과정 속에서 학습이 이루어진다.

셋째, 다양성의 원리이다. 세계의 모든 생명체는 다양하며 각각의 고유한 존재임을 인정하고 존중해야 한다는 것을 흐름 속에서 학습한다. 이는 유아의 발달수준 또는 경험, 환경 등에 따라 다르게 나타날 수 있다.

넷째, 영성의 원리이다. 유아가 생명이 신비와 존재의 감동을 느끼며 내면의 울림을 경험하는 것이다(문순홍, 2006). 유아는 자연의 움직임, 변화 등을 경험하면서 생명의 존재에 대해 의미를 탐색하고 깊게 느낄 수 있다.

(3) 교육목표 및 내용

① 교육목표

생태교육 프로그램의 교육목표는 '신명나는 어린이'로 키우는 것이다. 신명나는 어린이란 음양의 조화를 이룬 어린이 즉, 개성과 창의력이 있으며 흥겨움 속에서 자연과 하나되고 더불어 살아가는 삶을 누리는 어린이다. 생태교육 프로그램에서 신명나는 어린이는 튼튼한 어린이, 즐거운 어린이, 스스로 하는 어린이, 새로운 것을 생각하는 어린이, 예의 바른 어린이, 생명을 존중하는 어린이, 일을 귀하게 여기는 어린이, 우리 것을 아는 어린이, 지구를 지키는 어린이, 더불어 사는 어린이다.

② 교육내용

- **삶교육**: 생태교육은 유아의 삶 속에서 실천되다. 즉, 유아의 일상적인 삶과 관련된 모든 것이 교육내용이 될 수 있으며 그 안에서 행복하게 살아갈 수 있다.
- **땀교육**: 바깥놀이, 텃밭 가꾸기 등과 같이 땀을 흘리는 노동의 경험을 통해 몸과 마음이 건강하게 성장할 수 있도록 돕는다.
- **관계교육**: 유아가 살아가면서 만나는 모든 것에과 관계를 형성하는 것은 매우 중요하다. 타인과의 관계, 사물과의 관계, 자연과의 관계를 통해 생명에 대한 존엄을 배우고 배려하는 태도를 형성한다.
- **감각교육**: 자연과의 교류를 통해 집중력이 향상되고, 노작의 즐거움을 경험한다. 이러한 과정을 통해 유아는 감각을 되찾고 정서적 안정감이 형성된다.
- **앎교육**: 유아가 살아가는 데 필요한 지식과 기술, 지혜를 습득하는 교육이다. 기존교육에서 강조되는 인지교육과는 달리 유아의 일상적인 삶 속에서 유익한 정보를 스스로 발견하고 알아가는 것이다.
- **감성교육**: 생태교육의 교육현장은 자연이 중심이다. 유아는 자연을 보고 느끼며 감성을 기르고 다양한 예술활동을 통해 자연의 이치를 깨닫는다.
- **영성교육**: 영적 감수성을 키워주기 위한 교육으로 명상과 같은 프로그램이다. 생태교육에서 유아는 몸과 마음, 영혼이 하나로 연결되어 있는 하나의 생명체로 본다.

(4) 교사역할

생태교육 프로그램에서 교사는 유아가 스스로 자신의 삶을 행복하게 살아갈 수 있도록 돌봐주는 돌봄의 역할이 중요하다. 주변 환경이 원활하게 소통할 수 있도록, 관계를 맺을 수 있도록, 그 과정 속에서 생명의 소중함, 더불어 사는 삶의 의미를 알아갈 수 있도록 편안하고 안정된 환경을 제공해야 한다. 또한 생태교육은 땀 흘리는 노동이 중요한 만큼 교사 역시 유아와 함께 노동하고 실천해야 한다. 교사는 유아가 스스로 잘 자랄 수 있도록 돌보기도 하지만 함께 땀 흘리며 유아와 공감하고 내적 친밀감을 느끼며 바른 방향으로 성장할 수 있도록 이끌어야 한다.

이 밖에도 교사는 미래를 위해 지금 현재의 중요성을 인식하고 지금 행복한 유아의 삶이 될 수 있도록 준비해줘야 한다. 교사는 유아와 함께 삶을 나누고 성장하기 때문이다. 자연 속에서 삶을 실천하는 유아와 교사는 모든 것을 함께하며 만들어가야 한다. 생태교육 프로그램에서 교사는 유아와 함께 놀고, 고민하고, 실천하며 유아의 질서 있는 삶을 공감하고 공유한다.

activity 1. 유아교육과정 특징

유아교육과정의 특징을 적어보고 초 · 중 · 고 교육과정과 다른 점을 찾아보세요.

1) 유아교육과정의 특징

①

②

③

④

⑤

⑥

2) 유아교육과정과 초 · 중 · 고 교육과정의 다른 점을 찾아보세요.

①

②

③

④

activity 2. 2019 개정 누리과정 & 2024 개정 표준보육과정

2019 개정 누리과정과 2024 개정 표준보육과정의 영역별 목표 및 내용의 차이점을 찾아보고 연계 방안을 생각해 보세요.

		2019 개정 누리과정	2024 개정 표준보육과정
영역별 목표	신체운동 · 건강		
	의사소통		
	사회관계		
	예술경험		
	자연탐구		
내용	신체운동 · 건강		
	의사소통		
	사회관계		
	예술경험		
	자연탐구		
연계방안		• • •	

activity 3. 유아교육 프로그램

팀별로 유아교육 프로그램(몬테소리 프로그램, 레지오 에밀리아 접근법, 프로젝트 접근법, 발도르프 프로그램, 생태교육 프로그램) 중 하나의 프로그램을 선택하여 2019 개정 누리과정과 통합하여 운영할 수 있는 방법을 생각하여 발표해 보세요.

[우리 팀이 선택한 유아교육 프로그램]

• ______________________________

chapter 5

놀이와 유아교육

1 놀이에 대한 이해

1) 놀이의 특성

유아들은 놀이하는 것을 매우 좋아한다. 놀이는 유아가 세상에 대해 알아가고 경험하는 과정이다. 유아는 놀이를 통해서 사람들과 관계를 맺고, 세상에 대한 지적 호기심을 충족시키며, 세상에 대해 알아가며 사고를 확장시킨다. 유아는 목적이나 이유 없이 흥미와 재미를 느끼기 위해 놀기 때문에, 놀이하는 유아는 자발적이고 능동적이다. 놀이는 즐거워서 자발적으로 하는 것이므로 유아가 정서적 긴장이나 두려움 없이 배우고 익힐 수 있는 학습의 기회가 된다. 즉 놀이는 유아에게 생활이고 학습인 동시에 자발적 흥미와 즐거움을 주는 과정이라고 할 수 있다.

유아기 놀이의 특성을 정리하면 다음과 같다(김연희, 2020).

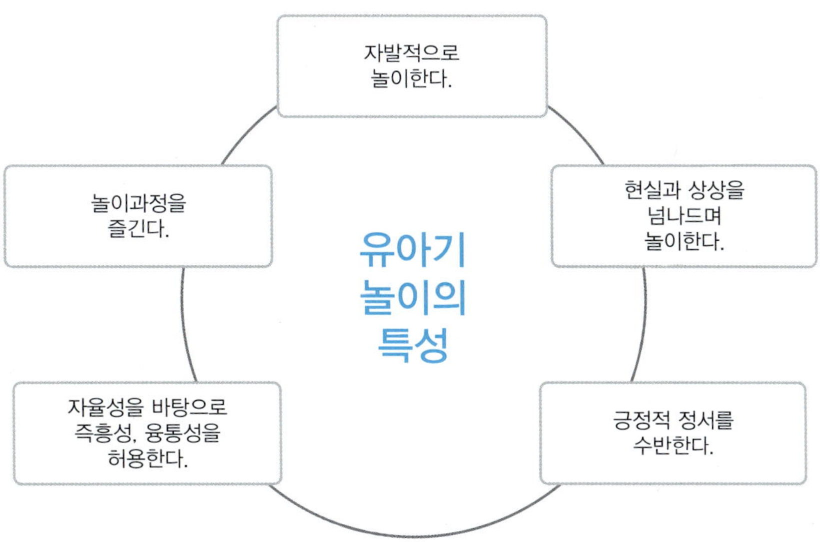

그림 5-1 진짜놀이의 특성

(1) 자발적으로 놀이한다.

유아들은 끊임없이 놀기를 좋아하며 놀거리를 찾는다. 놀이는 교사나 부모가 시켜서 이루어지는 것이 아니다. 본능에 의한 자연스러운 동기부여로 자발적인 놀이가 이루어진다. 이러한 자발적인 놀이는 유아들을 즐겁게 하며 놀이에 몰입하도록 한다. 외적인 보상이나 경쟁에 상관없이 흥미, 호기심, 욕구 등의 내적인 동기에 의해 자발적으로 놀이를 한다.

(2) 놀이과정 자체를 즐긴다.

유아들의 놀이에서는 꼭 달성해야 할 목표를 두지 않는다. 따라서 놀이 결과에 대한 부담도 없다. 놀이 자체에 중점을 두며 놀이과정을 즐긴다. 즉 놀이 자체가 목적이 되며, 놀이과정을 통해 이루어지는 다양한 경험들은 자연스럽게 유아의 성장과 발달을 이끌게 된다.

(3) 현실과 상상을 넘나들며 놀이한다.

유아의 놀이에는 비사실성이 존재한다. 유아들은 현실과 가상의 세계를 오가면서 놀이를 한다. 이러한 놀이에는 마치 ~인 것처럼(as-if) 하는 가작화 요소가 있어서 실제 자신이 아닌 것처럼, 실제 사물이 아닌 것처럼 비사실적 행동이나 상징적 행동을 하며 놀이한다. 이러한 놀이의 비사실성은 영유아기에 볼 수 있는 고유한 특성이라고 할 수 있다.

(4) 자율성을 바탕으로 즉흥성과 융통성을 허용한다.

유아의 놀이에서는 자율성을 바탕으로 놀이를 선택하고, 외부의 지시에 따르지 않고 자기 나름의 방식으로 놀이하는 외적 규칙으로부터의 자유가 허용된다. 따라서 스스로 규칙을 함께 정하고 언제든 바꿀 수 있다. 또한 놀이는 언제든 생성되고 바뀔 수 있는 '즉흥성'과 놀이하는 과정에서 다양한 변화를 허용하는 '융통성' 등의 특성을 가지고 있다.

(5) 긍정적 정서를 수반한다.

유아가 자기주도적으로 놀이를 하다보면 즐거움이나 흥미, 성취감과 같은 감정들이 생겨나며 놀이를 통해 얻는 기쁨, 즐거움의 정서를 경험하게 된다. 또한 좋아하는 놀이에 몰입하고 에너지를 발산하면서 부정적인 정서를 해소할 수 있다. 물론 놀이 중에 문제에 부딪히기도 하고 새로운 과제에 대한 어려움이나 좌절, 갈등 등이 있을 수 있지만 새로운 아이디어나 친구들과의 협업으로 대안을 제시하고 문제를 해결하는 과정에서 만족감과 성취감을 얻게 된다.

위의 내용을 종합하면 놀이는 목적 없이 유아가 흥미를 느끼며 자발적으로 자유롭게 놀이하는 것을 말하며, 유아는 놀이 안에서 의사소통하며 대인관계를 구축하고, 상상의 세계와 현실의 세계를 경험하며 세상을 탐구해 나간다.

진짜놀이와 가짜놀이

2020년 1월 EBS 신년특집 '놀이의 힘'에서는 유아의 놀이에 대한 흥미로운 실험을 시도하였다. 유아를 10명씩 두 개의 그룹으로 나누어 각각 30분 동안 '지정하여 정해진 놀이'와 '자유놀이'를 하도록 하였다. 첫 번째 그룹의 유아들에게는 '블록놀이'를 지정하여 놀이할 것을 주문하였고, 두 번째 그룹의 유아들에게는 유아들이 주도하여 자신이 하고 싶은 놀이를 선택하도록 '자유'를 부여하였다. 30분이 지난 뒤 교사는 "지금까지 하던 놀이를 계속해도 되고, 아니면 다른 놀이를 선택해서 해도 돼요."라고 말하며 추가시간 30분을 제공하였다. 그러자 블록놀이를 지정해 주었던 첫 번째 그룹 유아들은 썰물 빠지듯 모두 블록 영역을 벗어나서 다른 놀이를 시작하였으나, 두 번째 그룹 유아들은 기존의 놀이를 그대로 이어서 계속 지속하였다.
이러한 결과의 차이는 유아가 주도적이고 자발적으로 놀이를 선택했느냐, 그렇지 않느냐에 있다. 유아들의 자발성과 주도성이 놀이의 지속성과 가치를 결정한 셈이다. 즉 유아들에게 '유아 스스로 선택한 놀이'가 진짜놀이이고 '교사가 대신 선택해 준 놀이'는 가짜놀이인 셈이다. 두 번째 그룹의 유아들은 본인의 자유 의지로 놀이를 선택하였으며, 놀이과정에서 다양한 의사소통을 하며 놀이를 새롭게 만들고 규칙을 세워서 오랜 시간 동안 놀이에 몰입하는 모습을 보여주었다. 위의 실험은 놀이에서의 유아의 자발성, 주도성이 얼마나 중요한지 잘 보여주는 실험이었다.

출처: [EBS] 신년특집 「놀이의 힘」 2부 '진짜놀이 가짜놀이' https://www.ebs.co.kr/tv/show?prodId=6785&lectId=20006232

2) 유아기 놀이의 교육적 가치

유아는 놀이 시 교사의 지시나 안내가 아닌 자신의 흥미에 따라 놀이에 몰입하며 자기 주도적으로 활동을 한다. 유아기 놀이는 단순한 여가활동이 아니라, 유아가 세상을 배우고 성장하는 가장 본질적 교육과정이다. 놀이를 통해 유아는 전인적 발달을 이루며, 이는 미래 사회를 살아가는 데 필요한 핵심 역량을 기를 수 있다. 특히 유아기 놀이의 특성에는 미래 사회가 요구하는 역량인 4C 즉, 의사소통(communication), 창의성(creativity), 비판적 사고(critical thinking), 협업(collaboration)의 모든 요소들이 포함되어 있다. 유아들은 놀이과정에서 지속적으로 본인의 생각과 아이디어를 더해서 새로운 놀이의 내용, 형태, 규칙을 만들어 내고(창의성), 놀이 친구와의 대화와 협상, 협업을 하며 함께 놀이한다(소통, 협력). 또한 유아 주도의 놀이과정에서 자신의 경험과 생각을 분석하며 자연스럽게 부딪히는 문제나 갈등의 문제해결을 경험하기도 한다(비판적 사고). 유아에게 있어서 가장 자연스러운 삶의 형태인 놀이를 통해 4C를 경험하게 되며 미래 사회의 인재에게 요구되는 역량을 갖춰 나가게 되는 것이다.

놀이는 유아들의 생활 그 자체이며, 유아는 자연스럽게 놀이를 하는 동안 탐색하고 실험하며, 사물에 대해 가장 잘 배우고 이해한다. 이러한 놀이과정이 배움과 연결되어 유아의 성장, 발달을 돕는다.

그림 5-2 미래역량 4C와 놀이

유아기 놀이의 교육적 가치에 대하여 선행연구에서 제시한 학자들의 의견을 살펴보면 다음과 같다.

표 5-1 유아기 놀이의 교육적 가치

학자	의견
스턴 (Stern, 1987)	유아가 놀이를 통해 다른 사람들을 이해할 수 있고 자신의 감정을 공유한다는 것을 배우게 되면 동조가 일어난다.
피아제 (Piaget, 1962)	유아는 놀이를 통해 자신의 욕구와 부합하는 외부 세상에 동화되고 조절 · 재적응하는 과정을 거치면서 자신의 관점과 이해를 넓혀간다.
비고츠키 (Vygotsky, 1978)	근접발달지대(Zone of Proximal Development: ZPD)의 개념을 소개하면서 유아는 성인이나 자신보다 유능한 또래와의 놀이를 통해 언어적 상호작용과 사회적 기술을 발달시킨다.
브루너 (Bruner, 1980)	유아가 자유로운 놀이 상황에서 다양한 방법으로 새롭고 특이하게 실험하고 활동함으로써 사고의 융통성을 고무시킨다.

이상에서 살펴본 유아기 놀이의 가치를 정리하면 다음과 같다.

- 주변 세계를 이해하며 전인적으로 성장하도록 돕는다. 유아는 놀이를 통해 스스로 탐색하고 발견하며, 신체적 · 인지적 · 사회적 · 정서적 능력을 자연스럽게 발달시킴으로써 전인적 성장을 이끈다. 유아는 놀이하는 가운데 주변 세계를 자유롭게 탐색하고 다양한 방식으로 세상을 경험하고 이해하게 된다.
- 정서적 적응력 및 사회적 유능성을 기른다. 놀이는 유아가 사회적 존재로 성장하고 정서적 안정감을 형성하는 데 중요한 영향을 미친다. 유아는 놀이를 통해 자신의 감정을 바람직하게 표출하고, 긍정적인 방법으로 스트레스를 해소하며, 스스로 감정을 통제하는 능력을 기른다. 또한 또래와의 놀이를 통해 규칙 준수, 배려, 타협, 협동 등의 사회적 기술과 능력을 발달시킨다.
- 문제해결 능력 및 창의력을 길러준다. 유아 주도의 놀이과정에서 유아는 스스로 놀이 목표를 설정하고 본인의 아이디어와 생각을 더해서 다양한 놀이 방법을 시도한다. 이 과정에서 예상치 못한 문제를 마주할 때 해결책을 탐색하고 시도한다. 이러한 경험은 창의적 사고와 문제해결 능력을 증진시킨다.

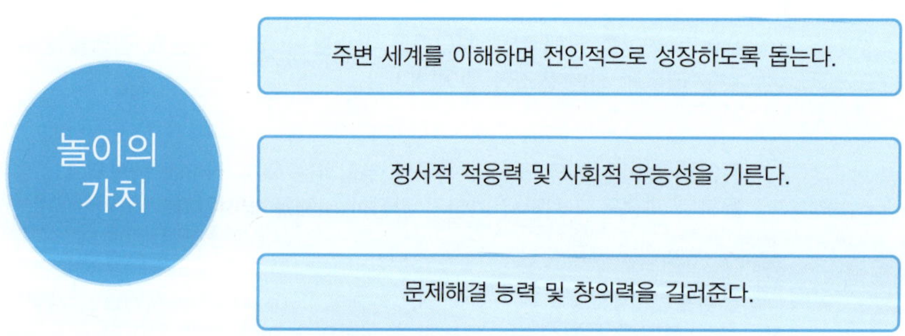

그림 5-3 놀이의 가치

② 놀이이론

1) 고전적 놀이이론

고전적 놀이이론은 18세기에서 20세기 초에 유럽을 중심으로 나타났으며 놀이를 인간의 에너지 조절 수단을 보는 관점과 인간 종(種)의 진화를 반영하는 본능적 기제와 연관시켜 보는 관점으로 나눌 수 있다.

(1) 잉여에너지이론

잉여에너지 이론은 독일의 실러(Fridrich Schiller)와 영국의 스펜서(Herbert Spencer)에 의해 주장된 이론으로 인간이 노동을 하고 난 후 남는 에너지를 소모하기 위해 놀이를 한다는 내용이다. 사람들이 생활하는 데 에너지가 필요하지만 기본적인 생존에 모든 에너지를 사용하지 않고 남는 에너지가 있어 그것을 놀이로 발산한다는 것이다. 이 이론에 의하면 영유아의 경우 성인만큼 생존을 위해 노동을 하거나 생활의 에너지를 쏟을 기회가 부족하기 때문에 잉여에너지가 더 많이 남게 되어 성인에 비해 놀이에 더 많은 시간을 보낸다고 설명할 수 있다. 그러나 영유아들은 에너지가 있는 상태뿐만 아니라 피곤하고 지쳐서 에너지가 고갈된 상태에서도 계속 놀이에 참여하고자 한다는 점은 잉여에너지이론을 설명하는 한계점으로 지적되고 있다.

(2) 휴식이론

휴식이론은 일(노동)에 소모한 에너지를 재충전하는 것이 놀이의 목적이라고 가정한다. 독일의 라자루스(Morits Lazarus)에 의해 제기된 이론으로 노동으로 쌓인 피로를 풀고 에너지를 재생 또는 재충전하기 위해 놀이를 한다는 내용이다. 휴식이론에 의하면 과도한 업무에 지친 성인이나 학업에 지친 청소년이 오랜 시간 스트레스를 받는 정신적 활동을 한 후에 농구와 같은 운동 등의 활동을 함으로써 에너지와 활기를 찾게 된다고 하였다. 하지만 과도한 업무로 인해 에너지가 고갈된 성인이나 청소년이 왜 놀이를 하는가에 대한 설명은 할 수 있으나, 놀이가 일의 스트레스를 풀고 재충전하기 위해 필요한 것이라면 유아들은 왜 피곤하고 지쳐 있을 때에도 놀이에 몰두하는가에 대한 이유를 설명하는 데 한계를 가진다.

(3) 반복이론

반복이론은 다윈의 진화론에 기초를 두고 있으며, 한 생명체의 발달과정(개체 발생)이 그 생명체가 속한 종의 발달과정(계통발생)을 반복하거나 재연한다는 진화론을 바탕으로 한다. 즉 유아의 놀이에서도 인류 역사의 과정이 재현된다는 것이다. 미국의 심리학자 홀(Hall)은 유아의 놀이에서 인류 역사의 과정이 재현된다고 보았으며 놀이를 '문화의 반복'으로 설명하였다. 유아에게 나타나는 놀이 단계는 인간 종에서 관찰되는 동물, 원시인, 부족인 등의 발달 순서와 같다. 예를 들면, 유아들이 놀이를 하면서 기는 것은 인간 진화과정에 네 발로 걸었을 시기를 반영하는 것이라고 보았으며, 술래잡기는 조상들이 사냥하여 먹잇감을 찾는 경험을 재생하는 것으로 설명하였다. 그러나 현대의 첨단문명발달에 따른 테크놀로지 놀잇감이나 컴퓨터 놀이 등 문화의 반복으로 설명할 수 없는 놀이가 많이 나타나면서 놀이의 다양하고 복잡한 특성을 단순한 진화과정의 발달로 설명하기에 어려움이 많다.

(4) 연습이론

연습이론은 구르스(Groos)에 의해 제기된 이론으로, 성인이 되어서 역할을 잘 수행하기 위해 미리 놀이를 통해서 그 역할을 연습하는 것이다. 그에 의하면 역사적으로 진화하지 못한 하등동물들은 놀이를 하지 못한다. 이에 비해 포유류, 유인원 등 높은 수준으로 진화된 종들은 놀이를 하는 것으로 나타났다. 특히 가장 높은 수준으로 진화하는 종, 특히 인간은 아기에서 사회화가 되고 성인기에 이르기까지 오랜 시간을 발달하며 성숙해 가게 된다. 미성숙의 시기가 길면 길수록 더 많은 놀이를 하게 된다. 연습이론에 의하면 고등동물이 하등동물보다 놀이기간이 긴 이유는 성인기의 생존에 필요한 기본적인 기술을 연습하기 위해서이다. 즉 미성숙 시기의 놀이는 성인 생활에 요구되는 기술을 연마하고 정교화시키는 것이다.

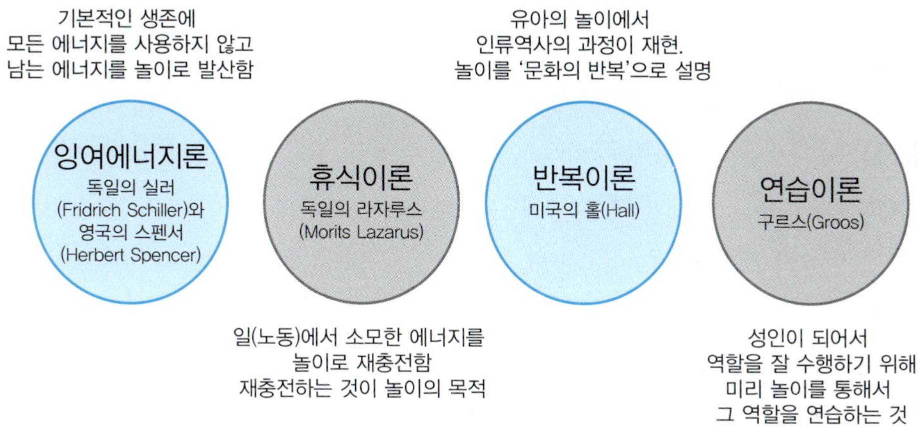

그림 5-4 고전적 놀이이론

이상에서 살펴본 바와 같이 고전적 놀이이론들은 놀이 행동의 일부분만을 설명하고 있으며 현실적인 놀이의 특성을 설명하지 못하는 한계를 지니고 있으나, 놀이에 대한 다양한 역사적 관점을 제시하였으며 현대 놀이이론의 기초가 되고 있다.

2) 현대적 놀이이론

현대적 놀이이론은 1920년대 이후 발달심리학의 영향을 받아 체계적인 이론으로 발전하였다. 대표적인 이론으로 정신분석이론, 인지발달이론, 각성조절이론, 상위의사소통이론 등이 있다.

(1) 정신분석이론(psychoanalytic theory)

정신분석학의 대표적인 이론가인 프로이드(Freud)는 놀이의 동기를 기쁨과 만족감을 추구하는 쾌락의 원리로 설명하였다. 특히 그는 유아의 정서발달 측면에서 놀이의 역할을 설명하였다. 즉 성인의 규제나 과제, 결과물에 상관없이 흥미에 따라 놀이 자체를 즐기는 유아에게는 즐거움을 통한 만족감과 자유로움이 수반되므로, 놀이는 유아의 긍정적인 정서발달에 도움이 된다고 보았다. 특히 놀이가 갖는 카타르시스 효과를 언급하면서, 일상생활에서 유아가 받는 심리적 스트레스, 부정적 감정들이 놀이를 통해 해소된다고 하였다.

또한 유아는 놀이를 통해 무의식적 동기와 본능적 충동을 배출하기 때문에 유아의 발달에 있어서 놀이의 영향은 매우 크다고 하였다(Lillemyr, 2009). 프로이드에 의하면 인간의 성격은 원초아, 자아, 초자아로 구성되는데 신생아 시기에는 본능적 충동인 원초아에 의해 행동하지만 점차 성장하면서 자아와 초자아가 발달하고 이러한 발달에 놀이경험이 중요한 작용을 한다는 것이다. 유아는 놀이를 하면서 느끼는 감정을 표현하고 놀이과정에서 문제를 해결하고 희망을 성취하는 경험을 함으로써 유아의 자아가 원초아와 초자아를 조절하게 되며, 그 결과로 유아의 자아가 성숙한다고 주장하였다.

(2) 인지발달이론(cognitive theory)

① 피아제 이론

피아제(Piaget, 1962)는 놀이경험이 유아의 인지발달과 긴밀한 관계가 있다고 주장하였다. 그는 인간의 인지적 행동이 동화(assimilation)와 조절(accommodation) 간의 평형을 통해 이루어진다고 가정하였는데, 동화는 외부의 대상을 유아의 자신의 인지체계에 맞추어 받아들이는 과정을 말하며, 조절은 외부의 대상에 맞도록 유아의 인지체계를 변형시키는 것을 말한다.

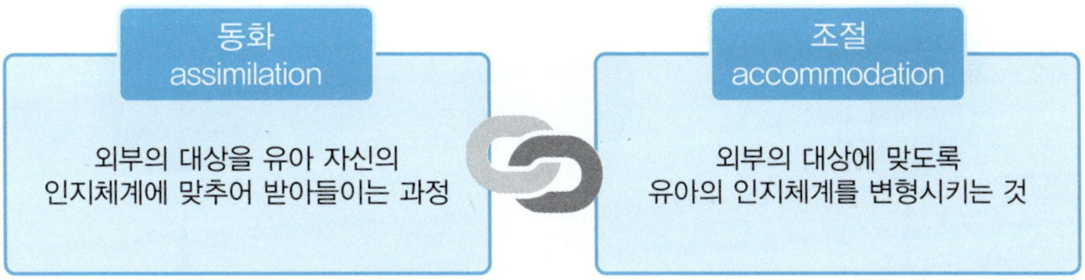

그림 5-5 피아제의 동화와 조절

피아제는 특히 놀이와 모방을 구별해서 놀이는 조절보다 동화가 우세하게 작용하는 상황인데 반해서 모방은 조절의 연속이라고 설명하였다. 즉, 유아가 모방을 할 때는 현실의 요구 조건에 맞게 기존의 사고체계를 적응시키지만, 놀이에서는 규칙이나 제한에 구애됨이 없이 유아의 놀이활동에 외부의 대상을 예속시키므로 놀이는 대부분이 순수한 동화의 과정라고 주장한다. 또한 피아제는 놀이가 유아의 인지 발달단계에 따라 연습놀이, 상징놀이, 규칙 있는 게임의 세 단계로 발달한다고 주장하였다. 이를 간단히 설명하면 다음과 같다.

- 연습놀이: 감각운동기(출생~2세)의 유아는 신체의 감각운동을 연습하는 것에 즐거움을 느끼며 단순한 놀이행동을 반복한다.
- 상징놀이: 전조작기(2~7세)의 유아는 사물, 행동, 역할 등을 실제와 다르게 가작화하는 상징놀이를 한다.
- 규칙 있는 게임: 구체적 조작기(7~11세) 이후에는 주로 규칙이 있는 게임을 한다. 규칙 있는 게임에서 유아들은 사전에 서로 협의된 규칙을 받아들이고 이를 놀이에 적용시킨다.

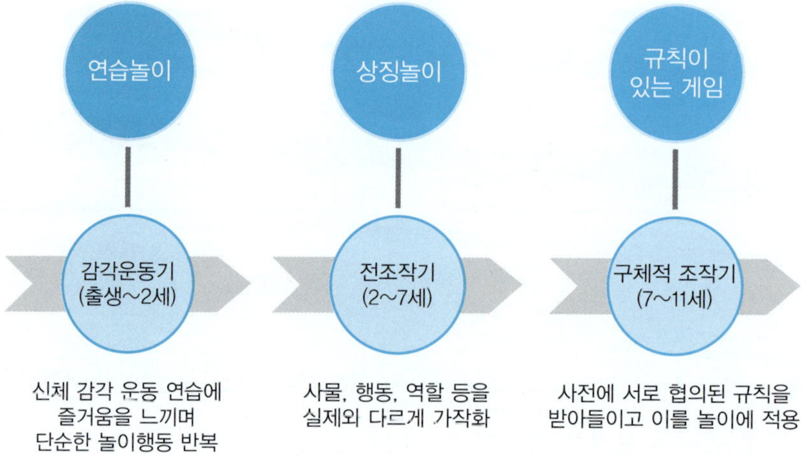

그림 5-6 피아제의 놀이이론

② 비고츠키 이론

비고츠키(Vygotsky, 1976)는 인지발달에 미치는 놀이의 영향력을 강조하였다. 놀이를 단순한 여가활동이 아니라 유아의 발달을 이끄는 중요한 학습 형태로 보았다. 사회문화적 상호작용을 풍부하게 하는 것이 놀이이며, 놀이를 통해 근접발달 영역(Zone of Proximal Development, ZPD) 내에서 발달을 촉진한다고 하였다.

비고츠키는 놀이 속에서 유아가 실제 수준보다 높은 행동을 시도하며, '근접발달 영역(ZPD)' 안에서 새로운 능력을 경험한다고 보았다. 근접발달 영역에서 유아 혼자서는 할 수 없지만 유능한 또래나 타인과의 협력으로 비계(scaffolding)를 통해 좀 더 높은 수준의 지식과 기술을 획득하게 된다. 또한 상징놀이, 가상놀이를 하면서 추상적 사고를 촉진하며, 놀이를 통해 자기조절 능력, 자기통제 능력을 연습하고 내면화하여 자기조절 능력을 확장시킨다.

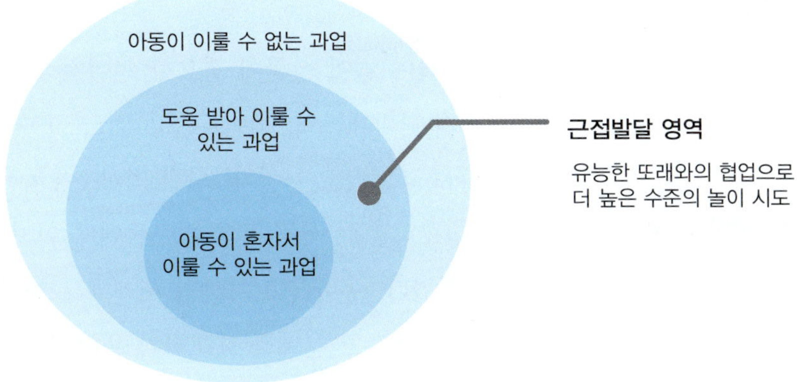

그림 5-7 비고츠키의 근접발달 영역

(3) 각성조절이론(arousal modulation theory)

각성조절이론은 버라인(Berlyne, 1960)과 앨리스(Ellis, 1973)에 의해 주장된 이론으로 유기체의 중추신경조직은 각성(arousal)의 최적수준을 유지하려고 하는데, 자극의 수준이 지나치게 높거나 지나치게 낮으면 각성의 수준을 최적상태를 만들게 된다는 것이다.

각성 조절방법으로 자극감소 활동과 자극추구 활동이 있다. 자극감소 활동은 자극이 지나쳐서 정서적으로 흥분되거나 긴장이 되면 각성수준이 높아지는데, 이를 적성수준으로 조절하기 위해 참여하는 놀이를 말한다. 예를 들어, 낯선 신기한 물건을 보면 흥분과 호기심이 증가하게 된다. 이때 낯선 신기한 물건을 탐색함으로써 흥분 단계는 감소되고 그 물건에 익숙하게 되는 것이다. 각성추구 활동은 자극이 충분하지 않을 때 각성은 현저히 낮은 수준으로 떨어져서 심심하게 되는데 이를 적정수준으로 조절하기 위해서 놀이를 하는 것이다.

(4) 상위의사소통이론

유아는 놀이에서 '놀이의 틀'을 설정하여 놀이 상황에 필요한 언어적 또는 비언어적 신호를 말과 행동으로 상대방에게 나타내는데, 베이트슨(Bateson, 1971)은 이것을 '상위 의사소통(meta communication)'이라고 하였다. 상위 의사소통이란 놀이의 틀 또는 맥락을 설정하고 다양한 상황 · 행동, 사물 등을 친구들에게 이해시키고 설명해주기 위한 언어적 의사소통을 말한다. 유아들이 가상의 세계에서 놀이를 하다가 문제가 발생할 때마다 종종 놀이를 멈추고 문제를 해결하기 위하여 현실세계로 돌아온다. 예를 들면 "네가 아기이고 내가 엄마야. 아기가 아파서 병원에 있다고 하자."라는 메시지를 교환하며 놀이의 틀을 구성한다. 이때 유아들은 놀이의 틀 밖에서 상위 의사소통을 통하여 엄마, 아기놀이 중이라는 상황(놀이의 틀)에 서로 합의하는데, 이때 유아들은 '현실에서의 자신들'과 '놀이상황에서의 본인(역할)'에 대해 이해하고 인식하게 된다. 즉 놀이가 지속되고 유지되기 위해서 놀이에 참여하는 유아들 간의 합의 및 공유된 이해가 상위 의사소통과정에서 발견될 수 있다.

3 놀이와 발달

1) 발달 영역별 놀이발달

놀이는 유아의 신체, 언어, 사회성, 정서 및 창의성 발달에 영향을 미치므로 유아의 전인적인 성장에 반드시 필요한 경험이라고 할 수 있다. 다음은 놀이와 유아의 신체, 언어, 사회성, 정서 및 창의성 발달과의 관계를 살펴보고자 한다.

(1) 놀이와 신체발달

유아의 놀이는 신체발달의 중요한 기반이 된다. 유아는 몸을 움직이는 신체놀이를 통해 대근육과 소근육의 조화로운 발달을 촉진하며, 이동능력, 균형감각, 협응력을 포함한 전반적인 신체조절 능력을 기른다.

3세 유아는 대근육의 사용이 활발해지며 걷기, 뛰기, 달리기, 오르기 등 몸 전체를 이용하는 놀이를 통해 균형감과 근력을 기른다. 놀이 속에서 신체를 자유롭게 움직이며 공간 감각과 신체에 대한 인식을 확장한다. 4세 유아는 신체조절 능력이 향상되어 달리기, 공놀이, 간단한 체조나 율동 등을 즐기며 협응력과 리듬감을 발달시킨다. 가위질, 그림 그리기 등 정교한 조작놀이를 하며 소근육의 발달에 도움을 준다. 또래와 함께하는 신체활동을 통해 협동심과 사회적 기술도 함께 성장한다. 만 5세 유아는 신체활동에서 자신감을 보이며 줄넘기, 계단 오르내리기, 복잡한 구성물 만들기 등 규칙과 목표가 있는 놀이를 통해 신체적 기술과 운동능력을 통합적으로 발달시킨다.

축구하기

바닷속 탐험하기

(2) 놀이와 인지발달

놀이는 유아가 주변 세계를 이해하고 사고를 확장하여 인지발달을 촉진하도록 돕는다. 유아는 놀이를 통해 문제해결 능력과 창의적 사고력을 발달시키는데, 놀이과정에서 사물의 속성을 탐색하고, 원인과 결과를 추론하며 문제를 해결하는 경험을 쌓는다. 예를 들어 블록 쌓기나 역할극에서 마주치는 상황을 해결하려 시도하는 과정에서 인지적 성장이 일어난다. 또한, 놀이는 상징적 사고와 언어발달을 촉진하여, 역할극에서 사물을 다른 것으로 상징하거나(바나나를 전화기로 사용) 이야기 꾸미기를 하며 개념과 어휘를 확장하기도 한다. 친구들과의 협동놀이를 통해 주의집중력과 기억력 등 인지조절 능력이 향상되며, 새로운 지식과 정보를 적극적으로 탐색하고 습득하기도 한다.

바다 구성하여 낚시 놀이하기

검정색 테이프로 거미줄 만들어 놀이하기

(3) 놀이와 언어발달

놀이는 유아의 언어발달에 있어 가장 핵심적인 학습환경이다. 유아는 역할놀이, 소꿉놀이, 게임 등 다양한 놀이를 통해 새로운 어휘와 문장 구조를 자연스럽게 습득하며 언어능력을 확장한다. 특히, 놀이 상황 속에서 자신의 생각과 요구를 친구나 교사에게 표현하고 소통함으로써 때와 장소에 따라 적절하게 표현하는 능력과 의사소통 기술을 향상시킨다.

3세 유아는 놀이를 통해 새로운 어휘를 습득하고 주변 사람과의 간단한 상호작용 속에서 의사소통의 기초 능력을 형성한다. 특히, 사물의 이름이나 행동을 흉내

내는 소꿉놀이는 언어의 상징성을 이해하는 데 중요한 역할을 한다.

4세 유아는 역할놀이에 적극적으로 참여하며 등장인물의 말과 행동을 재현하는 과정에서 문장 구조와 표현 방식을 확장한다. 친구들과의 대화를 통해 자신의 생각과 감정을 표현하는 연습을 하며 상황과 장소에 맞도록 적절하게 표현하는 능력을 기른다.

5세 유아는 규칙이 있는 게임이나 복잡한 이야기 구성 놀이를 통해 서술 능력과 논리적 언어 능력을 향상시킨다. 놀이의 목적을 설명하거나 친구들의 의견을 조율하는 과정에서 보다 정교하고 복잡한 언어를 사용하는 경험을 통해 유창성을 증진한다.

동극-무지개물고기

병원놀이

(4) 놀이와 사회성 발달

놀이는 유아의 사회성 발달을 촉진하는 가장 자연스러운 경험의 장이다. 유아는 놀이를 통해 또래와의 상호작용을 배우고, 타인의 감정과 의도를 이해하며 협력과 양보를 배우고 경험한다. 놀이 속에서 차례 및 규칙 지키기, 양보, 협동 등을 경험하며 사회생활에 필요한 기초적인 사회적 기술과 자기조절 능력을 기르기도 한다. 놀이과정 중 발생하는 갈등 상황에서 유아는 자신의 감정을 적절히 표현하고 타협하며 문제를 해결하는 방법을 배우게 된다. 또한 교사나 또래의 긍정적 반응을 통해 자신감과 소속감을 형성하며, 사회적 관계를 유지하고 확장하는 능력을 키운다.

협동하여 미술작품 만들기

기차놀이

(5) 놀이와 정서발달

놀이는 유아가 정서적으로 안정되고, 자신감과 긍정적 자아개념을 형성하도록 돕는 정서발달의 핵심 기반이 된다. 놀이는 유아의 정서발달을 돕는 가장 자연스럽고 효과적인 활동이다. 유아는 놀이 속에서 기쁨, 분노, 두려움, 슬픔 등 다양한 감정을 경험하고 이를 표현하면서 자신과 타인의 감정을 이해하게 된다. 놀이를 통해 감정의 강도를 조절하고, 실수나 실패를 긍정적으로 받아들이는 정서조절 능력이 형성된

비눗방울 놀이

꽃놀이

다. 또한, 또래와의 협력적인 놀이를 통해 타인의 감정을 이해하고 공감하는 능력을 기르며, 스트레스와 불안감을 놀이 속에 투사하고 해소함으로써 정서적 안정감을 유지하는 데 중요한 역할을 한다. 놀이에서 성공적인 경험을 하거나 새로운 기술을 습득할 때 느끼는 성취감은 유아의 자신감과 긍정적인 자아개념을 형성하도록 돕는다.

(6) 놀이와 창의성 발달

놀이는 유아의 창의성 발달을 촉진하는 가장 중요한 경험의 장이다. 유아는 놀이 속에서 자유롭게 상상하고 새로운 아이디어를 시도하며, 기존의 사고방식을 벗어나 독창적인 생각으로 놀잇감을 활용하고, 놀이방법을 시도한다. 상징놀이, 역할놀이, 구성놀이는 유아가 현실을 변형하고 재구성하면서 창의적 사고를 확장하도록 돕는다. 또한 유아가 놀이과정에서 스스로 문제를 설정하고 해결하기 위해 다양한 해결책을 시도하며 발산적 사고를 활성화시킨다. 이러한 자기주도적인 놀이경험은 유아의 호기심을 자극하고, 자율적으로 탐색하고 표현하며, 즐거움 속에서 창의적 사고와 상상력을 길러가는 창의성 발달의 터전이 된다.

책 탑 쌓기

책 미로놀이

그림 5-8 놀이와 발달

2) 파튼(Parten)의 사회적 놀이 유형

유아의 사회적 놀이발달 과정을 분석한 파튼(Parten)은 유아들의 놀이관찰을 통하여 유아의 사회적 참여도에 따라 **그림 5-9**와 같이 놀이를 분류하였다.

(1) 비참여행동

비참여행동(unoccupied behavior)은 유아가 순간적인 흥미에 따라 어떤 것을 바라보거나 이동하는 등 특별한 목적이 없이 이루어지는 행동이다. 따라서 비참여행

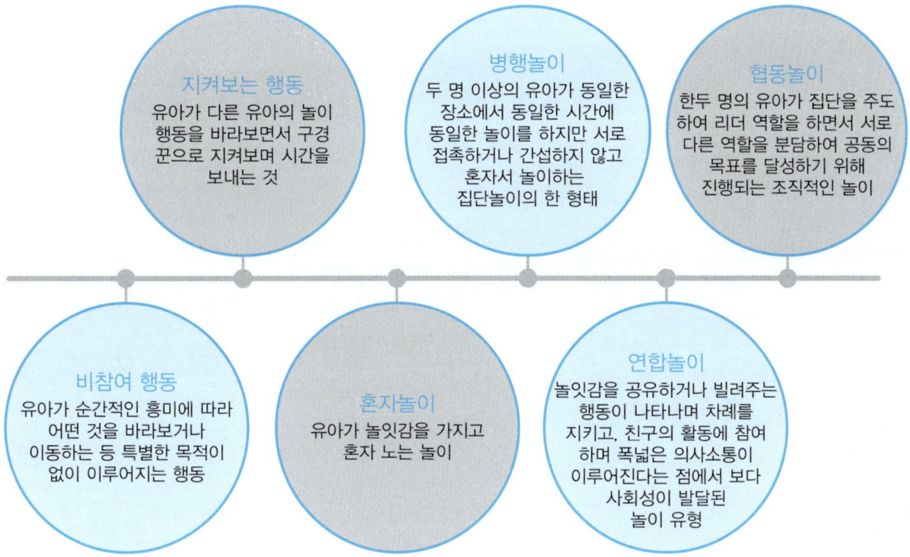

그림 5-9 Parten의 사회적 놀이 유형

동은 엄밀하게 놀이로 볼 수 없는 행동이다. 유아가 놀이에 흥미가 없을 때나 기분이 좋지 않을 때, 또는 또래관계가 원만하지 않을 때 나타날 수 있다.

(2) 지켜보는 행동

지켜보는 행동(onlooker behavior)은 유아가 다른 유아의 놀이행동을 바라보면서 구경꾼으로 지켜보며 시간을 보내는 것을 말한다. 지켜보는 행동을 하는 유아는 집단에서 발생하는 것을 듣고, 보고, 말할 수 있는 거리 내에 앉아있거나 서 있다. 지켜보는 행동은 그때그때 생기는 흥미로운 사건을 쳐다보는 것이 아니라 관찰하고 있다는 점에서 비참여행동과 다르다. 유아들 근처에서 말을 걸거나 질문을 하지만 유아 자신이 그 놀이에 참여하지 않는다.

(3) 혼자놀이

혼자놀이(solitary behavior)는 유아가 놀잇감을 가지고 혼자 노는 놀이이다. 사회적 상호작용의 정도가 매우 낮은 놀이 유형으로서 이 시기의 유아는 다른 유아가 옆에서 놀아도 별 관심을 가지지 않고 가까워지려는 시도를 하지 않으며 전적으로 자기만의 혼자놀이를 계속한다.

(4) 병행놀이

병행놀이(parallel play)는 두 명 이상의 유아가 동일한 장소에서 동일한 시간에 동일한 놀이를 하지만 서로 접촉하거나 간섭하지 않고 혼자서 놀이하는 집단놀이의 한 형태이다. 즉, 다른 친구들과 같은 놀잇감을 가지고 놀지만 자기가 하고 싶은 놀이를 하면서 노는 것이다. 놀이를 함께 하며 유아들은 서로의 존재를 인식하지만 결과적으로는 여전히 따로 따로 놀이를 하는 경우이다.

(5) 연합놀이

연합놀이(associate play)는 유아들이 함께 노는 집단놀이의 일종으로 놀잇감을 공유하거나 빌려주는 행동이 나타나며 차례를 지키고, 친구의 활동에 참여하며 폭넓은 의사소통이 이루어진다는 점에서 보다 사회성이 발달된 놀이 유형이다. 예를 들어, 유아가 각각의 종이에 서로 다른 그림을 그리면서도 미술 재료를 빌려주기도 하고 그림에 대해 많은 토의를 한다면 이것은 연합놀이로 볼 수 있다. 그러나 역할을 분담하거나 놀이내용이 조직적으로 전개되지는 못한다.

(6) 협동놀이

협동놀이는 한두 명의 유아가 집단을 주도하여 리더 역할을 하면서 서로 다른 역할을 분담하여 공동의 목표를 달성하기 위해 진행되는 조직적인 놀이이다. 협동놀이는 어떤 물건을 만들기 위해서, 경쟁에 이기기 위해서, 성인들의 생활을 극화하기 위해서, 또는 규칙 있는 게임을 하기 위해서 집단을 조직하고 놀이를 하게 된다.

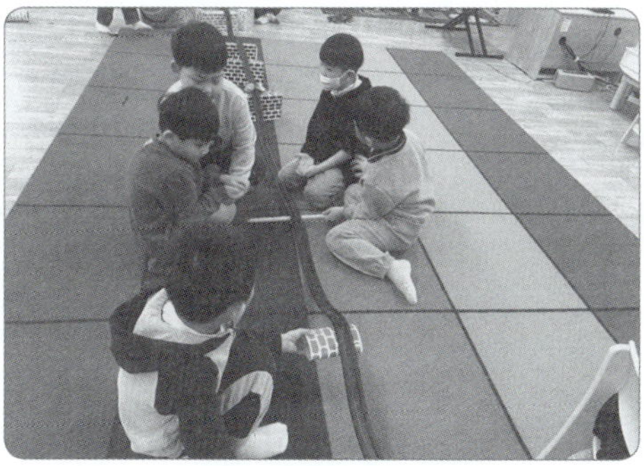

협동하여 자동차 길 만들기

종이컵으로 성 만들기

3) 인지발달 놀이

피아제는 유아가 환경과의 상호작용 결과로 인지가 발달되어 간다고 주장하며 유아기 놀이행동을 인지발달단계에 따라 감각운동기에는 연습놀이를 하고 전조작기에는 상징놀이를 하고 구체적 조작기에는 규칙있는 게임을 한다고 하였다. 프로스트와 클라인(Frost & Klein, 1979)은 이를 좀 더 세분화하여 연습놀이, 구성놀이. 상징놀이, 사회극놀이, 규칙 있는 게임 등으로 나누어 설명하였다.

1 연습놀이
감각운동기(0~2세)에 주로 나타나는 놀이 유형. 신체 움직임의 기능적인 즐거움을 위해 단순하고 반복적으로 되풀이하는 놀이행동

2 구성놀이
유아가 다양한 놀잇감을 활용하여 새로운 무언가를 만들며 놀이하는 것

3 상징놀이
전조작기(2~7세)에 주로 나타나는 놀이 유형. 사물이나 행동, 역할 등을 실제와 다르게 가작화하여 '마치 ~인척'하며 놀이하는 것

4 사회극 놀이
상징놀이가 더욱 발전된 형태로 두 명 이상의 유아들이 함께 동일한 주제를 가지고 언어적으로 상호작용하는 놀이

5 규칙 있는 게임
구체적 조작기(7~11세)에 나타나는 놀이 유형. 놀이 발달 중 최고 수준의 놀이. 놀이에 규칙을 만들어서 규칙 있는 게임의 형태로 놀이

그림 5-10 인지발달놀이

(1) 연습놀이

기능놀이는 감각운동기(0~2세)에 주로 나타나는 놀이 유형이다. 유아가 신체 움직임의 기능적인 즐거움을 위해 단순하고 반복적으로 되풀이하는 놀이행동이다. 또한 이 시기의 유아는 전에 경험해 본 행동 반복하기를 즐긴다. 예를 들어, 장난감을 눌러서 소리가 나면 그 행동을 계속 반복하며 즐거워한다.

(2) 구성놀이

구성놀이는 유아가 다양한 놀잇감을 활용하여 새로운 무언가를 만들며 놀이하는 것이다. 이러한 구성놀이는 유아들에게 창조하는 기쁨을 느끼게 한다. 유아는 구성놀이를 시작하면서부터 주의집중 시간이 늘어나게 되며 자신의 생각에 따라 놀이에 대한 주제 설정이 가능해진다. 점토 등 미술재료를 활용한 놀이, 블록놀이 등이 해당된다.

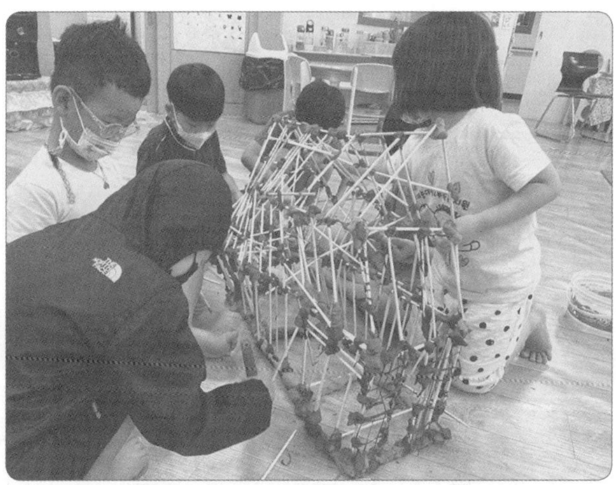

나무젓가락으로 집 만들기

(3) 상징놀이

상징놀이는 전조작기(2~7세)의 유아에게서 주로 나타나는 놀이유형으로 2세경부터 나타난다. 상징놀이는 유아들이 사물이나 행동, 역할 등을 실제와 다르게 가작화하여 '마치 ~인 척'하며 놀이하는 것이다.

거미 되어보기

(4) 사회극놀이

사회극놀이는 상징놀이가 더욱 발전된 형태로 두 명 이상의 유아들이 함께 동일한 주제를 가지고 언어적으로 상호작용하는 놀이이다. 사회극놀이는 사회적 가상놀이, 사회적 역할놀이라고도 하며, 상징놀이의 가장 발달된 형태이다.

상자로 자동차 만들어 놀이하기

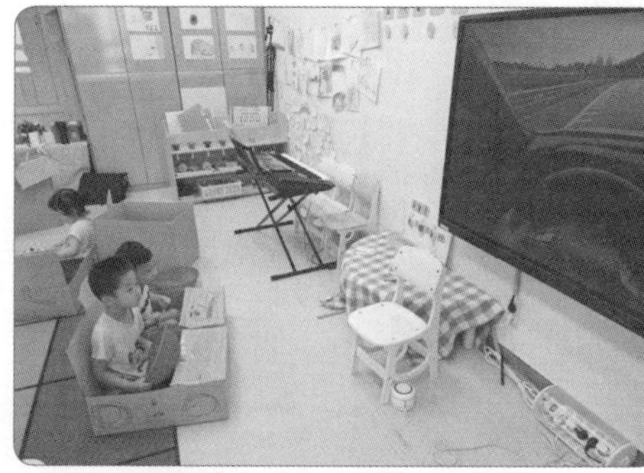

상자로 자동차 만들어 영상 보며 놀이하기

(5) 규칙 있는 게임

구체적 조작기(7~11세)에 들어서면서부터 나타나는 놀이 유형으로, 놀이발달 중 최고 수준의 놀이이다. 구체적 조작 단계의 유아들은 놀이에 규칙을 만들어서 규칙 있는 게임의 형태로 놀이하게 된다. 규칙 있는 게임은 게임 규칙의 의미를 이해하고 내면화하여 적용할 수 있는 인지수준을 요구하므로 대부분의 유아들이 적어도 구체적 조작기 단계에 들어서야 놀이가 가능하다.

터널 달리기 게임

이어달리기 하기

4 놀이발달에 영향을 미치는 요인

유아들의 놀이행동 발달은 여러 가지 요인의 영향을 받는다. 유아의 놀이를 이해하기 위해서는 유아의 놀이에 영향을 주는 다양한 요인에 대해 살펴볼 필요가 있다. 놀이발달에 영향을 미치는 개인적 요인으로는 성별, 연령, 성격, 기질, 인지능력 등이 있고, 환경적 요인으로는 또래, 부모 등이 있으며, 교육환경 요인으로는 교사, 놀이공간과 놀잇감 등이 있다. 이에 대해 구체적으로 살펴보면 다음과 같다(김연희 외, 2020).

1) 개인적 요인

(1) 성별

남아와 여아는 그 성별에 따라 참여하는 놀이의 형태, 놀잇감의 선택 등에서 차이가 나타난다. 남아는 신체 움직임이 많으며, 싸우는 척하며 공격 의도가 없는 거친 신체놀이(rough and tumble play)에 참여하는 시간이 많다. 또한 실외놀이를 즐기며, 쌓기놀이와 모험적인 주제의 극놀이를 선호한다. 반면, 여아는 정적인 놀이를 선호하고, 만들기를 좋아하고, 가상놀이나 극놀이를 더 즐기는 경향이 있다. 놀잇감 선택에 있어서 남아들은 블록이나 자동차 종류의 놀잇감을 사용하는 놀이를 즐기며, 여아는 소꿉놀이, 인형, 색칠하기 등 역할놀이와 미술활동 자료를 사용하는 놀이 참여가 많다. 그러나 이런 성별 차이는 절대적인 것이 아니며, 개인차와 환경의 영향이 더 클 수 있다.

(2) 연령

유아는 연령이 높아질수록 신체, 언어, 사회, 정서, 인지능력이 발달하게 되고 놀이의 양상도 점차 발전되는 모습을 보인다. 출생 후 만 2세까지는 하나의 놀이 행동을 계속적으로 반복하거나 모방하는 감각운동적인 탐색놀이를 많이 한다. 그러나 연령이 높아질수록 친구와 함께 참여하는 사회적 놀이 빈도가 증가하고, 놀이지속 시간도 길어지며, 상징놀이가 발달하고, 복잡한 규칙이나 기술이 필요한 놀이를 많이 하게 된다(Howes & Matheson, 1992).

(3) 성격 및 기질

성격에 따라 영유아의 놀이 유형과 놀잇감 선호도 다르게 나타난다. 활동적인 유아들은 끊임없이 움직이는 신체 놀이(달리기, 점프, 매달리기)나 대근육 활동을 선호한다. 이에 비하여 비활동적인 유아들은 비교적 조용하고 움직임이 적은 정적인 놀이(퍼즐, 블록 구성, 그림 그리기, 책 보기)를 선호하며, 한 가지 놀이를 오랫동안 지속하는 집중력을 보이기도 한다. 또한 새로운 환경, 새로운 놀잇감에 대해 쉽게 다가가고 호기심이 많은 유아들은 새로운 놀이를 시도하며 탐색적 놀이를 즐긴다. 반면에 새로운 상황이나 놀잇감에 대해 망설이고 조심스러워하는 유아는 이미 익숙한 놀이를 선호하며, 새로운 놀이에 참여하는 데 시간이 걸리지만, 일단 익숙해지면 안정감을 느끼며 놀이를 지속한다.

(4) 인지능력

유아의 인지능력에 따라 유아의 놀이 양상이나 놀이 선호도가 다르게 나타난다. 유아의 문제해결 능력과 기억력이 발달할수록 놀이의 구조가 복잡해진다. 인지적으로 발달한 유아는 복잡한 퍼즐, 블록 건축, 보드게임 등 규칙과 목표가 명확한 놀이에 더 깊이 참여하게 되며, 놀이의 규칙을 이해하고 기억하며, 순서를 지키고, 전략을 세우는 등의 인지능력을 놀이에서 발휘한다. 또한 유아의 언어 및 인지능력이 높을수록 역할놀이에서 사용하는 어휘가 풍부해지고, 대화의 주제가 깊어지며, 놀이 시나리오를 더욱 논리적이고 일관성 있게 구성할 수 있게 된다.

2) 환경적 요인

(1) 또래

또래들에게 인기 있는 유아는 놀이를 주도하고 리더십이 있으며, 협동적인 놀이에 참여하는 경향이 많다. 유아는 혼자 놀이할 때보다는 친한 친구와 놀이를 할 때 놀잇감을 좀 더 다양하게 사용하고, 놀이행동이 다양해지며 놀이시간도 더 오래 지속된다(지성애, 2001). 유아가 또래와 일관성 있고 안정적인 관계를 유지할 때, 유아의 사회성 발달이 촉진되어 서로 협동하며 높은 수준의 놀이를 오래 지속할 수 있게 된다.

(2) 부모

부모의 사회경제적 배경은 유아의 놀이환경, 놀이기회, 그리고 놀이내용에 직접적인 영향을 미칠 수 있다. 부모의 사회경제적 수준이 높은 가정의 유아는 다양한 놀잇감과 놀이환경을 경험할 기회가 많고, 문화적 자극이 풍부한 환경 속에서 놀이의 폭이 넓어진다. 반면, 경제적으로 여유가 적은 가정의 유아는 놀이공간이나 자료가 제한적일 수 있고, 놀이가 주로 가정 내에서 단순한 형태로 이루어질 가능성이 높다. 또한 부모와 유아 간에 애착이 안정적으로 잘 이루어진 유아는 또래와 잘 어울리고, 놀이에 적극적으로 참여하며, 사회적 기술이 뛰어나 문제 상황에서 갈등을 잘 해결한다.

3) 교육적 요인

(1) 교사

교사의 놀이지원은 유아 놀이의 양과 질, 놀이발달에 긍정적인 영향을 미친다. 교사가 유아의 흥미와 발달수준을 이해하고 적절한 환경을 구성할 때, 유아는 스스로 탐색하고 사고하는 놀이를 확장시킬 수 있다. 교사는 유아들의 놀이가 흥미롭게 지속될 수 있도록 관찰하고, 현재의 놀이수준보다 더욱 발전될 수 있도록 풍부한 놀이환경을 마련해야 한다. 무엇보다도 유아의 놀이에 대한 교사의 즐겁고 적극적인 태도와 관심은 유아로 하여금 현재 참여하고 있는 놀이를 중요한 것으로 인식하게 하며, 더욱 발전된 놀이로 이끌게 된다.

(2) 놀이공간과 놀잇감

유아가 사용하는 놀이공간은 놀이행동과 관련이 있다. 안전하고 개방적인 놀이공간은 유아가 신체를 자유롭게 움직이며 탐색하고, 자발적으로 놀이할 수 있도록 심리적 안정감을 제공한다. 개방적이고 유연한 공간은 유아의 창의적 놀이를 격려하고, 제한적 공간은 규칙적 놀이를 유도한다.

놀잇감의 수량도 놀이행동에 영향을 미친다. 놀잇감이 적은 경우, 유아들은 놀잇감을 서로 가지려고 싸우고 빼앗기 위해 공격적으로 행동하고 갈등 상황이 나타난다. 그러나 놀잇감이 너무 많은 경우에도 놀이에 대한 유아들의 흥미를 떨어뜨릴 수 있으므로 적절한 양의 놀잇감을 제공하는 것이 좋다.

5 유아중심 · 놀이중심 교육과정의 운영

2019 개정 누리과정은 유아중심 · 놀이중심 교육과정으로, 유아가 스스로 선택하고 참여하는 놀이를 통해 배움을 경험하도록 설계되었다. 유아를 능동적 존재로 보고, 놀이를 통해 탐구 · 의사소통 · 사회적 관계 · 자기조절 능력을 기를 수 있도록 강조한다. 교사는 지식을 가르치는 전달자가 아니라, 유아의 놀이를 관찰하고 지원하는 조력자로서의 역할을 수행한다. 이를 통해 유아가 즐겁게 놀이하며 전인적으로 성장하는 교육을 실현하는 것을 목표로 한다.

1) 놀이경험의 의미와 특성

2019년 개정 고시된 누리과정의 놀이이해자료에서는 유아 놀이경험의 의미와 특성을 자유로움, 주도성, 즐거움으로 제시하고 아래와 같이 정리하였다(교육부, 2019).

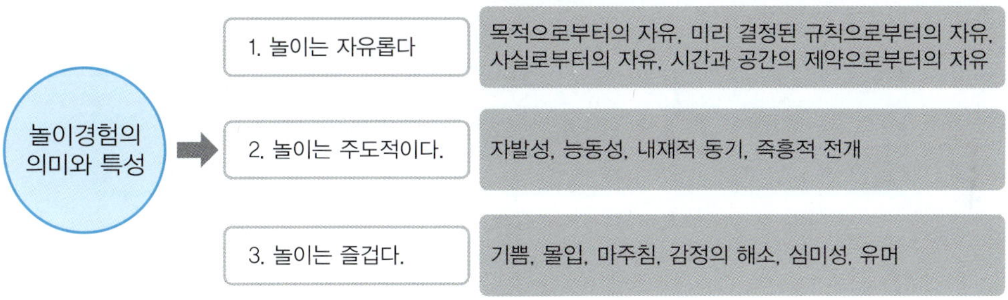

그림 5-11 놀이경험의 의미와 특성

(1) 놀이는 자유롭다

놀이에서의 자유는 계획된 목적으로부터의 자유, 미리 결정된 규칙으로부터의 자유, 사실로부터의 자유, 시간과 공간의 제약으로부터의 자유를 포함한다. 또한 유아가 놀이하는 흐름을 읽고 따라가야 놀이의 특성이 나타난다.

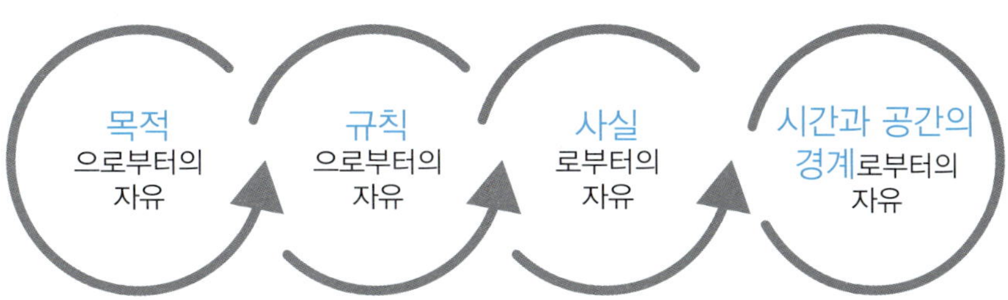

그림 5-12 놀이는 자유롭다

(2) 놀이는 주도적이다

놀이에서의 주도성은 유아의 자발성, 능동성, 내재적 동기, 즉흥적 전개와 같은 특성과 관련되어 있다. 유아는 놀이하면서 신체적, 사회적, 인지적으로 능동적이며 자발적인 참여를 끊임없이 이어간다. 이러한 자발성은 유아의 내부에서 일어나는 욕구와 동기가 중요한 원동력이 된다.

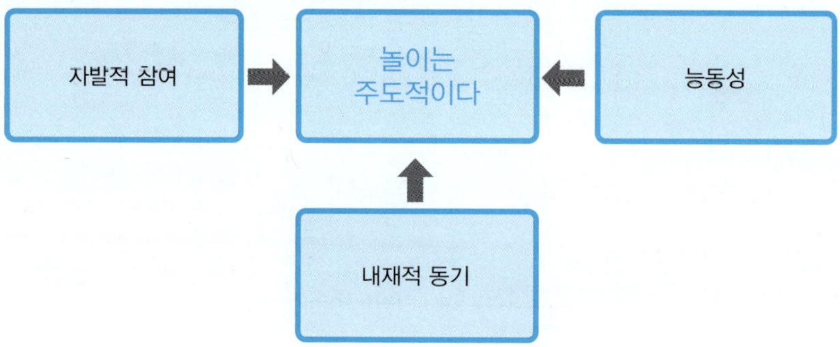

그림 5-13 놀이는 주도적이다

(3) 놀이는 즐겁다

놀이에서는 재미와 기쁨, 몰입, 마주침, 감정의 해소, 심미성, 유머 등의 정신적, 정서적 상태를 수반하는 즐거움이 있다. 유아는 또래, 교사와 함께 협력하면서 재미와 기쁨을 느끼고 표현한다. 때로는 재미와 기쁨이라는 정서를 넘어 몰입의 상태로 들어가기도 한다. 유아는 놀이를 반복하고 변화를 발견하는 재미를 가지고 놀이를 지속하기도 한다.

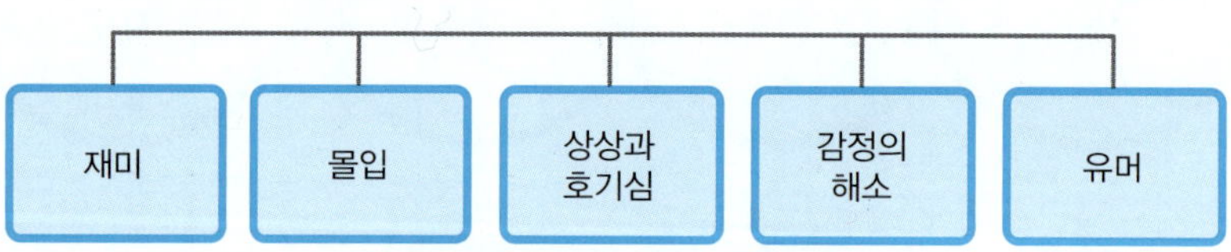

그림 5-14 놀이는 즐겁다

2) 유아중심 · 놀이중심 교육과정

2019년 개정 고시되어 2020학년도부터 적용되고 있는 누리과정에서는 빠르게 변화하고 있는 시대 변화의 패러다임을 반영하여 유아교육의 새로운 방향을 제시하였다. 개정 누리과정은 미래시대에 부응하고 미래시대를 준비하는 교육과정이다.

누리과정보다 먼저 개정된 초등학교 과정의 2015 개정 교육과정에서는 학생들의 역량을 강조한다. 기존의 '많이 아는 지식'에서 '실제로 잘할 수 있는 능력인 역량'을 강조하여 교과지식을 줄이고 학생들의 경험을 중요시하며, 즐겁게 배우는 교수학습을 지원한다. 국가수준 교육과정의 새로운 방향으로 제시된 미래시대를 준비하고 미래에 부응하는 교육과정의 개정 취지가 유치원 교육과정인 누리과정 개정에도 반영되었으며 유아중심 · 놀이중심 교육과정으로 구성되었다.

(1) 유아중심 · 놀이중심 교육과정의 운영

개정 누리과정은 '유아는 유능하고 놀이를 하며 배운다.'는 핵심 개념을 기본으로 기존의 교사가 주도하는 교육과정에서 유아가 주도하는 놀이중심 교육과정으로 구성하였다. 유아중심 · 놀이중심 교육과정의 핵심내용을 정리하면 다음과 같다.

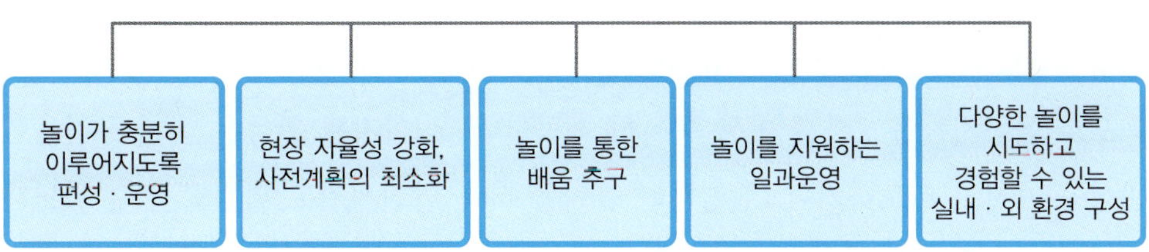

그림 5-15 유아중심 · 놀이중심 교육과정의 운영

① 놀이가 충분히 이루어지도록 편성·운영

유아교육기관에서는 하루일과를 유아가 주도하는 놀이를 중심으로 편성 · 운영하도록 한다. 놀이는 바깥놀이를 포함하여 두 시간 이상 충분히 긴 시간으로 편성 · 운영하여 놀이의 흐름이 끊기지 않고 유아가 충분히 놀이하고 몰입할 수 있도록 한다.

② 현장 자율성 강화, 사전계획의 최소화

개정된 누리과정에서는 국가지침이 최소화되고 현장의 자율적 운영이 강조되었다. 따라서 각 기관의 교육철학, 가정과 지역사회의 특성, 유아의 요구 등을 반영하여 자율적으로 유아의 놀이를 지원하는 계획을 한다. 교사의 사전 계획은 최소화하고 유아가 실제 놀이한 내용을 중심으로 교육과정을 운영한다.

③ 놀이를 통한 배움 추구

개정된 누리과정에서는 유아가 놀이를 통해 경험하는 배움을 5개 영역과 연결하여 제시하고 있다. 개정 누리과정의 5개 영역, 59개의 내용은 3-5세 유아가 유아교육기관에서 경험해야 할 의미 있고 가치 있는 배움의 내용으로 구성되어 있다. 개정 누리과정의 5개 영역, 59개의 내용은 교사가 가르쳐야 할 내용이 아닌 유아가 즐겁게 놀이하면서 배우는 내용이다.

④ 놀이를 지원하는 일과운영

유아교육기관에서는 유아의 요구와 놀이의 흐름에 의한 하루 일과를 구성하도록 한다. 하루 일과는 유아가 주도하는 놀이를 중심으로 하여 놀이를 지원하는 활동, 일상생활로 운영한다. 놀이는 유아들에게 발현되는 놀이, 평상시에 즐겨하는 놀이 등으로 놀이시간을 2시간 이상 충분히 제공한다. 놀이지원 활동은 현재 유아들이 관심을 가지고 시도하거나, 신행하는 놀이를 더욱 발전시키고 활성화될 수 있도록 지원하는 활동으로 이야기나누기, 동화, 음악, 미술, 게임 등을 대집단 또는 소집단 활동으로 실시한다. 일상생활은 등 · 하원, 화장실 다녀오기, 간식 및 중식, 낮잠 및 휴식 등을 유아의 심리적, 신체적 리듬을 반영하여 운영한다.

⑤ 다양한 놀이를 시도하고 경험할 수 있는 실내·외 환경 구성

실내놀이 환경은 유아의 흥미와 관심, 요구에 따라 다양하고 안전한 놀이환경을 구성하되, 놀이의 전개 상황, 유아의 흥미와 관심, 요구에 따라 놀이공간, 놀잇감 제공 등을 확대하거나 축소할 수 있다. 또한 기존의 놀잇감 이외에 비구조적인 열린 자료 등 다양하고 풍부한 놀이자료를 제공하여 유아들이 자신만의 방식을 활용하여 놀이할 수 있도록 지원한다.

(2) 놀이와 배움의 연결

개정 누리과정에서는 유아의 놀이를 통한 배움을 강조하고 있다. 놀이는 시작과 끝이 정해져 있는 것이 아니라 이어지고 끊어지며 새롭게 생성되어가는 연속적 과정이며 이는 곧 배움과정과 같다(교육부, 보건복지부, 2019). 특히 개정된 누리과정에는 유아가 놀이를 통해 경험하는 배움을 5개 영역의 내용과 통합적으로 연결하여 설명하고 있다. 놀이를 통해 경험하고 배우는 내용은 신체운동·건강 영역, 의사소통 영역, 사회관계 영역, 예술경험 영역, 자연탐구 영역의 총 59개 내용으로 구성되어 있다.

그림 5-16 유아의 놀이경험과 5개 영역에서의 배움

위의 그림에서 유아들은 모래놀이를 하며 5개 영역을 통합적으로 경험하고 있다. 유아들은 모래 · 물놀이를 하며 신체의 움직임을 조절하고, 친구들과 대화를 하며 자신의 경험, 생각, 느낌을 이야기하고 친구들과 의견을 나누기도 한다. 이 과정에서 친구의 다른 생각, 감정을 존중하는 방법을 배우고, 놀이에서의 공동의 목적을 위해 협력하기도 한다. 또한 놀잇감의 다양한 색깔이나 모양에 대한 감각이나 느낌을 표현하기도 하고, 모래와 물을 섞으면 나타나는 물질의 변화에 대해 관심을 가지고 탐구하며 모래, 물을 나르며 무게를 측정해볼 수 있다. 이와 같이 유아는 물 · 모래 놀이를 통해 5개 영역의 내용을 자연스럽게 통합적으로 경험할 수 있으며, 이러한 놀이의 과정에서 다양한 배움이 자연스럽게 일어난다.

위의 모래놀이경험을 5개 영역과 연계하여 놀이와 배움을 연결한 기록의 사례이다.

표 5-2 5개 영역과 연계한 모래놀이의 배움

유아의 경험 (영역별 사회관계 59개 항목)	신체운동 · 건강	신체활동 즐기기 〉 신체 움직임을 조절한다. • 모래놀이를 위해 모래와 물을 나르며 신체를 움직이고 힘을 조절함
	의사소통	듣기와 말하기 〉 자신의 경험, 느낌, 생각을 말한다. • 모래놀이의 느낌, 무게 등 자신의 생각을 이야기함 듣기와 말하기 〉 상대방이 하는 이야기를 듣고 관련해서 말한다. • 친구의 제안에 함께 협력하고 동의하는 이야기를 함
	사회관계	더불어 생활하기 〉 서로 다른 감정, 생각, 행동을 존중한다. • 친구의 아이디어와 생각을 존중함 더불어 생활하기 〉 친구와 서로 도우며 사이좋게 지낸다. • 친구와 함께 서로 협력하여 모래와 물을 나름
	예술경험	아름다움 찾아보기 〉 예술적 요소에 관심을 갖고 찾아본다. • 모래놀이 도구의 다양한 색감에 관심을 보임
	자연탐구	생활 속에서 탐구하기 〉 물체의 특성과 변화를 여러 가지 방법으로 탐색한다. • 모래와 물을 섞으면 나타나는 변화에 관심을 보임

3) 교사의 지원과 평가

(1) 놀이를 통한 배움을 지원하는 교사

발현적 놀이는 유아가 시작하고 주도한다. 유아들이 놀이를 만들고 이어가는데, 놀이가 진행되면서 새로운 특성이 나타나고 기존의 특성에 더해지며 놀이가 활성화되고 발전되어간다. 놀이는 맥락이자 흐름이며 복합적으로 유지되고 변화되는 것이다. 그 과정에서 유아의 놀이경험은 더욱 풍부해지면서 자유로움, 즐거움, 몰입, 상상력을 수반하며 창조적으로 놀이를 한다. 교사는 놀이 협력자, 안내자, 지원자로서 놀이관찰을 통한 놀이지원의 방법을 모색해야 한다. 유아의 흥미와 관심, 놀이의 흐름, 놀이환경, 안전, 자료, 기관의 상황 등을 고려하여 놀이가 확장되고 심화될 수 있도록 지원해야 한다. 교사지원에서 주의할 점을 제시하면 다음과 같다.

표 5-3 놀이지원 시 주의해야 할 사항

- 교사는 발현적 놀이지원을 위해 사전계획을 최소화하며, 놀이의 흐름과 유아의 요구 및 필요에 따라 지원을 결정한다.
- 교사는 유아의 놀이가 자신이 계획한 주제나 활동과 다르게 이루어지더라도 유아의 놀이를 존중하여 계획된 일과의 내용을 변경할 수 있다.
- 교사는 유아 간 상호작용이 활발히 일어나도록 자유로운 놀이환경을 제공해 주고 주의 깊게 관찰하여 놀이의 흐름에 따라 필요한 놀이시간, 놀이자료를 제공하거나 공간을 지원해 준다.
- 교사는 놀이의 흐름에 방해가 되는 요소들은 제거해주어 영유아의 흥미가 지속될 수 있도록 한다.
- 교사는 영유아의 놀이경험을 개정 누리과정 5개 영역의 내용과 통합적으로 연결하여 기록하고 평가한다.

(2) 놀이를 기록하고 평가하는 교사

유아들의 놀이가 확장되기 위해서 교사는 유아들의 놀이과정을 잘 관찰하고 기록하며 이를 근거로 유아의 배움을 지원하기 위한 방향을 정하는 것이 좋다. 특히 유아의 배움을 잘 기록하고 평가하기 위해서는 결과보다 놀이의 과정에 중점을 두어 관찰해야 한다. 놀이기록은 유아들의 놀이지원을 위한 실제적 기록이므로 교사 일과의 업무가 되도록 한다. 따라서 교사들에게 과도한 부담이 되지 않도록 형식이나 분량은 적절하게 정하여 기록하고 활용하도록 한다.

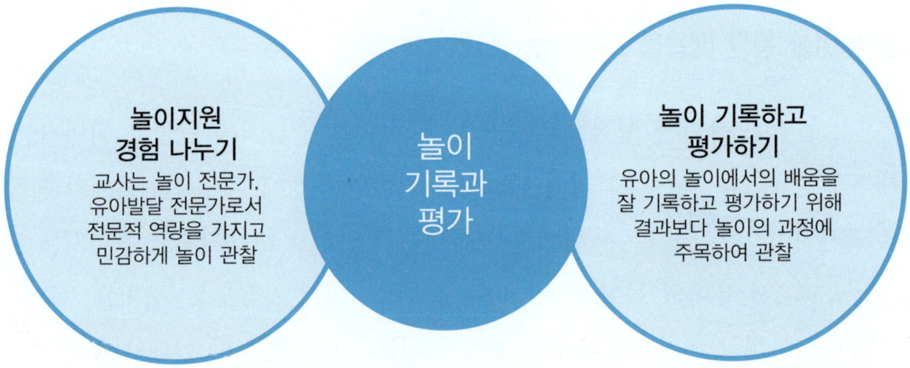

그림 5-17 교사의 놀이기록 및 평가

① 놀이지원 경험 나누기

교사는 놀이 전문가, 유아발달 전문가로서 전문적 역량을 가지고 민감하게 놀이 관찰을 해야 한다. 그리고 관찰한 내용을 기반으로 놀이지원이 이루어질 수 있도록 준비해야 한다. 자신이 관찰하고 경험한 것을 동료 교사들과 나누며 미처 발견하지 못한 것에 대해 피드백 공유, 새로운 관점의 제시 및 확장하는 과정은 자신에 대한 반성의 기회를 갖게 하고 놀이지원의 전문성을 높이는 데에도 도움이 될 것이다.

② 놀이 기록하고 평가하기

유아의 놀이를 확장하기 위해 유아에게 제공된 교사의 놀이지원으로 유아들은 어떤 경험을 하였으며, 개정 누리과정의 5개 영역의 내용과 어떻게 통합적으로 연결이 되었는지 평가하는 과정이 필요하다. 교사는 유아가 놀이하며 경험한 내용을 관찰하고, 놀이에서 나타나는 배움에 주목하여 이를 기록할 필요가 있다. 교사는 놀이를 관찰하고 유아의 놀이경험에서 의미를 찾아 놀이 실행안, 일지 등에 기록하고 해석하여 놀이의 경험을 평가한다. 또한 놀이 결과물이나 사진 등을 함께 첨부하여 놀이의 의미와 특성을 발견하고 이것이 유아의 발달과정에서 어떠한 의미를 갖는지 해석하고 평가한다.

activity 1. '진짜놀이'에 대해 생각해 보기

1) 내가 생각하는 진짜놀이란 무엇인가요? 조별로 나누어 토론한 후 발표해 보세요.

2) 유아기 놀이의 특성 5가지를 써보세요. (p.149)

activity 2. 2019 개정누리과정, 유아중심 · 놀이중심교육과정의 핵심 내용 알아보기

개정누리과정의 핵심내용을 아래와 같이 정리하였습니다. (   )의 내용을 채워주세요. (p.181)

1) (   )가 충분히 이루어지도록 편성 · 운영

2) 현장의 (   )을 강화, (   )의 최소화

3) 놀이를 통한 (   ) 추구

4) (   )를 지원하는 일과 운영

5) 다양한 놀이를 시도하고 경험할 수 있는 (   ) 구성

activity 3. 놀이이론 분석하기

1) Parten의 '사회적 놀이유형' 각 단계에 대해 설명해 보세요.

2) 인지적 발달 놀이유형 중 '연습놀이'와 '구성놀이'에 대해 설명해 보세요.

chapter 6

교사와 유아교육

1 유아교사의 역할과 자질

교사는 교육현장에서 학습자를 관리 · 감독하며 건강하고 행복하게 성장할 수 있도록 환경을 구성하고 교수자료를 제공하는 존재이다. 특히 유아교사는 유아의 전인발달을 위해 유아의 삶을 함께 나누고 공감하며 유아가 행복하게 자라날 수 있도록 돌보고 지원한다. '교사의 질은 교육의 질을 넘어설 수 없다'는 말과 같이 유아의 성장에 있어 유아교사의 역할과 자질은 중요한 요소로 작용한다.

1) 유아교사의 역할

역할이란 자신의 위치에서 마땅히 해야 하는 직무이다. 인간은 살아가면서 누구에게나 역할이 있다. 가족 구성원으로서 부모의 역할, 자녀의 역할, 직업으로서 각 분야별 역할 등 자신의 속한 그룹 안에서 역할이 다르며 그 역할에 최선을 다하기 위해 노력한다. 유아교사의 가장 중요한 역할은 무엇보다 유아를 돌보고 지도하는 것이다. 이를 위해 교육과정 구성 및 운영, 교육환경 설계, 부모상담, 학습내용 및 교재 · 교수 선정, 학습 운영 평가, 필수 연수 참여 등 다양한 역할을 수행해야 한다.

과거에는 유아교사의 역할은 유아의 단순 보호가 중심이었다. 유아가 안전할 수 있도록 위험한 환경으로부터 보호하고 건강하게 성장할 수 있도록 하는 부모의 역할이 강조되었다. 하지만 사회 변화에 따라 유아교사의 역할은 보호와 교육에 초점을 맞추고 전문인으로서의 지식과 기술이 요구되기 시작했다. 유아교사는 유아의 성장과 발달을 위해 유아 주변을 둘러쌓고 있는 다양한 요소들을 파악하고 적절한 개입과 안내를 해야 하기 때문에 역할을 하나로 정의하기 어렵다. 국내 · 외 학자들은 유아교사의 역할을 다음과 같이 다양하게 정의하고 있다.

표 6-1 유아교사의 역할

구분	학자	유아교사의 역할
국외	Katz(1970)	• 어머니 역할, 치료 역할, 교수 역할
	Saracho(1988)	• 진단자, 교육과정 설계자, 교수조직자, 상담자 및 조언자
	Schickedanz et al.(1990)	• 교육과정 설계자, 계획자 · 조직자 · 평가자, 훈육자, 의사결정자
국내	이은화(1985)	• 환경 제공자, 관찰자, 프로그램 계획자, 연구자, 부모교육 담당자, 평가자, 반응자
	한국유아정책개발센터(2007)	• 영아반 교사: 계획과 준비, 욕구 충족과 신뢰감 형성, 놀이지도, 관찰 및 평가 • 유치반 교사: 교육과정 설계자, 상호작용자, 놀이 촉진자, 환경 구성자, 기본생활습관 지도, 관찰 및 평가자, 부모 프로그램의 운영자, 연구자
	교육과학기술부(2009)	• 교육과정 설계자, 일과 계획 및 운영자, 상담자 및 조언자, 생활 지도자, 현장 연구자, 행정 업무 및 관리자, 의사결정자, 동료와의 협력자

이 밖에도 국가수준 유아교육과정인 2019 개정 누리과정에서는 교육과정의 효과적인 운영을 위해 유아 · 놀이중심 교육과정을 이해하고 실천하기, 놀이를 통한 유아의 배움을 지원하기, 놀이와 배움을 기록하고 평가하기, 함께 배우며 성장하기를 교사의 역할로 제시하고 있다. 이와 같이 유아교사의 역할은 바라보는 관점에 따라, 사회변화에 따라, 요구되는 임무에 따라 다르게 정의될 수 있다. 타급 교사와 달리 유아교사에게 주어지는 다양한 역할은 다음과 같다.

(1) 양육자로서의 역할

유아교사는 부모와 같이 유아의 기본욕구를 충족시켜 주어야 한다. 유아가 건강하고 안전하게 생활할 수 있도록 해야 하며 특히, 정서적으로 안정감을 느낄 수 있도록 편안한 분위기를 조성해야 한다. 유아가 스스로 할 수 없는 부분을 돌봐줘야 하며 세심한 부분까지 살펴줘야 한다.

(2) 관찰자로서의 역할

유아교사는 유아에 대한 세심한 관찰을 통해 유아발달의 정도와 요구를 파악하고 적절한 시기에 필요한 것들을 제공해야 한다. 교사는 유아를 관찰함으로써 자신의 교육과정 운영 전반에 대한 사항을 반성하고 개선점을 찾아 보완할 수 있다. 관찰의 내용은 기록으로 남기고 부모 상담자료 및 유아 이해자료로 활용한다.

(3) 교수자로서의 역할

유아교사는 유아에게 효과적인 교육을 제공하기 위해 발달에 적합한 교육과정을 설계하고 운영하며, 환경 구성, 자료 제작 등의 역할을 수행한다. 교사는 어떤 내용을 어떠한 방법으로 전달할지 연구하여 유아수준에 맞게 제공해야 한다.

(4) 조력자로서의 역할

유아교사는 유아의 발달 정도를 정확하게 파악하여 유아가 다음 단계로 성장할 수 있도록 상호작용하고 촉진하는 역할을 한다. 유아의 신체발달, 인지발달, 언어발달, 정서발달, 사회성 발달 등 전인발달이 효과적으로 이루어질 수 있도록 도와야 한다.

(5) 의사결정자로서의 역할

유아교사는 유아에게 도움을 줄 수 있는 의사결정을 해야 한다. 언제, 어떻게, 무엇을 제공할지, 상호작용을 어떻게 할지, 예측할 수 없는 일이 발생했을 때 어떻게 해결해야 할지 등 날마다 수많은 의사결정을 한다. 유아교사의 의사결정은 유아의 생활에 직접적인 영향을 미치기 때문에 책임감이 따른다.

(6) 상담자로서의 역할

유아교육은 아직 사회경험이 상대적으로 적은 혹은 전혀 없는 어린아이들을 대상으로 한다. 따라서 유아교사는 부모와 다양한 방법으로 상호작용하며 유아에 대한 정보를 교환하고 필요한 경우 상담을 통해 정보를 공유한다. 특히 의사소통이 어려운 어린 아이일수록 부모와의 소통은 매우 중요하며 가정과 협력하여 학급운영 전반에 대한 사항들을 신중하게 결정하고 실행해야 할 필요가 있다.

(7) 평가자로서의 역할

유아교사는 유아의 발달 정도를 진단하고 평가하여 그 결과를 바탕으로 교육과정을 설계하고 운영해야 한다. 뿐만 아니라 평가를 통해 교사는 자신의 교육과정 운영, 상호작용 방법, 의사결정 등 전반적인 학급운영에 대해 되돌아보며 반성하고 더욱 발전될 수 있는 계기로 활용할 수 있다.

2) 유아교사의 자질

자질이란 어떤 특정 분야에서 요구되는 일에 대한 능력 또는 실력의 정도로, 교사의 자질은 교직에 대한 태도 및 정서 상태, 전문지식, 교육관 등을 말한다. 유아교사의 자질은 타급 교사와 다른 특수한 역할들을 수행하는 데 중요한 요소 중 하나이며 훈련을 통해 계발할 수 있다. 유아교사의 자질은 개인적 자질과 전문적 자질로 구분된다.

(1) 개인적 자질

유아교사의 개인적 자질은 교사가 교육을 통해 갖추어야 하는 기본 태도로서 인성이 바탕이 되는 사람됨을 나타낸다. 웃음을 잃지 않는 자세, 온화한 목소리, 유아와 눈높이 맞춤을 위한 자세, 단정한 옷차림, 유아와 편한 신체접촉을 위한 자세

등 신체적 자질과 안정된 정서상태, 도덕성, 포용력, 인내심 등과 같은 정서적 자질을 말한다. 이 밖에도 타인과의 원한 인간관계 형성, 생명체에 대해 소중히 여기는 마음, 봉사정신, 직업에 대한 자긍심, 진정성 등도 개인적 자질에 포함된다.

(2) 전문적 자질

유아교사의 전문적 자질은 교사로서 갖춰야 하는 교육적 측면에서의 전문적 능력이다. 전문적 능력은 유아교사로서의 역할을 수행하는 데 직접적으로 영향을 미치는 능력으로, 유아의 전인적 발달을 돕기 위해 전문가적 위치에서 보호와 교육을 제공하는 것이다. 유아교사는 유아의 성장과 발달을 고려한 학급운영을 효과적으로 실천하기 위해서 유아의 발달수준에 적합한 교수-학습 방법을 알고 수준에 맞는 교육내용을 선정하여 적절한 교육방법을 선택 · 제공할 수 있어야 한다. 이 밖에도 부모상담, 동료교사와의 소통, 반성적 사고를 바탕으로 한 분석 및 연구 등 전문가로서의 교사역할을 위해 전문적 자질이 요구된다.

유아교사의 자질에 대해 학자들은 다양한 의견을 제시하고 있다. 유아교사의 자질을 개인적 자질과 전문적 자질로 구분하여 학자들이 제시한 의견을 정리하면 다음과 같다.

표 6-2 유아교사의 자질

학자	개인적 자질	전문적 자질
이기숙, 이연섭, 이영자(1986)	• 유아를 좋아하고 사랑하는 사람 • 교육과 연수를 받아 자격이 있으며 유아를 다룬 경험이 풍부한 사람 • 심신이 건강한 사람 • 과제 중심적이어서 교재나 교구 개발에 즐거움을 느끼는 사람	• 교육 프로그램을 계획하고 실천하는 능력 • 부모 · 전문가 및 여러 관계자들을 참여시키는 능력 • 아동의 성장 · 발달을 촉진시키는 능력 • 고도의 지적 전문성 • 직업윤리 • 지속적인 전문적 성장

학자	개인적 자질	전문적 자질
이은화, 배소연, 조부경 (2003)	• 인간에 대한 사랑 • 원만한 인간관계 • 성실성, 봉사성, 자발성, 도덕성, 사려성 • 신체적 · 정신적 건강 • 건전한 인생관	• 지식 • 교수기술 • 교육관
염지숙, 이명순, 조형숙, 김현주 (2022)	• 인성: 유아에 대한 사랑, 인간에 대한 사랑, 성실성, 봉사성, 사려성, 자발성, 도덕성, 원만한 인간관계 • 건강: 신체적 건강, 긍정적 자아관, 타인에 대한 긍정적 사고, 건전한 인생관, 정서적 안정	• 지식: 일반교양지식, 유치원 교육과정에 대한 지식, 교수 방법 및 평가에 대한 지식, 유아에 대한 지식 • 교수기술: 교육과정 구성 기술, 프로그램 실천 및 평가 기술, 의사소통 기술, 부모 및 전문가 참여 기술, 창의성, 융통성, 교재교구의 제작 및 활용 기술 • 교육관: 교육에 대한 소명감, 직업윤리, 전문성 함양의 노력
교육인적자원부 (2000)	• 신체적 · 정신적 건강 • 온정적인 성품 • 인간과 생명에 대한 존엄성 • 성실하고 열성적인 태도	• 전문적 지식 • 교수 기술 • 올바른 교육관과 직업윤리

출처: 지옥정 외(2023)

2 유아교사의 발달

발달이란 현재보다 어떠한 영역에서 더욱 높은 수준에 이르는 것이다. 유아교사 역시 대학 때부터 전공지식을 습득하는 것에서부터 시작하여 초임교사가 되고, 경력교사가 되고, 관리자로서의 위치에 올라가는 과정 동안 수많은 일들을 경험하면서 성장한다. 지속적인 성장은 더욱 노련하고 현명한, 그리고 전문성을 갖춘 교사로 발달할 수 있도록 돕는다. 유아교사의 발달은 영유아의 발달과 마찬가지로 교사 개인의 성향, 특성, 환경 등의 영향을 받기 때문에 서로 다른 발달속도 및 발달과정을 나타낸다. 유아교사는 자신의 발달특성을 알고 자신에게 요구되는 것들을 제공하여 스스로 성장하기 위한 노력을 해야 한다.

1) 유아교사의 발달단계

학자들마다 다양하게 제시하고 있는 유아교사의 발달과정은 다음과 같다.

(1) 훼슬러(Fessler)의 교사 직업주기

① 교사 준비 단계

교사가 되기 위해 준비하는 단계로써 교사양성기관에서 전문교육을 받는 시기이다. 이 단계에서 교사로서 갖춰야 하는 전문적 이론 지식뿐만 아니라 다양한 실습 경험을 통해 현장실무 능력을 함양한다.

② 입문 및 적응 단계

교사로서 처음 현장에서 입문 및 적응하는 단계로, 교육 현장의 조직에 적응하며 그 문화 속에서 사회화되는 시기이다. 이 시기는 보통 3년이라고 말하지만 어떤 환경의 조직에서 생활하고 있는지, 주로 어떤 경험을 하는지 등 개인 상황에 따라 차이가 있다.

③ 능력 구축의 단계

교사 스스로 더욱 성장하기 위해 노력하는 단계이다. 이 시기에 교사는 교직생활에 편안함을 느끼며 안정감을 찾는다. 교사의 이러한 심적 여유로움은 자신이 맡은 일을 좀 더 잘하기 위해 혹은 수준 높은 전문성을 갖기 위해 다양한 주제의 연수 및 워크숍 참여, 대학원 진학 등 자기발전을 위한 시간을 가질 수 있도록 돕는다.

④ 열중과 성장의 단계

교사가 자신의 직업에 대한 자부심을 느끼는 단계로써 교직생활을 만족감을 느끼는 단계이다. 이 시기에 교사는 자신의 전문지식을 타인과 나누고 싶어하며 더욱 성장하기 위해 노력한다.

⑤ 침체의 단계

교직에 대한 좌절감을 느끼는 단계로써 교사라는 직업에 대해 환멸을 느끼며 교사라는 직업이 자신에게 맞는지 고민해보는 시기이다. 이 시기는 실패에 대한 경험, 조직생활의 어려움, 자신의 지식 및 기술의 한계 등 부정적인 경험들이 쌓이면서 나타나게 된다. 이때 교사는 자신의 능력을 탓하기도 하며 의심한다.

⑥ 안정의 단계

교직생활에 적응하여 익숙해진 단계이다. 이 시기에 교사는 안정적인 생활에 적응하여 변화되는 것을 두려워하고 그대로 유지하려는 성향을 나타낸다.

⑦ 이직 준비 및 쇠퇴 단계

교사로서 정년퇴직을 앞두고 있거나 개인 사유로 인해 퇴직을 계획하고 있는 단계이다. 이 시기에 퇴직 후의 생활을 구체적으로 계획한 경우 퇴직은 긍정적인 새로운 시작이 될 수 있지만 그렇지 않다면 혼란에 빠질 수 있다.

⑧ 퇴직 단계

교사로서 퇴직을 하는 단계로, 교직생활을 그만두고 다른 생활을 하는 시기이다. 교사가 아닌 다른 직업으로 이직할 수도 있고 미리 계획한 퇴직 이후의 삶을 즐기며 자신만의 생활을 할 수도 있다.

(2) 폴러(Fuller)의 교사 관심사 단계

① 교직 이전 관심사 단계

아직 교직 경험이 없는 예비교사들이 교직에 대한 환상을 갖고 이상적으로 바라보는 단계이다. 이 시기는 교사에 대한 나름의 분석기준을 갖고 비판적 사고로 바라본다. 이때 교사로서 자기중심적 사고를 하게 되며 교직에 대한 자신의 생각을 믿는다.

② 생존에 대한 초기 관심사 단계

교직 경험을 하면서 학습 운영에 대한 전반적인 것에 관심을 갖는 단계이다. 교수 방법, 학급통제, 평가 등 현실적인 교사역할에 대한 고민을 많이 한다.

③ 교수 상황 관심사 단계

교수 상황에 대한 어려운 문제들을 경험하면서 좌절과 한계를 느끼는 단계이다. 교사 1인이 관리해야 하는 학습자의 수, 과중한 업무, 시간 부족, 자료 부족 등 문제해결을 위해 고군분투한다. 이때 교사는 자신의 교수 행위에 관심을 갖는다.

④ 학생 관심사 단계

교사로 학생에게 관심을 갖는 단계이다. 학생들의 발달 정도 및 학습 상황 등에 관심을 갖고 학생을 위한 교수-학습 방법, 사회정서적 요구, 학생과의 상호작용 등에 대해 고민한다.

(3) 카츠(Katz)의 유아교사 관심사 단계

① 생존기

교사로서 첫 1년 동안의 시기이다. 교육 현장에서 나타나는 문제 상황에 관심을 갖고 문제들을 원활하게 처리할 수 있을지에 대한 관심이 있다. 이 시기의 교사에게는 문제를 해결하기 위해 경력이 있는 선배 교사 또는 원감, 원장의 관심과 도움이 중요하다.

② 숙련기

교직경력 1~3년의 시기이다. 교직생활에 대한 안정감과 자신감이 있으며 그동안 배운 것들에 대한 확신이 생긴다. 이 시기에 교사는 유아의 개별적인 상황에 특히 관심을 갖는다. 이때 유아의 특정 상황에 대한 경험이 많은 숙련된 교사 또는 전문가의 지원이 필요하다.

③ 갱신기

교직경력 3~5년의 시기이다. 교사로서 지금까지 해왔던 자신의 방법을 반복하기보다 새로운 것을 시도해 보기 위해 다양한 프로그램에 관한 정보에 관심을 갖는다. 이 시기에 다른 프로그램을 운영하는 동료교사와 정보를 나누기 위한 만남을 갖거나 전문단체 및 전문서적을 통한 새로운 정보를 얻는다. 이때 여러 분야의 전문가와의 상담을 통해 도움을 받을 수 있다.

④ 성숙기

교직경력 5년 이상의 시기이다. 교사로서 완전한 자신감을 갖고 자기개발을 위한 다양한 방법을 찾아 실천하는 단계이다. 이 시기에 교사는 교직에 대한 자신만의 안목과 관점을 갖게 된다. 세미나, 학술회, 독서, 여러 분야 전문가와의 만남 등은 교사로서의 발전에 도움이 된다..

2) 유아교사의 발달에 영향을 주는 요인

유아교사의 발달은 다양한 영향을 받아 개인차가 나타날 수 있다. 발달은 대부분의 교사가 경험하는 일반적인 주기와 단계로 설명되기도 하지만 교사 개인의 다양한 경험들은 발달의 속도 등 교사 발달의 개인적 특성에 영향을 미친다. 박은혜(2009)는 교사 발달에 영향을 주는 요인을 사적인 환경으로부터 영향을 받는 개인적 요인과 교사로서 근무하는 기관으로부터 영향을 받는 조직적 요인으로 나누어 설명하였다.

(1) 개인적 요인

개인적 요인은 교사의 사적인 경험으로 가정환경, 긍정적 · 부정적 사건, 개인적 경험, 개인적 관심사, 개인적 성향 등을 포함한다.

- **가정환경**: 가정 내 지원체계, 재정상태, 가족들의 특별한 요구, 가정 내 역할 기대, 가족 수
- **긍정적 사건**: 결혼, 자녀의 출생
- **부정적 사건**: 사랑하는 사람의 병환이나 사랑, 재정적 손실이나 법률적 문제, 가정 내의 핍박, 자신의 병환, 이혼, 친구나 친척의 어려움
- **개인적 경험**: 교육적 배경, 유치원 이외의 개인적 일, 전문적 발달을 위한 활동, 자녀와의 경험, 다양한 교직활동
- **개인적 관심사**: 취미, 자원봉사활동, 스포츠와 체력관리, 종교활동, 여행
- **개인적 성향**: 개인의 목표와 포부, 인생에서의 우선순위, 지역사회에 대한 느낌, 개인의 가치관, 다른 사람과의 관계

(2) 조직적 요인

조직적 요인은 교사로서 생활하는 교육현장에서의 경험으로써 기관규정, 기관 경영형태, 신뢰감, 유아교육기관에 대한 사회적 기대, 전문단체, 교원노조 등을 포함한다.

- **기관규정**: 인사정책, 자격요건, 맡은 유아들의 연령, 종신 임용제도, 교육과정 운영의 자율성
- **기관경영 형태**: 분위기, 의사소통 방식, 교육철학의 일치 정도
- **신뢰감**: 후원적인 분위기, 재정적 후원, 교사에 대한 신뢰
- **유아교육기관에 대한 사회적 기대**: 유아교사에 대한 사회적 이미지, 유아교육기관과 관련된 법령

- **전문단체**: 관련 학회의 방향, 학회에서 제공하는 정보, 학회에서의 활동 및 참여
- **교원노조**: 후원적인 분위기, 교육위원회 및 교육 행정가와의 관계, 보호 및 안정감

3 유아교사의 전문성 및 자격

1) 유아교사의 전문성

(1) 유아교사의 특성

교사는 정해진 규정에 의해 일정한 자격을 갖추고 학생을 가르치는 사람이다. 교직은 이러한 교사의 일을 하는 직업 또는 직무이다. 따라서 유아교사는 특정 자격을 갖고 유아를 대상으로 가르치거나 돌보는 사람을 말하며 유아교사직은 이러한 일은 직업 또는 직무로 행하는 것이다. 유아교사에 대해 이해하기 위해서는 먼저 교직에 대한 이해가 필요하다.

교직은 다른 직업과는 다른 특성을 갖고 있다. 일차적으로 학생을 대상으로 가르치는 일이 중심이지만 학생의 사회성, 정서, 기본생활습관 등 올바른 인간으로 성장하기 위해 갖춰야 하는 자세 및 태도까지 관리하며 살펴준다. 교직에 대한 관점을 세 가지로 살펴보면 다음과 같다.

① 성직관

교직을 성직처럼 윤리와 헌신, 소명의식을 중시하는 직업으로 바라보는 관점으로써 경외와 존경의 대상으로 본다. 교사는 학생의 인격 형성과 정신적 성장을 돕는 봉사자이다. 또한 물질적 보상보다 도덕적 가치와 자기희생을 중요시한다.

② 노동직관

교직을 일반 노동과 동일하게 보는 관점으로써 교사는 학교라는 직장에 고용된 근로자이자 교육노동자로 간주하는 것이다. 교사도 노동의 대가로 보수를 받고 삶을 유지하기 때문에 교직을 생계의 수단으로 보는 것이다. 노동직관은 법적 권리와 경제적 보상을 중시한다. 교사의 처우가 보장되는지, 보상은 적절한지 등과 같은 논의가 이루어지며 관련된 문제들을 해결하기 위한 방안을 논의한다.

③ 전문직관

교직을 전문직으로 보는 관점으로써 교사는 높은 수준의 전문성과 사회적 책임, 자기계발을 요구받는 직업이다. 교직은 전문적 지식과 기술이 요구되며 변화되는 사회 속에서 시대에 발맞춤 교육을 제공하기 위한 노력이 요구된다. 전문직관은 교육의 질과 사회적 영향력을 강조한다.

유아교사직은 유아라는 특정 대상을 상대로 가르침과 돌봄을 행하는 직업이기 때문에 성직관, 노동직관, 전문직관 이외에도 유아의 삶을 함께 만들어가며 생명을 존중하고 소통하는 직업으로 보는 관점도 필요할 것이다. 카츠와 고핀(Katz & Goffin)이 제시한 유아교사직의 특성은 다음과 같다.

- 유아교사는 유아의 다양한 측면의 발달적 요구와 과정에 대한 책임을 인식하고 이에 부응해야 한다.
- 유아교사는 다양한 유아교육 프로그램으로 인해 교사의 임무와 교육이념이 다를 수 있다.
- 유아교사는 어떤 상황에도 유아를 보호할 수 있는 자질을 갖추고 있어야 한다.
- 유아교사는 유아가 격리불안을 극복하고 유아교육기관에 잘 적응하도록 도와주어야 한다.
- 유아교사는 유아의 원활한 전인발달을 위해 부모와 소통하며 협력해야 한다.
- 유아교사는 내면화된 윤리강령에 의해 행동해야 한다.

• 유아교사는 유아의 발달수준을 고려하여 통합교육과정을 개발하여 시행해야 한다.

종합하면 유아교사는 전문성을 갖추고 가르치는 일뿐만 아니라 돌봄도 함께 실천해야 한다. 돌봄은 교육 현장에서 교사가 유아와 함께 있는 모든 시간에 필요한 교수행위 중 하나이며 가르침과 동시에 나타난다. 따라서 유아교사직은 가르침과 돌봄이 통합되어 유아의 삶을 함께 만들어가며 돌보는 직업적 특성을 갖고 있다.

(2) 유아교사의 전문성

전문성이란 개인적인 차원에 해당하는 개념으로 직업에 종사하는 자들이 보여주는 태도와 행동을 말한다. 또한 자신의 일에 대한 신념, 오랜 시간 자신의 직업에 헌신하는 태도, 그리고 전문가로서 자신이 지니고 있는 지식에 의해 결정할 자유가 있다고 믿는 태도 등을 포함한다(이은화 외, 2003). 즉, 전문성은 수준 높은 전문적 지식을 갖추고 책임이 따르는 자율성을 바탕으로 실무에서 자신의 능력을 발휘하는 개인적 자질이다. 전문성을 갖추기 위해서는 장기간 특정 분야의 훈련과정을 통해 지식 및 기술을 익히고 현장에서 효과적으로 적용할 수 있어야 한다. 무엇보다 자기 발전을 위해 끊임없이 노력하는 자세가 요구된다.

유아교사의 전문성에 대한 관심은 1980년대 이후부터 나타나기 시작했다. 과거 유아교사는 유아를 안전하게 보호하고 부모와 같이 양육하는 사람으로 여겨지면서 전문성을 갖고 있는 특정 인물이 아닌 누구나 할 수 있는 역할로 인식되었다. 하지만 1980년대 이후 유아교사의 전문적 지식 및 기술에 대한 자격 기준이 요구되면서 유아교사직의 전문성에 대한 논의가 활발하게 이루어졌다.

유아교사가 전문성을 지니고 있다는 것은 유아를 대상으로 교육과정을 운영하기 위해 요구되는 지식, 기술, 태도 등과 같은 전문적인 능력뿐만 아니라 독립적이고 자율적인 사고를 바탕으로 스스로의 능력을 지속적으로 강화할 수 있다는 것을 의미한다. 유아교사의 전문성을 구성하고 있는 요소는 다음과 같이 학자마다 다양하게 제시하고 있다

표 6-3 유아교사 전문성의 구성요소

학자	구성요소
백은주와 조부경(2004)	• 지식과 기술발달: 물리적 환경 구성, 유아에 대한 이해, 교사-유아의 상호작용, 교육과정 계획, 실시, 평가 • 자기이해 발달: 교사로서의 자신에 대한 태도 자신감, 개인적 측면에서의 자신에 대한 태도 • 생태적 발달: 동료 교사와의 관계 형성, 부모 및 지역사회와의 관계 형성, 물적 지원환경 조성
NAEYC(2009)	• 영유아발달과 학습 증진 • 가족과 지역사회와의 관계 형성 • 영유아와 가족 지원을 위한 관찰 · 기록 · 평가 • 영유아와 가족을 위한 발달에 적합한 실제 • 의미 있는 교육과정 구성 • 전문성 개발
이혜경(2010)	• 유아교육 현장에 맞는 융통성 있는 지식 • 개별 유아발달의 개인차 이해 • 풍부한 현장 경험 • 소통을 통한 지식 공유 • 유아교사로서의 성장의 즐거움
박은혜(2013)	• 전문성 자체를 이해하는 것 • 교사 자신, 유아, 교육과정을 평가할 수 있는 능력 • 다양한 집단과 의사소통할 수 있는 능력
이미나 외(2016)	• 인지적 차원: 전공 관련 지식, 교수나 수업방법, 아동의 발달특성 • 정의적 차원: 인간적 자질 및 신념 관련 요소 • 행동적 차원: 실천적 능력
이배(2018)	• 지식: 학습자의 이해와 교육과정 이해 • 수행: 교육과정 계획 및 실행, 평가, 환경구성 • 태도: 교직관 및 자기계발, 대인관계

힐데브랜드(Hildebrand, 1999)는 유아교사직은 전문직 중에서도 가장 창조적인 전문직이라고 강조하였다. 유아교사는 다양한 시설에서 여러 유형의 아이들을 가르쳐야 하며 항상 새로운 사고를 하기 위해 노력해야 하기 때문이다. 또한 그 어떤 직업보다 열정을 갖고 임해야 하며, 자신만의 교육관과 철학을 확립하고 끊임없이 탐구하는 자세를 취해야 한다. 유아교사는 전문성 함양을 위한 스스로의 노력이 가장 중요하다.

(3) 유아교사의 전문성 발달을 위한 노력

전문직에 종사하고 있는 사람이라면 그 분야의 전문성 발달을 위해 요구되는 것들이 무엇인지 파악하고 그것들을 익히고자 스스로 노력하는 자세가 중요하다. 유아교사는 지속적으로 변화하는 사회 속에서 성장하는 유아를 가르치고 돌보는 전문직이다. 유아교사 전문성은 교사로서의 자격을 갖추기 위해 노력하기 시작하면서부터 교사직을 유지하고 있는 과정 중에도 전문성을 발달시키기 위한 꾸준한 노력이 요구된다. 유아교사의 전문성 발달을 위한 노력은 교사 개인의 내적 요인과 교사 주변의 외적 요인으로 나누어 살펴볼 수 있다.

① 내적 요인

- **교수기술과 지식 익히기**: 유아교사의 전문성은 유아교사로서 요구되는 전문적 이론 지식과 기술이다. 교육과정의 이해 및 실행 능력, 유아의 발달특성 이해, 심리적 특성 이해, 교수-학습 방법 이해 및 실행, 유아 및 부모와의 상호작용 능력 등 유아라는 특별한 대상에 대한 이론적 지식이 필요하다. 또한, 이해한 지식을 실천할 수 있는 실행능력이 함께 요구된다. 유아교사는 이와 같은 교수기술과 지식을 익히기 위해 계속적으로 노력해야 한다.
- **자신의 역량과 자질 이해하기**: 교사가 자신을 이해한다는 것은 전문적인 일을 수행하는 과정에서 교사 자신이 지각한 흥미 있는 일이나 관심을 가지고 있는 일, 또는 교사가 지각한 문제나 걱정거리, 요구 등을 이해하는 것이다. 교사가 교육현장에 직접적으로 적용하는 교육내용, 교수-학습 방법 등은 교사의 신념 및 가치와 밀접한 관련이 있다. 즉, 교사가 자신의 역량과 자질을 이해하는 것은 교육의 질에도 영향을 미치는 것이다. 따라서 교사는 전문성 발달을 위해 교사 자신에 대한 올바른 이해가 선행되어야 할 것이다.

② 외적 요인

- **전문적 학습환경 조성**: 급변하는 사회 속에서 새로운 지식이 끊임없이 생산되

고 있다. 유아교사는 이러한 환경 속에서 적응하기 위해 자신의 전문성을 신장시킬 필요가 있다. 전문적 학습환경이란 유아교사가 자기 성장을 통해서 전문성을 발달시키고 유아교사로서 맡은 바 업무를 효율적으로 수행할 수 있도록 그 능력을 최대한 신장시키도록 지원하는 기관의 공식적 · 비공식적 학습환경이다(이배, 2018). 전문적 학습환경에는 현장연수, 교사 간 협력활동, 원장의 학습지원, 관련 시스템 등이 포함된다. 교사가 지속적으로 전문성을 발달시키기 위해서는 전문적 학습환경의 지원과 격려가 중요하다.

- **협력적 조직문화 구성**: 유아교사의 전문성은 교사가 되기 위해 습득한 초기 기술 및 지식에서 멈추는 것이 아닌 꾸준한 노력으로 발달시켜 나가는 것이 중요하다. 특히 예측할 수 없는 것들에 대한 효율적인 대처를 위해 새로운 기술과 지식에 관심을 갖고 익히려는 노력을 해야 한다. 이때 같은 기관에서 근무하고 있는 동료교사, 선배교사, 원감 및 원장과의 관계는 중요한 요소가 된다. 예를 들어, 새로운 문제를 해결해야 하는 상황에 부딪혔을 때 경험이 많고 문제해결을 위한 노하우를 갖고 있는 선배교사 혹은 다양한 아이디어를 나눌 수 있는 동료교사와 의견을 나누는 것은 많은 도움이 된다. 함께 생활하는 교사들과 경쟁 관계 및 상하 관계가 아닌 서로 긍정적인 영향을 주고받을 수 있는 협력관계를 맺는 것은 유아교사의 전문성 발달을 위한 중요한 요인 중 하나이다.

2) 유아교사의 자격

우리나라의 교사는 국가에서 정한 자격 기준에 따라 학교급별 관련 자격을 취득해야 한다. 영유아교사는 유치원교사와 보육교사로서의 자격을 취득해야만 관련 기관에서 교사로서 근무할 수 있다. 「유아교육법」에서 기준을 제시하고 있는 유치원교사 자격과 「영유보육법」에서 제시하고 있는 보육교사 자격의 최초 취득은 교사양성교육을 통해 가능하며 현장경력을 쌓아 보수교육을 통해 상급의 교사자격 취득이 가능하다.

(1) 유치원교사 자격 취득 규정

유치원교사 자격은 「유아교육법」 제22조에 관련 기준을 제시하고 있다. 「유아교육법」(시행 2025.9.19., 법률 제20785호, 2025.3.18., 일부개정) 제22조에서 제시하고 있는 교원의 자격 기준을 살펴보면 다음과 같다.

표 6-4 유아교육법 제22조 제1항 [별표 1]_원장 · 원감 자격 기준

자격 / 종별	자격 기준
원장	• 유치원의 원감자격증을 가지고 3년 이상의 교육경력과 소정의 재교육을 받은 자 • 학식 · 덕망이 높은 자로서 대통령령이 정하는 기준에 해당한다고 교육부장관의 인정을 받은 자
원감	• 유치원 정교사(1급) 자격증을 가지고 3년 이상의 교육경력과 소정의 재교육을 받은 자 • 유치원 정교사(2급) 자격증을 가지고 6년 이상의 교육경력과 소정의 재교육을 받은 자

비고: 1. 원장 · 원감, 초 · 중등교육법의 규정에 의한 교장 · 교감, 교육장 · 장학관 · 장학사 · 교육연구관 · 교육연구사의 경력연수는 교육경력연수로 볼 수 있다.

표 6-5 유아교육법 제22조 제2항 [별표 2]_교사 자격 기준

자격 / 급별	자격 기준
정교사 (1급)	• 유치원 정교사(2급) 자격증을 가진 자로서 3년 이상의 교육경력을 가지고 소정의 재교육을 받은 자 • 유치원 정교사(2급) 자격증을 가지고 교육대학원 또는 교육부장관이 지정하는 대학원의 교육과에서 유치원 교육과정을 전공하여 석사학위를 받은 자로서 1년 이상의 교육경력이 있는 자
정교사 (2급)	• 대학에 설치하는 유아교육과 졸업자 • 대학(전문대학 및 이와 동등 이상의 각종학교와 「평생교육법」 제31조제4항에 따른 전문대학학력인정 평생교육시설을 포함한다) 졸업자로서 재학 중 소정의 보육과 교직학점을 취득한 자 • 교육대학원 또는 교육부장관이 지정하는 대학원의 교육과에서 유치원 교육과정을 전공하고 석사학위를 받은 자 • 유치원 준교사자격증을 가진 자로서 2년 이상의 교육경력을 가지고 소정의 재교육을 받은 자
준교사	• 유치원 준교사 자격검정에 합격한 자

비고: 1. 원장 · 원감, 초 · 중등교육법의 규정에 의한 교장 · 교감, 교육장 · 장학관 · 장학사 · 교육연구관 · 교육연구사의 경력연수는 교육경력연수로 볼 수 있다.
2. 이 표 중 전문대학에는 종전의 초급대학 · 전문학교 및 실업고등전문학교를 포함한다.

「유아교육법」에 의하면 유치원교사의 자격은 원장, 원감, 정교사 1급, 정교사 2급, 준교사로 나누어져 있으며 각 교사의 자격 기준을 충족했을 때 자격 취득이 가능하다. 이 밖에도 「유아교육법」 제22조 제3항에 따르면, '수석교사는 제2항의 자격증을 소지한 사람으로서 15년 이상의 교육경력(「교육공무원법」 제2조 제1항 제2호 및 제3호에 따른 교육전문직원으로 근무한 경력을 포함한다)을 가지고 교수 · 연구에 우수한 자질과 능력을 가진 사람 중에서 대통령령으로 정하는 바에 따라 교육부장관이 정하는 연수 이수 결과를 바탕으로 검정 · 수여하는 자격증을 받은 사람이어야 한다'고 제시되어 있다.

또한, 교육현장에서의 교사에 대한 중요성이 더욱 강조되면서 교사자격 취득을 위한 보다 엄격한 기준 마련이 요구되었다. 이와 관련하여 「유아교육법」 제22조에는 교사 자격 취득의 결격사유를 제시하고 있다. 그 내용을 살펴보면 다음과 같다.

제22조의2(교사 자격 취득의 결격사유) 다음 각 호의 어느 하나에 해당하는 사람은 제22조 제2항에 따른 교사의 자격을 취득할 수 없다.
1. 마약 · 대마 · 향정신성의약품 중독자
2. 미성년자에 대한 다음 각 목의 어느 하나에 해당하는 행위로 형 또는 치료감호를 선고받아 그 형 또는 치료감호가 확정된 사람(집행유예를 선고받은 후 그 집행유예기간이 경과한 사람을 포함한다.)
   가. 「성폭력범죄의 처벌 등에 관한 특례법」 제2조에 따른 성폭력범죄
   나. 「아동 · 청소년의 성보호에 관한 법률」 제2조제2호에 따른 아동 · 청소년대상 성범죄
3. 성인에 대한 「성폭력범죄의 처벌 등에 관한 특례법」 제2조에 따른 성폭력범죄 행위로 100만원 이상의 벌금형이나 그 이상의 형 또는 치료감호를 선고받아 그 형 또는 치료감호가 확정된 사람(집행유예를 선고받은 후 그 집행유예기간이 경과한 사람을 포함한다.)

이 밖에도 교원자격검정령(시행 2024.10.2., 대통령령 제34925호, 2024.10.2., 일부개정) 제19조에 따르면 유치원교사 자격 취득을 위한 필수 조건을 다음과 같이 제시하고 있다.

- 전공 교과목 50학점 이상 취득 / 성적 평균 75점 이상
- 교직 교과목 22학점 이상 취득 / 성적 평균 80점 이상
- 교직 직성 및 인성 검사 2회 이상 충족
- 응급처치 및 심폐소생술 실습 2회 이상 이수

- 성인지 교육 2회 이상 이수

(2) 보육교사 자격 취득 규정

보육교사 자격은 「영유아보육법」 제21조에 관련 기준을 제시하고 있다. 「영유아보육법 시행령」(시행 2025.6.21., 대통령령 제35597호, 2025.6.20., 타법개정) 제21조에서 제시하고 있는 보육교사의 자격 기준을 살펴보면 다음과 같다.

표 6-6 영유아보육법 시행령 제21조 [별표 1]_어린이집 원장의 자격 기준

기관	자격 기준
일반기준	• 보육교사 1급 자격을 취득한 후 3년 이상의 보육 등 아동복지업무 경력이 있는 사람 • 「유아교육법」에 따른 유치원 정교사 1급 자격 또는 같은 법에 따른 특수학교(유치원 과정을 말한다)의 정교사 자격을 취득한 후 3년 이상의 보육 등 아동복지업무 경력이 있는 사람 • 유치원 원장의 자격을 가진 사람 • 「초 · 중등교육법」에 따른 초등학교 정교사 자격 또는 같은 법에 따른 특수학교(초등학교 과정을 말한다)의 정교사 자격을 취득한 후 5년 이상의 보육 등 아동복지업무 경력이 있는 사람 • 「사회복지사업법」에 따른 사회복지사 1급 자격을 취득한 후 5년 이상의 보육 등 아동복지업무 경력이 있는 사람 • 「간호법」에 따른 간호사 면허를 취득한 후 7년 이상의 보육 등 아동복지업무 경력이 있는 사람 • 국가 또는 지방자치단체에서 7급 이상의 공무원으로 보육 등 아동복지업무에 5년 이상 근무한 경력이 있는 사람
가정어린이집	• 일반기준에서 정한 자격을 갖춘 사람 • 보육교사 1급 이상의 자격을 취득한 후 1년 이상의 보육업무 경력이 있는 사람
영아전담 어린이집	• 일반기준에서 정한 자격을 갖춘 사람 • 간호사 면허를 취득한 후 5년 이상의 아동간호업무 경력이 있는 사람
장애아전문 어린이집	• 일반기준에서 정한 자격을 갖춘 사람으로서 대학(전문대학을 포함한다)에서 장애인복지 및 재활 관련 학과를 전공한 사람 • 일반기준에서 정한 자격을 갖춘 사람으로서 장애영유아 어린이집에서 2년 이상의 보육업무 경력이 있는 사람

기관	자격 기준
대학 또는 교육훈련시설이 운영하는 어린이집	• 일반 기준에서 정한 자격을 갖춘 사람 • 어린이집을 운영하는 대학의 조교수 또는 교육훈련시설의 전임교수 이상으로서 보육 관련 교과목에 대하여 3년 이상의 교육 경력이 있는 사람
기타	• 위 중 어느 하나에 해당하는 사람은 교육부령으로 정하는 사전직무교육을 받아야 한다.

표 6-7 영유아보육법 시행령 제21조 [별표 1]_보육교사의 등급별 자격 기준

등급	자격 기준
보육교사 1급	• 보육교사 2급 자격을 취득한 후 3년 이상의 보육업무 경력이 있는 사람으로서 교육부장관이 정하는 승급교육을 받은 사람 • 보육교사 2급 자격을 취득한 후 보육 관련 대학원에서 석사학위 이상을 취득하고 1년 이상의 보육업무 경력이 있는 사람으로서 교육부장관이 정하는 승급교육을 받은 사람
보육교사 2급	• 전문대학 또는 이와 같은 수준 이상의 학교에서 교육부령으로 정하는 보육 관련 교과목 및 학점을 이수하고 졸업한 사람 • 보육교사 3급 자격을 취득한 후 2년 이상의 보육업무 경력이 있는 사람으로서 교육부장관이 정하는 승급교육을 받은 사람
보육교사 3급	• 고등학교 또는 이와 같은 수준 이상의 학교를 졸업한 사람으로서 교육부령으로 정하는 교육훈련시설에서 정해진 교육과정을 수료한 사람

「영유아보육법」에 의하면 보육교사의 자격은 원장, 보육교사 1급, 보육교사 2급, 보육교사 3급으로 나누어져 있다. 특히, 원장의 자격은 어린이집 기관 종류에 따라 자격 기준을 구분하여 제시하고 있다. 또한, 「영유아보육법」 제21조에서도 어린이집의 원장 또는 보육교사 자격 취득의 결격사유를 「유아교육법」 제22조 교사 자격 취득의 결격사유와 동일하게 제시함으로써 보육교사의 자격 취득을 엄격하게 관리하고 있다.

이 밖에도 「영유아보육법 시행규칙」(시행 2025.7.15., 보건복지부령 제362호, 2025.7.15., 일부개정) 제12조에 따르면 보육교사 자격 취득을 위한 필수 조건을 다음과 같이 제시하고 있다.

- 교육훈련시설의 교육과정: 3개 영역 총 65학점 이상 취득 / 성적 과목당 70점 이상
- 대학의 교육과정: 3개 영역 총 51학점 이상 취득
- 보육실습: 6주 이상 240시간 이상 / 평가점수 80점 이상

(3) 유치원교사의 교원연수 및 보육교사의 보수교육 규정

우리나라 교사자격 취득 규정에 의하면 최초 교사자격 취득 후 교원연수 및 보수교육을 통해 상위 자격의 취득이 가능하다. 유치원교사의 교원연수는 「교원 등의 연수에 관한 규정」 제3조와 제6조, 제7조에 명시되어 있으며, 보육교사의 보수교육은 「영유아보육법 시행규칙」 제20조에 명시되어 있다. 먼저, 유치원교사의 교원연수 규정의 세부 내용은 다음과 같다.

표 6-8 교원 등의 연수에 관한 규정 제3조, 제6조, 제7조_교원연수 기준

<table>
<tr><th>구분</th><th>세부 내용</th></tr>
<tr><td>자격연수</td><td>• 교원의 상위 자격을 취득하기 위한 연수
<table><tr><th>구분</th><th>원감, 정교사(1급), 정교사(2급)</th><th>원장</th></tr><tr><td>기간</td><td>15일 이상</td><td>25일 이상</td></tr><tr><td>이수시간</td><td>90시간 이상</td><td>180시간 이상</td></tr></table></td></tr>
<tr><td>직무연수</td><td>• 직무수행에 필요한 능력 배양을 위한 연수
• 연수과정과 내용은 연수원장이 정함
• 신규임용 예정 교사연수, 자율장학연수 등</td></tr>
<tr><td>특별연수</td><td>• 교원 스스로 수립한 학습연구계획에 따라 전문성을 계발하기 위한 연수
• 대상: 근무실적이 우수하고 필요한 학력 및 경력을 갖춘 사람 중 교육부장관 또는 교육감이 선발</td></tr>
</table>

다음으로 보육교사의 보수교육 규정의 세부 내용은 다음과 같다.

표 6-9 영유아보육법 시행규칙 제20조 [별표 7] 보수교육 실시 기준

구분			대상	교육시간
직무교육	일반직무교육	보육교사 직무교육	• 현직에 종사하고 있는 보육교사로서 보육업무 경력이 만 2년이 지난 사람과 보육교사 직무교육(승급교육을 포함한다)을 받은 해부터 만 2년이 지난 사람	40시간
		어린이집 원장 직무교육	• 현직에 종사하고 있는 어린이집의 원장으로서 어린이집의 원장의 직무를 담당한 때부터 만 2년이 지난 사람과 어린이집의 원장 직무교육을 받은 해부터 만 2년이 지난 사람	40시간
		장기 미종사자 직무교육	• 어린이집 원장의 자격 또는 보육교사 자격을 가진 사람으로서 만 2년 이상 보육업무에 종사하지 않다가 다시 그 업무에 종사하려는 사람	40시간
	특별직무교육	영아보육 직무교육	• 영아보육을 담당하고 있는 일반직무교육 대상자와 영아보육을 담당하려는 보육교사 및 어린이집의 원장	40시간
		장애아보육 직무교육	• 장애아보육을 담당하고 있는 일반직무교육 대상자와 장애아보육을 담당하려는 보육교사 및 어린이집의 원장	40시간
		방과후보육 직무교육	• 방과후보육을 담당하고 있는 일반직무교육 대상자와 방과후보육을 담당하려는 보육교사 및 어린이집의 원장	40시간
승급교육			• 2급 보육교사 승급교육은 3급 보육교사 자격 취득 후 보육업무 경력이 만 1년이 지난 사람 • 1급 보육교사 승급교육은 2급 보육교사 자격 취득 후 보육업무 경력이 만 2년 이상이 경과한 사람. 다만, 보육교사 2급 자격을 취득한 후 보육 관련 대학원에서 석사학위 이상을 취득한 경우는 보육업무 경력이 만 6개월이 지난 사람	80시간

4 유아교사의 직업윤리

직업윤리란 자신이 종사하고 있는 직업에서 지켜야 하는 도덕적 가치로서 직무를 수행하는 데 요구되는 필수적 규범이다. 직업에 종사하면서 스스로 지켜야 하는 근면함, 정직함, 성실함 등 개인적인 측면과 봉사정신, 준법정신, 책임감, 예절 등 공동체적인 측면 모두를 포함한다. 유아교사는 교사로서의 전문성을 바탕으로 유아라는 특수한 대상을 교육하고 돌본다는 점에서 다른 어떤 직업보다 윤리적 책임은 더욱 중요하다. 유아교사는 유아의 발달에 적합한 교육을 제공해야 하며 전인발달이 이루어질 수 있도록 다양한 활동을 상황에 적절한 방법으로 제공해야 한다. 이 과정에서 유아의 인권존중, 비밀보장, 중립적 태도 등 교사로서 지켜야 하는 도덕적 원칙과 행동의 기준은 중요한 요소가 된다. 교사에게 요구되는 도덕적 기준과 직업윤리를 교직윤리라고 한다.

1) 교직윤리의 중요성

유아교사는 유아의 지적능력뿐만 아니라 신체적 · 정서적으로 건강한 성장과 바람직한 발달이 이루어질 수 있도록 이끌어야 하는 중요한 역할과 책임을 갖는다. 교사의 교육과정이 유아의 정체성 형성, 인생행로와 삶의 질적 수준 결정에 직업적인 영향을 미치기 때문에 유아교사의 교직윤리는 특별히 더 중요하다(Rachel, 2006). 특히, 유아는 스스로를 보호할 수 있는 힘이 약하고 유아에게 교사는 필요한 것을 제공하거나 통제할 수 있고 중요한 문제를 결정할 수 있는 존재이기 때문에 유아의 권리를 지켜주어야 할 의무가 있다. 유아교사의 교직윤리는 유아가 건강한 사회구성원으로 성장하는 데 중요한 영향을 미친다.

유아교사에게 교직윤리가 중요한 이유를 구체적으로 살펴보면 다음과 같다.

첫째, 유아의 발달적 특성 때문이다. 유아기는 인간의 성장발달 초기 단계로서 주변 환경으로부터 절대적인 영향을 받는다. 이 시기에 경험하는 모든 것들이 학습과 연결되며 그 정보를 바탕으로 성장한다. 특히, 부모, 교사 등 자신보다 발달된 사람의 행동과 정서를 모방하여 유아 자신의 모습을 만들어가는 데 중요한 정보로 활용한다. 따라서 유아교사는 행동과 윤리적 의식의 중요성을 인식하고 도덕적으로 민감해야 한다.

둘째, 유아교육과정의 특성 때문이다. 유아교육과정은 다른 학교급과 달리 교육내용의 선정, 교육과정 계획 및 실천, 교수-학습 방법, 교수학습자료 활용 등 교육과정 운영에 있어 교사의 자율성이 많이 반영된다. 유아교육은 유아의 전인교육을 목표로 하기 때문에 교과적 지식 전달보다 생활 속 경험으로 교육이 이루어진다. 따라서 교사의 학문적 지식을 바탕으로 개인적 신념 및 가치, 태도가 중요한 요소가 된다. 즉, 유아교사는 교사라는 직업적 가치를 어떻게 바라보고 어떠한 윤리의식을 갖고 있는지가 중요하다.

셋째, 유아교사는 유아뿐만 아니라 유아를 둘러쌓고 있는 환경도 고려해야 하기 때문이다. 유아교사는 유아를 대상으로 교육하고 돌보는 역할을 하지만 이 과정에서 유아의 부모, 가족, 지역사회 등 유아의 주변 환경이 어떠한 영향을 미치고 있는지 파악하는 것이 중요하다. 유아의 사회 · 정서적 지원 정도, 유아교육기관 밖에서의 경험, 그 밖에도 유아에게 영향을 줄 수 있는 모든 요소들을 파악하고 그것들을 고려하여 지도해야 한다. 의사결정 순간에 교사의 윤리의식은 가치판단의 준거가 될 수 있으며 이러한 교직윤리에 기반을 둔 교사의 의사결정 능력은 교육의 질에 직접적인 영향을 미친다. 따라서 유아교사는 높은 윤리의식을 갖고 교육 행위를 실천해야 할 것이다.

넷째, 유아교육현장에서는 윤리적 딜레마 상황이 빈번하게 발생하기 때문이다. 윤리적 딜레마란 다양한 관계 사이에 존재하는 갈등에서 생겨나며, 옳고 그름을 구분하기 어려운 복잡한 문제에 직면하여 적절한 의사결정을 해야 하는 상황이다(Campbell, 2000). 윤리적 딜레마 상황은 두 가지 도덕적 입장을 고려하여 선택해야 하는 상황으로써 교사의 바람직한 의사결정과 교수실천이 요구되며 이때 교사 개인이 갖고 있는 교육신념 및 교직윤리는 중요한 요소가 된다. 유아교사의 윤리적 딜레마는 유아와의 관계, 부모 및 가족과의 관계, 동료와의 관계, 지역사회와의 관계 등 다양한 측면에서 발생할 수 있다.

2) 유치원교사 헌장 · 강령

'유치원교사 헌장 · 강령'은 유치원교원양성 · 임용제도개선연구단, 한국4년제유아교사양성대학교수협의회, 한국전문대학유아교육과교수협의회, 한국국공립유치원교원연합회, 한국유치원총연합회, 전국사립유치원연합회 등 유아교육단체들이 2010년에 공동으로 발표한 유아교사를 위한 윤리강령이다. 그 구체적 내용은 다음과 같다.

표 6-10 유치원교사 헌장 · 강령

유치원교사 헌장

유아교육은 유아의 삶에 초석이 되며, 우리 사회와 국가의 미래를 결정한다. 우리는 국민의 생애 초기 교육을 책임지며 사회로부터 존경받는 교사로서 자신을 연마하고 소명의식을 가지고 유아교육자로서 가야 할 길을 밝힌다.

1. 우리는 유아를 사랑하고 개성을 존중하며 전인 발달을 지원하고 평화로운 교실문화를 조성한다.
2. 우리는 미래지향적이며 질 높은 교육을 계획하고 실천하여 교육자로서의 책임을 다한다.
3. 우리는 가정에 대한 이해와 연대를 강화하여 교육복지 사회 구축에 공헌한다.
4. 우리는 사회의 변화와 요구에 적극 부응하여 유아교육의 혁신과 발전을 위해 노력한다.
5. 우리는 교육자로서의 품위를 유지하고 부단한 자기개발을 통해 유아교육 전문가로의 위상을 갖춘다

유치원교사 강령

1 유치원교사와 유아

- 핵심개념: 사랑, 평등, 개성 존중, 전인교육, 안전과 보호
  ① 우리는 유아를 사랑하며 유아의 인격을 존중한다.
  ② 우리는 유아의 개인적 · 가정적 배경에 관계없이 모든 유아를 평등하게 대한다.
  ③ 우리는 유아의 개성을 존중하며 개인의 흥미와 잠재력에 적합한 교육을 제공한다.
  ④ 우리는 유아의 전인발달을 지원하는 교육과 환경을 제공한다.
  ⑤ 우리는 유아의 안녕을 위협하는 가정적 · 사회문화적 · 경제적 상황을 적극적으로 파악하고 유아를 보호하기 위해 노력한다.

2. 유치원교사와 가정

- 핵심개념: 가족에 대한 이해, 권리 보호, 협력, 지원
  ① 우리는 유아를 교육하고 지원하기 위해 가정과 연계하고 협력관계를 구축한다.
  ② 우리는 교육적 목적으로 수집한 가족 정보에 대해 기밀을 유지하고 가족의 사생활을 보장한다.
  ③ 우리는 유치원에서 일어난 안전사고나 위험 상황에 대해 가족에게 충분히 설명한다.
  ④ 우리는 가족에게 유치원을 개방하며 필요한 정보를 제공한다.
  ⑤ 우리는 유치원 운영에 관련된 중요한 의사결정 과정에 부모를 참여시킨다.
  ⑥ 우리는 가족에게 필요한 지역사회 자원에 대한 정보를 구축하고 이를 가족에게 적극 제공한다.

3. 유치원교사와 사회
• 핵심개념: 사회에 대한 이해, 교원의 지위 향상, 유아교육 위상 강화, 교직문화, 지역사회와의 협력
① 우리는 사회의 흐름을 파악하고 이를 교육에 반영하고자 노력한다.
② 우리는 유아에 관련된 법률과 정책을 이해하고, 이를 개선하기 위한 활동에 적극 참여한다.
③ 우리는 교직 관련 단체와 전문가협회를 통해 교권 확립을 위한 활동에 참여한다.
④ 우리는 유치원 교육을 사회에 널리 알려 유아교육의 위상을 높인다.
⑤ 우리는 교직원 간의 상호 존중과 협력을 통해 건전한 교직문화를 형성한다.
⑥ 우리는 유치원과 연계하여 지역사회의 생활과 문화 향상에 기여한다.

4. 유치원교사의 책무
• 핵심개념: 직업의식과 긍지, 인성(열정, 개방성, 창의성, 자율성), 교사로서의 품위, 연구와 자기계발
① 우리는 교육 전문가로서의 직업의식을 갖는다.
② 우리는 건전한 국가관과 확고한 교육관을 가지고 교직에 종사한다.
③ 우리는 유아에게 최적의 교육을 제공하기 위해 열과 성을 다한다.
④ 우리는 건전한 언행과 생활 태도로 유아에게 모범이 되도록 한다.
⑤ 우리는 열린 사고와 개방적 태도를 가지고 전문성 향상에 매진한다.
⑥ 우리는 다양한 분야의 전문가와 교류하고 새로운 지식과 정책을 비판적으로 수용한다.

출처: 유치원교원양성 · 임용제도개선연구단 외(2010)

3) 어린이집 윤리강령

'어린이집 윤리강령'은 한국보육진흥원에서 영유아의 건강한 성장과 발달을 위해 어린이집에서 영유아보육 시 지켜야 할 직업윤리와 실천지침을 담아 2022년에 발표한 보육교직원 윤리강령이다.

표 6-11 어린이집 윤리강령

어린이집 윤리강령 전문
모든 영유아는 불가침의 인권을 가진 존재임을 확인하고, 보호의 대상이기 이전에 한 사람의 사회구성원으로서 헌법이 정한 인간의 존엄과 가치를 가지고 있음을 인식하여, 유엔 아동권리협약의 이념에 따라 보육의 윤리 원칙을 정하고, 이에 준거한 보육교직원 윤리강령을 준수할 것을 다짐한다. • 영유아 한 사람 한 사람을 독립된 인격체로 존중한다. • 보육의 과정에서 영유아의 이익을 최우선으로 고려한다. • 영유아를 어떠한 이유로도 차별하지 않고 평등하게 대한다. • 영유아의 바람과 감정이 무엇인지 항상 귀 기울인다. • 영유아가 보육경험을 통해 세상에 대한 신뢰를 형성하도록 돕는다. • 부모가 자신의 양육책임을 잘 수행하도록 협력적 관계에서 보육을 수행한다. • 동료를 공정하고 포용적인 태도로 존중하고 민주적인 조직문화를 조성한다. • 보육업무의 가치에 자긍심을 가지고 보육철학, 지식, 기술을 지속적으로 키워나간다.

제1장 영유아에 대한 윤리
① 영유아를 독립된 인격체로 존중하고 건강하고 행복한 사회구성원으로 성장하도록 돕는다. ② 영유아를 성별, 종교, 문화, 장애, 가정배경 등에 따라 차별하지 않고 평등하게 대한다. ③ 영유아의 신체적, 심리적 발달에 부정적인 영향을 주는 행위를 하지 않고 안전하게 보호한다. ④ 영유아의 발달특성을 이해하고 영유아 개인의 흥미와 요구, 의견을 존중한다. ⑤ 놀이가 영유아의 권리임을 인식하고 충분히 놀이할 수 있도록 지원한다. ⑥ 영유아가 학대나 방임에 노출되어 있는지 민감하게 관찰하고 필요한 조치를 한다. ⑦ 특별한 보호와 지원이 필요한 영유아에게 관심을 가지고 적절한 서비스를 받도록 한다. ⑧ 영유아의 사생활을 존중하고, 개인정보에 관한 비밀을 보장한다
제2장 가족에 대한 윤리
① 양육의 1차적 책임이 부모에게 있음을 인식하고, 그들과 협력적 관계에서 보육을 수행한다. ② 개별가족의 양육가치와 신념, 가족의 사회문화적 다양성과 고유성을 이해하고 존중한다. ③ 어린이집의 보육철학, 프로그램 특성을 가족과 공유함으로써 보육에 대한 이해를 돕는다. ④ 영유아의 보육경험과 발달특성, 건강 및 안정 상황에 관한 정보를 가족과 공유한다. ⑤ 어린이집을 가족에게 개방하고, 보육에 대한 가족의 참여를 보장한다. ⑥ 가족의 사생활과 비밀보장에 대한 권리를 존중한다.
제3장 동료에 대한 윤리
[보육교직원] ① 서로의 자율성과 다양성을 인정하고 존중과 신뢰를 바탕으로 협력한다. ② 갈등이나 의견 차이를 개방적이고 수용적인 태도로 해결한다. ③ 어린이집의 철학과 신념을 공유하여 프로그램을 지속적으로 개선시킨다. ④ 서로의 지식과, 경험, 자원을 공유하고 전문성 향상을 위해 노력한다. [원장] ① 보육교직원의 업무를 명확히 안내하고 업무 기준을 준수한다. ② 근로 여건을 보장하고 최적의 인적, 물적 업무환경을 조성한다. ③ 민주적으로 의견을 개진하고 상호 협력하는 조직문화를 조성한다. ④ 원내외 교육, 학습공동체, 코칭 등으로 보육교직원의 전문성 향상을 지원한다.
제4장 나와 사회에 대한 윤리
① 보육의 사회적 책임을 인식하고 질 높은 보육을 제공한다. ② 영유아와 보육교직원의 권익을 위한 제도의 수립과 개선에 적극 참여한다. ③ 아동친화적인 양육환경 조성을 위해 지역사회 관련 기관들과 협력한다. ④ 보육교직원으로서 사명감을 갖고 사회적 위상을 높이기 위해 노력한다.

출처: 한국보육진흥원 홈페이지

activity 1. 좋은 유아교사란?

1) 내가 생각하는 좋은 유아교사는 어떤 교사인가요?

내가 생각하는 좋은 유아교사는 ______________________________ 교사입니다.

2) 좋은 유아교사가 되기 위해 어떤 노력을 해야 할까요? 구체적인 방법을 생각해 보세요.

①

②

③

④

---

activity 2. 유아교사의 자질

유아교사가 반드시 갖춰야 하는 자질은 무엇이라고 생각하나요? 하나를 제시하고 그 이유를 설명해 보세요.

1) 유아교사가 반드시 갖춰야 하는 자질

유아교사는 ____________________ 자질을 반드시 갖춰야 합니다. (표 6-2 참고)

2) 유아교사가 ____________________ 자질을 반드시 갖춰야 하는 이유

①

②

③

④

---

activity 3. 유아교사의 딜레마

친구와 갈등이 있을 때마다 우는 유아가 있습니다. A교사는 유아가 스스로 울지 않고 문제를 해결할 수 있을 때까지 지켜봐야 한다고 생각하지만, B교사는 우는 행동에 대한 문제점을 알려주고 문제행동을 바로잡을 수 있도록 지도해야 한다고 생각합니다. 나의 생각은 어떤가요? 딜레마 상황에서 동료교사와의 의견이 다를 때 어떻게 대처하는 것이 좋을까요? 친구들과 의견을 나눠보세요.

---

chapter 7

부모, 지역사회와 유아교육

1 부모와 유아교육

1) 부모의 중요성

부모는 유아가 생애 최초로 관계를 맺는 사람이자, 이후 모든 인간관계의 기초가 되는 첫 애착의 대상이다. 유아는 태어난 순간부터 기본적인 신체적, 정서적 돌봄을 받으며 성장하고 부모와의 관계를 통해 세상에 대한 첫인상을 형성한다. 부모가 자녀의 요구에 민감하게 반응하고 따뜻한 태도로 대할 때 유아는 정서적 안정감을 얻고 이를 바탕으로 세상에 대한 신뢰감을 형성한다. 부모와의 안정적 애착은 유아가 낯선 상황에서도 두려워하지 않고 심리적 안정감을 느끼며 새로운 환경을 적극적으로 탐색하고 세상에 대한 호기심과 탐구심을 키워가는 안정적 기반이 된다.

부모와 함께하는 일상은 유아발달을 촉진하는 중요한 배움의 기회가 된다. 놀이 속에서 부모와 주고받는 대화, 함께하는 활동에서의 경험들은 유아의 언어 능력과 사고력 발달을 자극한다. 부모가 책을 읽어주거나 함께 노래를 부르는 활동은 단순한 즐거움에 그치지 않고, 언어적 자극과 정서적 교류를 동시에 제공하여 유아의 발달을 촉진한다. 이처럼 부모와의 일상적 상호작용은 유아의 언어, 인지, 정서, 사회성 발달을 통합적으로 지원한다.

그 밖에도 유아는 일상 속에서 부모의 말과 행동을 주의 깊게 관찰하며 부모의 사회적 행동양식을 습득한다. 부모가 보여주는 삶의 태도와 가치, 그리고 타인과 맺는 인간관계의 방식은 자연스럽게 유아의 삶에 내면화되어 성격과 행동에 영향을 미친다. 유아는 부모의 모습을 통해 다른 사람과 소통하고 관계를 유지하는 방법을 자연스럽게 익히고 갈등 상황에서 부모가 문제를 대하고 해결하는 모습을 보며 문제해결과 감정조절 방식을 배운다. 이처럼 부모는 유아가 다른 사람과 더불어 살아가는 사회적 기술과 태도를 형성하도록 돕는 매우 중요한 존재이다.

또한 부모가 제공하는 환경은 유아의 발달 전반에 걸쳐 중요한 영향을 미친다. 정서적으로 안정된 가정환경은 자녀를 따뜻하게 수용하는 분위기를 형성하여 유아가 자신을 긍정적으로 인식하고 안정된 자아를 형성하도록 돕는다. 이러한 환경 속에서 유아는 실패를 두려워하지 않고 도전하며 주변 세계를 탐색할 수 있게 된다. 부모가 제시하는 긍정적인 언어환경은 유아의 사고력과 언어능력을 확장시키며, 부모가 마련하는 풍부한 놀이환경은 탐색과 창의적 사고의 기회를 제공하여 인지적 성장을 촉진한다. 유아에게 안정적이고 지지적인 환경은 유아의 탐색과 발달을 촉진하는 기초가 되지만 불안정하고 혼란스러운 환경은 발달에 부정적인 영향을 미친다. 부모는 유아에게 발달을 위한 환경을 조성하고, 삶의 전 영역에서 긍정적 성장을 이끄는 가장 중요한 존재이다.

이상에서 살펴본 바와 같이 부모는 유아가 경험하는 최초의 환경이자 발달에 영향을 미치는 가장 중요한 존재이다. 부모와의 안정된 애착관계, 일상에서 이루어지는 다양한 상호작용, 생활 속에서 드러나는 가치와 태도, 그리고 부모가 제공하는 긍정적 환경은 모두 유아의 전인적 성장과 발달을 이끄는 기반이 된다. 따라서 유아의 발달을 이해하고 지원하기 위해서는 부모의 중요성에 대해 인식하고 부모가 건강하게 자녀를 양육할 수 있도록 부모를 지원하려는 노력이 필요하다. 부모가 유아발달에 미치는 영향이 큰 만큼, 유아교육기관은 부모와 협력적 관계를 구축하여 가정과 기관이 일관성 있게 유아를 지원할 수 있어야 한다.

2) 부모의 역할

(1) 부모에게 요구되는 역할

부모가 수행하는 다양한 역할은 자녀의 성장과 삶의 질을 결정하는 중요한 요인이다. 부모의 역할은 단순히 양육의 책임에 그치지 않고 부모의 지식과 태도, 행동이 어우러져 자녀의 삶 전반에 영향을 미친다. 이러한 부모의 역할수행은 출산 이후에 갑자기 이루어지는 것이 아니라, 부모가 되기 훨씬 이전부터 부모 자신이 성장한 가정환경에서 경험한 관계와 가치관, 그리고 다양한 삶의 경험과 정서적 요인들이 통합되어 부모역할 수행에 영향을 미친다.

부모에게 요구되는 역할은 다음과 같다(김정원 외, 2017; 숙명여자대학교, 1996).

첫째, 부모는 출산 및 양육의 책임자이다. 부모는 자녀를 출산하고 양육하는 주된 담당자로서 자녀가 바르게 성장하도록 지속적인 관심을 기울이며 부모로서의 책임을 수행한다. 자녀의 권리를 보호하고 자녀의 일상과 관련된 문제와 결정에 일차적인 책임자로서 역할을 한다.

둘째, 자녀의 신체적 · 심리적 보호 및 적절한 훈육의 책임자이다. 부모는 어떠한 상황에서도 자녀의 안전과 건강한 발달을 지키는 보호자의 역할을 수행해야 하며 적절한 훈육으로 자녀가 도덕적 · 정신적으로 바르게 성장할 수 있도록 지원해야 한다.

셋째, 부모는 자녀를 교육하는 교육자의 역할을 수행해야 한다. 부모는 자녀가 세상을 살아가는 데 필요한 규칙과 예의범절, 일상생활을 위한 기본적 기술을 가르쳐야 한다. 더 나아가 학교 교육만으로 충분히 이루어지기 어려운 인격교육을 통해 자녀가 사회적 책임과 도덕적 성숙을 이루도록 부모가 책임감을 가지고 지도해야 한다.

넷째, 부모는 자녀의 동일시의 모델이 된다. 부모는 동성의 자녀에게는 성역할과 정체성을 형성하도록 돕는 동일시의 대상이 되며 이성 자녀에게는 이성을 바라보는 기준이 된다. 자녀가 성장함에 따라 자신에게 적절한 동일시 모델을 새롭게 선택하게 되지만 부모는 도덕적, 정신적 발달과 양심체계 형성에 지속적으로 중요한 영향을 미치는 동일시의 모델이 된다.

다섯째, 부모는 상담자 및 친구의 역할을 한다. 부모는 자녀가 생활 속에서 겪는 다양한 고민과 갈등을 함께 나누는 상담자이자 친구가 되어주어야 한다. 부모가 자녀와 정서적으로 가까운 관계를 유지하며 의논자, 조언자, 격려자의 역할을 할 때 자녀는 부모의 가치 기준, 기대 등을 지각하여 자신만의 가치관과 기준을 세워 나가게 된다.

(2) 부모 역할의 발달단계

앞서 살펴본 부모에게 요구되는 역할은 부모가 자녀에게 수행해야 하는 기능과 책임에 초점을 둔 것이다. 그러나 부모의 역할은 고정된 것이 아니라 자녀의 성장과 함께 발달단계에 따라 변화하고 재구성된다. 이에 갈린스키(1987)는 부모역할의 발달적 변화를 제시하였다. 갈린스키(1987)가 구분한 발달단계별 특성은 다음과 같다(이기숙 외, 2002).

① 1단계: 이미지 형성 단계

이 시기는 임신기간, 자녀 출생 이전의 단계로 임신기간 동안 태어날 자녀를 기대하며 부모 자신의 이미지를 형성하고 수정해 가는 과정이다. 부모란 무엇인가를 상상하고 부모로서 자신의 역할을 계획하는 단계이다. 어떤 부모가 되고 싶은지, 어떤 기대를 가지는지 삶의 변화를 준비하는 단계에다. 임신 수용, 부모가 될 준비, 출산의 준비 등이 이 단계에 포함된다.

② 2단계: 양육 단계

이 시기는 출생부터 24개월까지로 양육의 역할에 완전히 몰입하는 시기이다. 이 시기 부모는 아기와 애착을 형성하고 아기에게 적응한다. 부모가 아기를 양육하며 임신기간 동안 형성했던 부모로서의 이미지와 현실의 경험을 비교해 나가며 출산, 애착형성, 양육 등의 역할을 수행해 나간다. 또한 출산으로 인해 부부관계, 형제관계 등 가족 내의 여러 관계가 새롭게 정립되며 부모로서의 정체감을 세우고 가족 내 균형을 찾아가는 시기이다.

③ 3단계: 권위 형성 단계

이 단계는 자녀의 나이가 2~4,5세까지의 단계로서 자녀가 자율성을 보이기 시작할 때 자녀에게 한계를 설정하고 강화하기도 하며 부모의 권위를 형성해나가는 단계이다. 자율과 책임의 균형 안에서 규칙과 한계를 가르치며 자녀가 올바른 행동을 배워나가도록 지도하는 시기이다. 부모는 자녀를 양육하며 자녀가 자신의 연장된 존재가 아닌 독립된 존재라는 것을 이해하기 시작한다.

④ 4단계: 설명 단계

5세에서 초등학교 시기까지의 자녀를 둔 시기로 자녀가 가족 밖의 세상과 접촉하게 됨에 따라 자녀에게 세상의 복잡성을 설명하고 부모의 가치관을 전달하며 외부의 경험을 해석하도록 돕는 역할을 한다. 부모 또한 분리와 결속, 걱정과 기대를 중심으로 자신들의 지나온 부모기를 평가하고 새로운 단계에 대비하는 등의 과정을 거치며 부모도 변화를 경험하게 된다.

⑤ 5단계: 상호 의존 단계

청소년기 자녀를 둔 시기로 십대 자녀들이 독립적 정체성을 추구하며 부모의 권위에 도전하는 경향을 보인다. 독립을 추구하는 자녀와 여전히 부모로서 안내와 경계를 제공해야 하는 부모 사이에서 권한을 재구성해나가는 시기이다. 자녀가 성장함에 따라 부모와 자녀 간 상호작용 방식을 변화시키며 자유와 책임을 조율해 나갈 필요가 있다. 이 시기에 부모는 자녀의 정체감을 수용하고 독립된 인격체로 인정하면서 자녀와 새로운 관계를 형성해나가야 한다.

⑥ 6단계: 떠나보내는 단계

자녀의 청년기에 해당하며 자녀가 성인이 되어 독립하여 가정을 떠나는 시기이다. 부모는 자녀의 독립을 준비하며 수용하고 적응해 나가야 하는 단계이다. 부모는 부모기의 지난 모든 경험들을 평가하고 감정적으로 자녀의 독립을 준비한다. 자녀가 떠났을 때 부모로서 자신을 재정의하며 한 자녀의 부모로서 자신의 전반적 성취와 실패를 평가하게 된다.

정리하면 갈린스키가 제시한 부모역할 발달단계이론은 부모 역할을 고정된 것으로 보지 않고 자녀의 성장발달에 따라 지속적으로 변화하고 재조정되는 발달적 과정임을 강조한다. 부모역할은 일방적이 아니라 부모와 자녀 간의 상호작용 속에서 역동적으로 형성되며, 자녀가 발달하는 동안 부모 역시 함께 발달한다는 점에서 양방향적 성격을 지닌다. 부모는 자녀의 발달단계마다 변화하는 요구에 맞추어 그에 적합한 역할을 수행해야 하며, 이러한 과정 속에서 부모역할은 계속해서 새롭게 재구성 된다.

3) 부모의 양육태도

부모의 양육태도는 부모가 자녀를 양육하는 과정에서 비교적 일관되고 지속적으로 나타나는 부모의 태도와 행동을 말한다. 이는 자녀를 대하는 전반적인 태도를 포함하며 훈육이나 생활지도, 애정표현과 같은 구체적 행동으로 드러난다. 이러한 양육태도에는 부모의 신념, 가치관, 성격 및 정서 등이 반영되며(이현엽 외, 2021) 이는 자녀의 언어적, 지적, 정서적, 사회적, 성격적 발달 전반에 영향을 미친다(이미현, 2009). 부모의 양육태도가 자녀의 성격과 행동 발달에 중요한 영향을 미치는 것으로 밝혀지면서 여러 학자들은 다양한 기준에 따라 부모의 양육태도를 분류하였다. 아래는 양육태도 유형을 정리한 표이다(최정혜, 2017).

표 7-1 양육태도 유형

학자	구분 기준	양육태도 유형
시몬즈(Symonds)	1949	거부적, 익애적, 과잉보호적, 엄격권위적, 포부야심적, 의존적, 애증적
쉐퍼(Schaefer)	1959	애정적-자율적, 애정적-통제적, 거부적-자율적, 거부적-통제적
저실드(Jersild)	1960	수용적, 거부적, 익애적

학자	구분 기준	양육태도 유형
헐록(Hurlock)	1978	과잉보호, 허용적, 관대, 거부적, 수용적, 지배적, 순종적, 편애, 부모의 기대
바움린드(Baumrind)	1991	독재적(권위주의적), 권위적(민주적), 허용적, 무관심

본 절에서는 쉐퍼(Schaefer, 1959)의 양육태도를 중심으로 살펴보고자 한다. 그는 자녀 양육과 관련된 여러 변인들의 상호관계를 분석하고, 서로 밀접하거나 대립되는 요인들을 고려하여 각 변인의 위치를 도식화하였다(김정원 외, 2017). 가로축의 애정-거부는 부모가 자녀를 얼마나 따뜻하게 수용하고 지지하는지를 나타내며 세로축의 자율-통제는 자녀의 행동을 얼마나 자유롭게 허용하거나 통제하는지를 의미한다. 이 두 차원의 결합을 통해 애정적-자율적 양육태도, 애정적-통제적 양육태도, 거부적-자율적 양육태도, 거부적-통제적 양육태도로 유형을 구분하여 설명하였다.

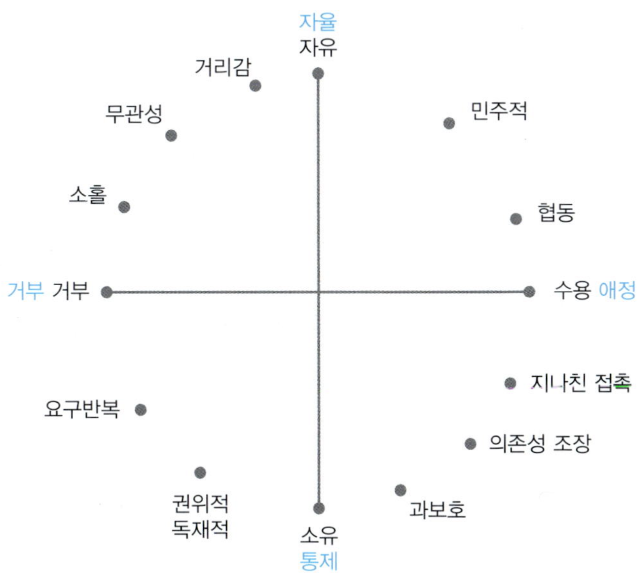

그림 7-1 쉐퍼(Schaefer)의 양육태도

(1) 애정적-자율적 양육태도

애정적-자율적 양육태도는 가장 이상적인 부모의 양육태도로 애정적 관계 속에서 부모가 자녀를 독립된 인격체로 인정하고 존중하며 자녀의 자율적 선택과 책임 있는 행동을 지지한다. 이러한 양육태도를 가진 부모는 가정의 다양한 의사결정 과정에 자녀가 참여하도록 하여 자녀가 자신의 생각을 표현하고 가족 구성원으로서 책임감을 배우도록 돕는다. 또한 자녀에게 관심을 보이며 수용적이고 긍정적인 태도로 자녀를 격려한다. 부모는 자녀의 자율성을 존중하되, 그 선택의 결과에 대해 스스로 책임질 수 있도록 지도하여 자율성과 책임감을 균형있게 발달시키도록 돕는다. 이와 같은 부모 밑에서 성장한 유아는 정서적으로 안정되고 외향적이고 자율적이며 독립적인 성격을 형성한다. 또한 창의적이고 사회적 관계에서도 자신감 있게 적응한다. 이들은 사교적이고 긍정적인 태도를 지니며, 자신이나 타인에 대해 긍정적이며 민주적인 관계를 맺는다.

(2) 애정적-통제적 양육태도

애정적-통제적 양육태도는 부모가 자녀에게 애정과 관심을 보이지만 동시에 자녀의 행동을 제어하고 통제하려 하는 태도를 말한다. 부모는 자녀를 사랑하나 자녀의 결정과 행동을 허용하기보다 과도하게 간섭하고 부모의 기준과 지시에 맞추도록 요구하며 과잉보호하는 경향이 있다. 자녀가 스스로 문제를 해결하려는 능력을 신뢰하지 못하고 부모의 결정을 우선시함으로써 새로운 탐색과 선택의 기회를 제한한다. 이와 같은 환경에서 성장한 유아는 자율성과 책임감, 문제해결력이 낮고 부모에게 지나치게 의존하는 성향을 보인다. 또한 사교성이나 창의성이 낮고 소극적이며 내적 갈등이나 부정적 감정을 경험할 수 있다.

(3) 거부적-자율적 양육태도

거부적-자율적 양육태도는 부모가 자녀에 대한 애정이 부족하고 자녀를 있는 그대로 수용하지 않는 태도이다. 이러한 부모는 자녀에게 거부적인 태도를 보이면서 자녀의 행동에 거의 개입하지 않고 방임하는 특징을 지닌다. 자녀가 필요로 하는 애정과 돌봄, 지도를 제공하지 않고 내버려두기 때문에 자녀는 부모로부터 정서적 안정과 보호를 경험하지 못하고 규칙과 규범을 내면화하지 못한다. 그 결과 이러한 부모에게서 성장한 자녀는 행동과 감정을 조절할 수 있는 능력이 충분히 발달하지 못해 자기통제에 어려움을 겪으며 불안정한 정서를 보이거나 때로는 공격적이고 반항적인 행동을 나타내기도 한다. 사회적 관계에서도 원만하게 어울리기보다 고립되거나 사회성이 부족하고 정서적으로 미성숙한 모습을 보이기도 한다.

(4) 거부적-통제적 양육태도

거부적-통제적 양육태도는 부모가 자녀에게 애정을 주지 않고 냉정하며 지나치게 간섭하고 강압적으로 통제하는 태도를 보인다. 권위적인 지시와 복종 강요, 잔소리와 엄격한 규제를 통해 자녀의 행동을 통제하며, 체벌이나 위협, 강압적 명령과 같은 심리적, 신체적 통제를 사용하기도 한다. 이러한 부모에게서 자란 유아는 자기 자신과 타인에 대한 분노와 내면적 갈등을 많이 겪으며, 억압된 감정을 해소하지 못해 위축되거나 반대로 공격적인 태도를 보일 수 있다. 경우에 따라 자학적이고 퇴행적인 행동을 보이기도 하고, 낮은 자존감과 불안을 경험하며 타인과의 관계에서 신뢰를 형성하기 어려워 사회적 적응에 어려움을 겪을 가능성이 높다. 이러한 양육태도는 발달과정 전반에 걸쳐 부정적인 영향을 미친다.

이처럼 부모의 양육태도는 자녀의 발달에 영향을 미치는 매우 중요한 요인이다. 동시에 고정불변의 특성이 아니라 변화하고 성장할 수 있는 발달적 영역이다. 부모의 양육태도는 자녀에 대한 이해 수준과 지식, 그리고 부모의 교육적 신념과 가치관에 따라 끊임없이 조정되고 발달해나가기 때문에 부모의 양육태도를 단순히 개인의 성향이나 가정의 특성으로만 여길 것이 아니라 부모교육과 지원을 통해 긍정적으로 변화할 수 있는 부분으로 인식해야 한다. 교사와 유아교육기관은 부모와의 신뢰를 바탕으로 지속적인 소통의 기회를 마련하고 부모가 자녀 발달에 대한 올바른 이해를 바탕으로 바람직한 양육태도를 형성하도록 전문적으로 지원할 필요가 있다. 이러한 적극적 지원을 통해 가정과 기관 간의 협력적 관계가 구축되며 유아교육의 효과를 높일 수 있다.

4) 유아교육기관에서의 부모참여

(1) 부모와 유아교육기관의 협력적 관계 구축

부모는 자녀의 발달을 가장 가까이에서 지켜보며 지원하는 교육의 주체이다. 따라서 유아교육기관은 부모와 신뢰로운 관계 속에서 유아의 성장과 발달을 돕고자 하는 협력적 노력을 지속적으로 기울여야 한다. 발달의 기초가 형성되는 영유아기에 부모와 유아교육기관이 상호보완적인 태도로 긴밀하게 소통해야 하며 가정과 교육기관이 지속적으로 협력할 때 교육의 효과는 높아지고 유아의 건강하고 조화로운 발달을 이룰 수 있다.

부모와 유아교육기관이 협력적 관계를 구축하기 위해서는 상호신뢰를 기반으로 서로의 역할을 인정하고 열린 마음으로 소통하려는 자세가 필요하다. 교사는 부모가 자녀를 가장 깊이 이해하는 일차적 양육자임을 인식하고 유아의 가정 내 생활과 부모의 관점을 경청하며 이를 교육에 반영하고자 노력해야 한다. 부모도 교사를 교육 전문가로 인정하고 존중하며 교육기관의 교육철학과 운영되는 교육과정을 신뢰하고 협력하려는 자세가 필요하다. 교사와 부모가 서로를 인정하고 존중하며 효과적으로 소통할 때 가정과 기관의 일관된 지원 속에서 유아의 발달은 균형감 있게 이루어질 수 있다. 가정과 교육기관의 협력적 관계의 중요성을 유아, 부모, 교사 측면에서 살펴보면 다음과 같다.

① 유아에게 주는 영향

가정과 교육기관의 협력적 소통은 유아의 전인적 발달을 돕는다. 부모가 유아의 가정에서의 생활모습이나 최근의 경험, 정서적 변화를 교사에게 전달하면 교사는 유아의 행동을 더 깊이 이해하고 상황에 적절한 반응을 할 수 있게 된다. 예를 들어, 유아가 교실에서 보이는 특정 행동이 가정에서의 특별한 사건이나 감정과 관련되어 있음을 알게 되면 교사는 그 행동을 다그치기보다 이해하고 공감하는 태도로 유아를 대할 수 있으며 적절한 교육적 개입을 할 수 있게 된다. 또한 가정과 교육기관이 공통된 교육적 방향을 가지고 일관된 규칙과 지도를 제공할 수 있게 되어 유아는 예측 가능한 환경 속에서 자신의 행동을 조절하고 올바른 태도를 배워나갈 수 있다. 부모와 교사가 서로 다른 메시지를 주는 경우 유아는 갈등과 혼란을 느끼게 되는데, 기관과 가정의 협력적 소통을 통해 일관성 있는 교육을 하게 되면 유아는 안정감을 느끼고 더 건강하고 긍정적인 방향으로 성장할 수 있다. 이러한 협력적 소통은 부모가 기관에서 이루어지는 교육활동에 더 적극적으로 참여하여 협력하는 기반이 되며 이러한 부모의 기관 참여는 유아들에게 풍부한 배움과 즐거운 경험의 긍정적 요소로 작용할 수 있다.

② 부모에게 주는 영향

부모 역시 교사와의 협력적 관계를 통해 긍정적 변화를 경험할 수 있다. 부모는 자신의 양육 방식이 적절한지, 자녀가 또래와 비교해 어느 정도 발달하고 있는지 많은 고민을 한다. 교사와의 긴밀한 소통은 부모가 느끼는 이러한 양육에 대한 불안을 감소시키고 교사와의 대화와 지지를 통해 자녀 양육에 대한 실질적인 지도 방안에 대한 조언을 얻고 양육 효능감을 높일 수 있다. 특히 교사와의 지속적인 소통은 부모가 자녀의 발달을 보다 객관적이고 전문적인 시각에서 볼 수 있도록 돕는다. 부모가 본 가정에서의 자녀의 모습과 교사가 유아교육기관에서 관찰한 유아의 모습을 공유하면서 부모는 자녀의 발달을 균형있게 인식하고 올바른 지도 방향을 결정할 수 있다. 또한 부모가 교육과정에 직접 참여하거나 교사로부터 교육적 안내를 받음으로써 유아교육에 대한 이해를 넓히고 새로운 시각을 가질 수 있다. 특히 또래 유아들과 함께 있는 자녀를 관찰하는 경험은 자녀의 발달수준을 보다 현실적으로 바라볼 수 있게 하고, 지나치게 높은 기대나 불필요한 염려를 조정할 수 있게 되어 자녀발달을 보다 통합적으로 이해하게 하는 계기가 된다. 더불어 부모 참여 과정은 교사의 전문성과 노력에 대해 새롭게 인식할 수 있는 계기가 된다. 부모들은 기관 운영과 교육과정이 어떻게 이루어지는지 직접 경험하면서, 교사를 교육 전문가로 인정하고 신뢰하게 된다.

③ 교사와 교육기관에 주는 영향

교사와 교육기관 역시 부모와의 협력적 관계를 통해 긍정적 효과를 얻을 수 있다. 부모와의 소통은 교사가 유아의 가정환경과 생활습관, 유아의 개별 특성과 발달을 더 깊이 이해할 수 있도록 돕는다. 이를 바탕으로 교사는 유아가 흥미를 보이거나 어려움을 느끼는 상황을 세밀하게 파악하고 각 유아의 특성과 필요에 맞게 놀이와 상호작용을 지원하며 유아의 전인적 성장과 발달을 도울 수 있다.

또한 부모의 적극적 협력과 참여는 교육과정을 풍부하게 만드는 자원이 된다. 부모가 가진 다양한 지식과 경험은 기관활동을 더욱 풍부하게 확장시켜 주며, 유아에게 흥미로운 배움의 기회를 제공한다. 예를 들어, 특정 직업이나 문화적 배경을 가진 부모가 교육활동에 참여하면, 교실 수업은 보다 실제적이고 다채로운 경험으로 확장될 수 있다. 더 나아가, 가정과 기관이 협력할 때 일관성 있는 교육이 이루어질 수 있어 유아교육의 효과가 극대화된다. 이는 기관에 대한 부모의 신뢰와 만족도를 높여주며, 교사에게는 교육활동을 성찰하고 전문성을 강화하는 계기가 된다. 결국 부모와의 협력은 교사가 성장하는 과정이자 기관의 교육적 역량을 높이는 중요한 수단이 된다.

이처럼 유아교육기관과 가정의 협력적 관계 구축은 유아, 부모, 교사 모두에게 긍정적 영향을 미친다. 유아는 일관되고 예측 가능한 환경 안에서 균형 있게 발달하며 부모는 교육기관과의 지속적인 소통과 교육적 참여를 통해 양육에 대한 효능감과 교육에 대한 이해를 넓히고 교사는 부모와의 협력을 통해 전문성과 교육적 역량을 높일 수 있다.

특히 가정과 협력적 관계를 구축하고자 할 때 교사의 태도와 전문성은 교사와 부모 간의 신뢰와 협력을 증진시키고 관계의 질적 수준에 영향을 미친다. 이에 교사는 열린 마음으로 부모와 자녀에 대해 일상적으로 소통하려 노력해야 하며 부모는 기관을 신뢰하고 협력하는 자세를 가져야 한다. 교육기관과 가정이 서로를 존중하고 효과적으로 소통할 때, 유아의 건강한 발달과 질 높은 교육이 이루어질 수 있다.

(2) 유아교육기관에서의 부모참여

부모참여는 참여의 정도에 따라 소극적인 방식에서부터 적극적인 방식까지 다양하게 나타난다. 부모참여의 방식은 기관과 가정의 상황, 부모의 관심과 여건, 교사의 안내와 기관의 방침에 따라 달라질 수 있으며, 이러한 참여는 교육기관과 부모 간 협력적 관계를 형성하는 중요한 기초가 된다. 현대사회에서는 맞벌이 부부의 증가와 함께, 한부모 가정, 다문화 가정 등 다양한 가족 유형이 나타나고 있다. 이에 따라 유아교육기관에서는 가정의 여건과 부모의 특성을 고려하여 부모와 협력적 관계를 맺을 수 있는 부모참여 프로그램을 다양하게 계획하고 운영하려는 노력을 지속적으로 기울일 필요가 있다. 영유아 교육기관의 부모참여 유형은 다음과 같다.

① 부모 오리엔테이션

부모 오리엔테이션은 새 학기를 앞두고 부모에게 기관의 운영 방향과 교육목표를 소개하고 유아교육기관에 대한 전반적 이해를 돕는 자리이다. 부모와 만나는 공식적 첫 만남으로 기관의 교육철학, 교육방침, 운영방향, 교육과정, 한 해 동안의 주요 일정 등 기관 운영의 전반을 설명하고 가정에서 함께 협력해야 할 부분에 대해서도 미리 안내하는 시간을 가진다. 오리엔테이션을 통해 부모는 기관 운영의 전체적인 흐름을 이해하고 가정에서의 협조 사항과 자녀의 기관 생활에 필요한 정보를 구체적으로 알 수 있다.

② 가정통신문

가정통신문은 기관과 가정이 교육과정과 유아의 생활 정보를 공유하는 대표적인 소통 수단이다. 교육기관은 가정통신문을 통해 교육활동과 관련된 다양한 소식을 전하고, 교육계획과 행사 일정뿐 아니라 유아가 참여한 활동 내용을 안내하여 부모가 자녀의 기관 생활을 이해할 수 있도록 돕는다. 보통 주 1회 또는 월 1회 정기적으로 발송되며 특별한 행사나 공지사항이 있을 경우 수시로 전달되기도 한다. 가정통신문의 주요 내용에는 교육 프로그램 안내, 행사 일정 공지, 가정에서의 협조 요청, 부모에게 유용한 양육 정보(안전, 건강, 위생, 영양, 양육 관련 정보 등)가 포함된다. 최근에는 종이 문서 대신 스마트 알림장 앱이나 기관 홈페이지를 이용하여 가정통신문을 게시하는 경우가 많아지면서, 부모가 언제 어디서나 편리하게 내용을 확인할 수 있게 되었다.

③ 부모면담

부모면담은 교사와 부모가 직접 만나 기관생활과 유아와 관련된 사안에 대해 의견을 나누고 협력 방안을 모색하는 적극적인 소통 방식이다. 이러한 면담을 통해 교사와 부모는 서로의 관점과 기대를 이해하고, 유아에 대한 정보를 구체적으로 공유함으로써 유아의 성장을 위해 함께 협력할 수 있는 신뢰로운 관계를 만들어 간다. 면담은 정기면담과 수시면담으로 나눌 수 있다.

■ **정기면담**

정기면담은 학기 초와 학기 말 등 미리 계획된 시기에 이루어지며, 보통 연 2회 정도 실시한다. 학기 초 면담에서는 유아의 가정환경 및 기초정보, 유아의 발달특성 및 생활습관, 부모의 양육태도 및 교육관, 기관에 바라는 점 등 유아에 대한 이해를 돕는 정보를 교사가 질문하고, 이를 통해 앞으로의 지도 방향을 설정하는 데 기초자료로 활용한다. 동시에 부모가 자녀의 생활과 관련해 궁금해하는 부분을 안내받을 수 있도록 하여 교사와 부모 간의 신뢰를 형성한다. 학기 말 면담에서는 기관에서 보낸 유아의 생활 전반의 모습과 유아의 성장발달의 변화에 대해 부모에게 구체적으로 안내하고, 부모가 궁금해하는 사항에 대해 답하고 서로의 생각을 나누는 시간으로 이루어진다. 이 과정에서 교사와 부모는 유아가 지닌 강점과 발달적 요구를 함께 점검하고, 그에 따른 이후의 지도 방향을 함께 논의하는 시간을 가진다.

■ **수시면담**

수시면담은 등·하원 시간이나 필요할 때 이루어지는 짧은 대화로, 양육과정에서의 고민이나 기관 생활과 관련된 상황을 즉각적으로 다룰 수 있다. 최근에는 전화나 키즈노트와 같은 스마트 알림장 등 온라인 매체를 활용하여 시·공간의 제약을 줄이고 교사와 부모 간의 소통을 더욱 효율적으로 하고 있다. 그러나 이러한 짧고 비공식적인 대화만으로는 충분하지 않기 때문에, 기관은 면담을 통해 보다 긴밀한 대화를 지속적으로 이어가려는 노력을 기울여야 한다. 또한 기관과 부모의 상황을 고려하여 각각에 맞는 적절한 면담방식을 선택하여 운영하는 것이 중요하다. 부모면담은 정기면담이든 수시면담이든 주로 교사와 부모가 일대일로 개별적으로 소통하는 형태로 이루어진다. 면담과정에서 교사는 부모의 의견을 존중하며, 교사의 전문성을 바탕으로 필요한 조언과 정보를 제공해야 한다. 이러한 지속적인 소통과 상호 이해를 위한 노력이 부모의 신뢰를 높이고 가정과 기관의 협력적 관계를 강화하는 토대가 된다.

④ 전화상담

전화상담은 유아의 건강상태나 일과 중의 부모에게 알릴 만한 특별한 일이 있을 때, 교사와 부모가 통화를 통해 그에 관한 정보를 나누는 활동이다. 전화상담은 유아의 일상에 관한 정보를 신속히 공유하며, 교사와 부모가 필요한 내용을 바로 논의할 수 있도록 돕는다. 특히 맞벌이 가정 등 대면 상담이 어려운 부모들도 물리적 거리에 구애받지 않고 전화 한 통으로 필요한 상담을 받을 수 있어 접근성과 편의성이 높다. 전화상담은 즉각적인 소통이 가능하다는 장점이 있지만 표정이나 몸짓을 볼 수 없어 상대의 감정이나 의도를 정확히 파악하기 어려워 오해의 소지가 발생할 수 있다. 따라서 유아의 문제행동에 관한 의견 등 민감한 사안에 대해 부모와 의견을 나누고자 할 때에는 전화상담보다 부모와 일정을 별도로 잡아 면담하는 것이 바람직하다.

⑤ 부모 강연회

부모 강연회는 자녀 이해를 돕고, 양육에 필요한 전문 지식을 제공하기 위해 교육기관에서 실시하는 전문적인 부모교육활동이다. 부모 강연회는 부모가 자녀발달에 대한 지식과 양육 기술을 습득하여, 실제 생활 속에서 적용할 수 있는 실천적 역량을 강화하도록 돕는다. 강연회는 원장이 직접 진행하거나 전문 강사를 초청하여 이루어지는 경우가 많은데 기관은 연간 계획에 따라 부모 강연회를 실시하고 부모의 교육적 관심과 기관의 상황을 고려해 주제를 정한다. 유아교육기관은 자체적으로 부모교육을 운영하지만, 부모 개개인이 원하는 다양한 주제를 다양하게 지속적으로 개설하기에는 한계가 있다. 이에 일부 기관은 지역 교육청이나 육아종합지원센터 등과 협력하여 지역에서 이루어지는 부모교육 프로그램 정보를 안내하고, 부모가 관심 있는 교육에 신청하여 참여할 수 있도록 지원하고 있다. 이러한 협력은 부모가 다양한 교육주제를 선택할 수 있는 폭을 넓히는 동시에, 부모교육의 접근성과 참여 기회를 확대하여 교육의 효과를 높이는 데 기여한다. 부모 강연회는 자녀 양육에 대한 이해를 넓히고 가정과 기관의 협력을 강화하는 데 유익하나 맞벌이 부부 등 시간적 제약으로 인해 참여가 어려워, 참여율이 높지 않다. 따라서 부모 강연회 개최 시 대면뿐 아니라 e-러닝 온라인 강의, 녹화 영상, zoom과 같은 실시간 화상 강의 등 운영 방식을 다양화하여 부모가 보다 쉽게 참여할 수 있는 여건을 마련할 필요가 있다. 이러한 시도는 부모의 참여를 활성화하고, 부모교육이 지속적이고 효과적으로 운영되도록 돕는다.

⑥ 수업 참관 및 부모 참여수업

수업 참관은 부모가 유아교육기관을 방문하여 자녀의 일상생활과 교육활동을 직접 관찰하는 활동을 말한다. 가능하다면 별도의 관찰 공간에서 진행하는 것이 바람직하지만, 참관실이 갖추어지지 않은 기관의 경우 부모가 교실 안에서 함께 관찰하기도 한다. 수업 참관은 기관의 지침에 따라 사전 신청을 하고 일정한 절차를 거쳐 이루어지며, 교사와 유아가 안정적인 환경에서 일과활동에 집중할 수 있도록 부모에게 참관 예절과 유의사항을 충분히 안내하는 것이 필요하다.

이러한 참관활동은 부모가 가정이 아닌 교실에서 자녀의 생활모습을 객관적으로 관찰할 수 있게 하여, 자녀의 행동과 발달특성, 또래관계, 기관생활 전반을 이해하는 데 도움이 된다. 다만 부모의 존재 유무가 유아의 행동이나 수업 분위기에 영향을 미칠 수 있으므로, 기관에서는 참관 전 충분한 설명과 조율을 통해 안정적인 환경을 마련해야 한다.

또한 부모 참여수업은 참관수업에서의 단순한 관찰을 넘어, 부모가 보다 적극적으로 교육활동에 참여하는 형태로 자녀와 함께 수업에 직접 참여하여 교육과정을 체험하는 활동이다. 부모는 수업에 참여하면서 자녀의 기관생활과 발달특성, 교사의 역할 및 기관의 교육 방향을 이해할 수 있고, 유아는 부모와 함께하는 즐거운 경험을 통해 자부심과 성취감을 느낄 수 있다.

⑦ 기관 행사 참여

부모는 교육기관에서 개최하는 다양한 행사에 참여할 수 있다. 이러한 행사는 작은 음악회, 운동회, 바자회, 작품 전시회 등 기관 특성과 교육목적에 따라 매우 다양한 형태로 운영된다. 부모가 행사에 참여하며 유아들과 함께 하는 경험은 참여하는 유아와 부모 모두에게 즐겁고 뜻깊은 추억을 쌓는 소중한 기회가 된다. 유아들은 자신이 활동하는 모습을 부모가 지켜보고 응원하며 즐거워하는 모습을 통해 큰 만족감과 행복감, 성취감을 경험하며 긍정적 자아개념을 형성할 수 있다. 부모는 이러한 기관 행사 참여를 통해 자녀의 성장 발달을 느끼고 교육기관 운영에 대한 관심과 이해를 높여 기관에 대한 신뢰를 형성하게 된다.

⑧ 부모 자원봉사

부모는 유아교육기관에 자원봉사자로 참여함으로써 교육기관의 운영과 교육활동을 효과적으로 지원할 수 있다. 부모 자원봉사는 견학 및 체험학습 지원, 교육자료 제작, 각종 행사 참여지원, 수업활동 보조 등 다양한 활동으로 이루어진다. 부모 자원봉사는 개별 부모가 가진 재능과 관심 분야를 살려 참여할 수 있는데, 외국어를 잘하는 부모는 외국어로 그림책 읽어주기, 노래 부르기 등의 외국어를 활용한 체험

활동을, 음악적 소양이 있는 부모는 악기 연주나 음률활동을, 자연을 좋아하는 부모는 식물 기르기나 야외 관찰 활동을 함께 진행할 수 있다. 또한 부모들은 텃밭 가꾸기, 바자회 운영, 학습 자료 준비, 교실환경 꾸미기, 행사 운영 지원, 등하원 안전 지도 등 기관 운영 전반에 도움을 줄 수 있다. 부모 자원봉사는 부모가 교육의 공동 주체로서 교육과정 운영을 실제적으로 지원하고 부모와 기관 간 협력을 증진시키는 역할을 한다. 이는 부모에게 만족감과 보람을 느끼게 하며 교육의 질과 운영의 안정성을 높이는 효과를 가져온다. 부모 자원봉사가 체계적으로 운영되기 위해서는 학기 초에 부모 자원봉사 참여 가능 여부를 확인하고 각 부모의 재능과 관심 분야를 반영하여 구체적인 부모 참여 계획을 하는 것이 중요하다.

⑨ 디지털 매체를 활용한 소통

기술 환경의 변화에 따라 부모참여 방식은 점점 더 다양해지고 있다. 이전에는 가정통신문이나 전화, 면담 등을 통해 정보를 전달했지만, 최근에는 키즈노트와 같은 스마트 알림장 앱뿐만 아니라 기관 홈페이지, 학급 블로그나 카페 등 다양한 온라인 매체를 활용해 교사와 부모가 시간과 장소의 제약 없이 실시간으로 소통할 수 있게 되었다. 이러한 디지털 매체를 활용한 소통은 유아의 사진과 동영상을 바로바로 공유하여 부모가 유아의 기관생활을 생생하게 이해하도록 돕고, 가정연계활동이나 공지사항을 보다 손쉽게 전달받을 수 있도록 지원한다. 또한 댓글이나 메시지 기능을 통해 교사와 부모 간의 즉각적인 상호작용이 가능해졌다. 이러한 디지털 매체 기반의 소통은 교사와 부모 간의 신뢰를 높이고, 부모의 교육 참여를 보다 실질적으로 보조하고 지원하는 수단이 된다. 이러한 변화는 바쁜 현대 사회를 살아가는 부모가 시간과 공간의 제약없이 유연하고 지속적인 참여를 가능하게 하는 현실적이고 효과적인 소통수단이 되고 있다.

2 지역사회와 유아교육

1) 지역사회 협력의 중요성

유아의 성장 및 발달을 위해서는 풍부한 교육환경 및 자원이 필요하다. 교육기관과 가정뿐 아니라 이들이 속한 지역사회 자원을 효과적으로 활용한다면 교실에서의 한계를 극복하고 더 풍부한 배움을 실천할 수 있다. 유아는 가정과 기관에서뿐 아니라 자신이 속한 지역사회의 다양한 경험 속에서 세상을 배우며 성장한다. 따라서 유아교육기관은 지역사회와의 연계를 통해 유아에게 더욱 풍부한 경험을 제공하고 지역사회의 자원을 활용함으로써 한정된 예산과 공간의 한계를 넘어 유아들에게 다양한 교육 기회를 제공할 수 있어야 한다(유연화 외, 2023).

최근 들어 정부와 지방자치단체는 유아교육과 보육의 공공성을 높이기 위해 가정, 유아교육기관, 지역사회가 함께 협력하는 체계를 구축하고 있다. 지역의 어린이집, 유치원, 도서관, 복지기관 등이 서로 연계하여 유아를 위한 다양한 프로그램을 운영하고 우수 사례를 공유하기도 한다. 이는 유아의 발달과 교육을 더 이상 가정이나 기관의 책임으로 한정하지 않고 지역사회 전체가 유아들의 성장을 함께 지원해야 한다는 사회적 공감대가 형성되고 있음을 보여준다. 유아교육기관과 지역사회의 협력은 유아의 건강한 성장을 돕는 안정적인 교육환경을 사회 전체가 함께 조성해 나가는 과정이다. 유아교육기관과 부모, 지역사회가 함께 유아발달을 위한 책임을 공유하고 협력할 때 교육은 한층 더 효과적으로 이루어질 수 있다. 지역사회 협력의 중요성을 구체적으로 살펴보면 다음과 같다.

첫째, 지역사회 협력은 유아에게 생생하고 다양한 경험의 기회를 제공한다. 유아교육기관 내에서 이루어지는 활동은 일정한 공간과 자원 속에서 이루어지기 때문에 경험의 폭이 제한될 수밖에 없다. 유아는 지역사회와의 협력을 통해 교실 밖으로 나와 주변 환경을 탐색하고, 실제 생활과 관련된 다양한 경험에 직접 참여할 수 있다. 예를 들어, 지역의 포도농장에서 포도를 수확하거나 방앗간에서 떡이 만들어지는 모습을 살펴보는 경험은 유아가 음식이 어떻게 생산되고 만들어지는지를 이해하고, 일상생활 속 다양한 직업과 일을 자연스럽게 배울 수 있도록 돕는다. 또한, 지역사회 구성원과의 만남은 유아가 어른들과 소통하며 사회적 관계를 넓히고 사회성을 발달시키는 중요한 기회가 된다. 이러한 상호작용은 유아가 공동체의 일원으로서 자신이 속한 지역사회에 대한 소속감과 공동체 의식을 형성하도록 돕는다. 지역사회와의 협력은 한정된 예산과 공간의 제약을 넘어 유아에게 다양하고 생생한 교육적 경험을 제공함으로써 유아가 새로운 것에 흥미를 느끼고 배우는 과정에 적극적으로 참여하도록 돕는다.

둘째, 지역사회 협력은 교사에게 전문적 성장을 위한 기회를 제공하고 교육의 질을 향상시킨다. 교사는 지역사회와의 연계를 통해 현장의 다양한 사람들과 만나고, 그들의 전문 지식이나 업무수행 과정을 직접 관찰하며 새로운 아이디어를 얻는다. 이러한 경험은 교사가 교실에서 이루어지는 주제를 유아의 실제 생활과 연결하여 지도할 수 있게 하고, 유아가 흥미를 느끼는 주제를 중심으로 한 활동을 더 구체적으로 지원하도록 돕는다. 지역사회에는 다양한 분야의 전문적 인적자원이 존재한다. 이들은 교사와는 다른 경험과 전문성을 지닌 교육 동반자로서 유아가 만나고 상호작용할 수 있는 중요한 학습 자원이 된다. 예를 들어, 신발 수선가게를 운영하는 전문가가 유아교육기관에서 진행 중인 프로젝트에 참여하여 신발 제작 과정이나 재료에 대해 설명하는 경우 유아는 실제 경험을 통해 지식을 구체화하고 학습의 폭을 넓힐 수 있다. 이처럼 교사는 외부 전문가와의 협력을 통해 새로운 교수-학습 방법을 탐색하고 전문성을 강화할 수 있다. 더 나아가 지역사회 구성원과 함께 하는 교육활동은 교사, 유아, 지역사회가 협력하여 교육의 질을 높이는 긍정적 선순환을 만들어간다.

셋째, 지역사회 협력은 유아교육기관의 인지도와 신뢰를 높이고, 지역구성원의 긍정적 인식을 확산시킨다. 유아교육기관이 지역사회와 지속적으로 교류하고 협력할수록 지역구성원들은 기관의 교육철학과 운영 방향을 더 잘 알 수 있게 된다. 유아들이 지역사회 행사에 참여하거나 지역주민과 전문가들이 유치원의 교육활동에 함께 하는 기회가 많아질수록 기관은 지역사회 속에서 신뢰받는 교육기관으로 자리 잡게 된다. 이러한 협력은 기관의 이미지를 긍정적으로 형성하고 더 나아가 지역사회가 유아교육의 필요성과 중요성을 인식하도록 돕는다. 국가에서도 최근 유아교육과 보육의 공공성을 높이기 위해 지역사회와의 협력체계를 적극적으로 구축하고 지원하고 있다. 이는 유아교육의 사회적 책임을 강화하여 모든 유아가 보다 질높은 교육환경에서 성장하도록 돕기 위함이다. 또한 유아교육기관과 지역사회가 신뢰를 바탕으로 협력하여 질 높은 사회적 지원체계를 발전시켜 나가는 것이 중요함을 나타내 보여준다. 유아교육기관은 지역의 다양한 요구와 자원을 교육과정 속에 반영함으로써 지역구성원의 지지와 참여를 강화하고, 지역사회와 함께 성장하는 상호 발전적 관계를 형성할 수 있다.

넷째, 지역사회 협력은 유아가 공동체 의식을 기르고 함께 살아가는 사회의 일원으로 성장하도록 돕는다. 유아는 지역사회의 다양한 장소를 방문하고 구성원을 만나 교류하는 과정에서 자연스럽게 사회에 대한 인식을 넓혀 간다. 이러한 경험은 개정 누리과정이 추구하는 '더불어 사는 사람'의 태도와 가치를 생활 속에서 실천하는 과정이 된다.

예를 들어, 수재민 돕기 모금활동, 아나바다 바자회, 동네 어르신들을 위한 경로당 방문공연, 생태전환 교육 연계 플라스틱 줄이기 캠페인 및 하천 주변 쓰레기 줍기 등과 같은 지역사회 연계 활동 참여를 통해 유아는 지역사회 구성원으로서 협력과 나눔의 가치를 배우고, 서로를 배려하며 더불어 살아가는 태도를 자연스럽게 배워나간다. 이러한 활동으로 유아는 자신이 속한 지역사회를 더욱 친숙하게 느끼고, 지역의 이웃들과 소통하면서 사회성을 기르며 소속감과 자부심을 가질 수 있다. 이러한 지역사회와 함께 하는 경험은 유아가 자기 자신, 다른 사람, 자연과 더불어 살아가는 존재로서 유아들이 성장하도록 이끄는 실제적 교육과정이며, 누리과정이 지향하는 인간상 실현의 중요한 기초가 된다.

2) 지역사회와 협력하기

유아교육기관과 지역사회의 협력은 교육의 질을 향상시키고 유아의 전인적 성장을 지원하는 중요한 기반이 된다. 지역사회와의 연계는 가정, 교육기관, 지역사회에서 유아의 생활과 학습경험이 단절되지 않고 자연스럽게 이어지도록 돕는다. 이를 통해 유아는 배움이 일상 속에서 자연스럽게 이어지는 경험을 하게 된다. 또한 지역사회와 연계한 유아교육과정의 운영은 지역사회 구성원에게도, 유아의 건강하고 행복한 성장을 함께 지원하는 시회적 책임감과 보람을 느끼도록 돕는다. 지역사회의 적극적인 참여는 교육기관 운영의 효과성과 교육의 질을 높이고 기관과 지역사회가 함께 유아의 발달을 지원하는 협력적 교육공동체를 구성하도록 돕는다. 따라서 유아교육기관은 지역사회의 다양한 인적 · 물적 자원을 조사하여, 지역의 특성과 교육과정의 목표에 부합하는 연계 프로그램을 지속적으로 개발 · 운영해야 한다 (유연화 외, 2023).

지역사회와의 협력 방법은 지역사회 기관 활용, 지역사회 구성원 참여, 영유아교육기관의 지역사회 기여 및 참여 활동으로 나누어 살펴볼 수 있다.

(1) 지역사회 기관 활용

유아교육기관은 지역사회에 있는 다양한 기관과 시설을 교육자원으로 활용하여 유아의 경험을 넓히고 배움을 생활과 자연스럽게 연결하도록 도울 수 있다. 지역사회 기관은 유아에게 사람들이 서로 협력하며 일하는 모습을 관찰하고 탐색할 기회를 제공함으로써 다양한 사회적 역할과 기능을 이해하도록 돕는 실제적 학습환경이 된다. 지역사회 기관의 활용은 유아가 직접 현장을 경험하거나 기관과 협력 프로그램을 운영하거나 전문기관과 연계하여 지원을 받는 등 다양한 방식으로 이루어질 수 있다.

① 기관 현장방문을 통한 직접 체험

지역사회 기관을 직접 방문하여 체험하는 활동은 유아교육에서 가장 널리 활용되는 방법 중 하나이다. 유아들이 흥미를 보이는 주제와 관련하여 지역사회 기관을 방문해 직접 탐색하고 경험하는 활동은 유아의 이해를 돕고 학습의 효과를 높이는데 매우 유익하다.

이러한 현장체험 활동은 유아가 주도적으로 활동에 참여하도록 돕고, 배운 내용을 실제 생활과 연결하여 경험을 확장하고 이해를 넓히도록 돕는다. 지역사회에 위치한 다양한 기관과 시설을 직접 방문하는 것은 유아가 자신이 살고 있는 지역사회에 대해 이해하도록 돕는다(이민규, 2009). 어린이 교통공원, 우체국, 경찰서, 병원, 떡집, 전통시장 방문 등 지역사회 내 여러 기관에서 일하는 사람들과 만나고 그들의 역할을 알아보는 경험은 유아의 사회적 이해와 지식을 넓히는 기회가 된다. 예를 들어, 시장을 방문해 상인들과 대화하며 물건을 사고파는 모습을 관찰하고 물건을 직접 구매해 보는 경험은 유아가 경제활동의 기초 개념을 익히고 지역사회 구성원의 역할을 배우는 좋은 기회가 된다. 또한 떡집이나 빵집을 방문하여 재료를 만져보고, 반죽을 빚고 모양을 만들어보는 활동은 음식이 만들어지기까지의 과정을 이해하고 음식을 만드는 사람들의 수고와 노력에 감사하는 마음을 기르게 된다.

이처럼 생활 속 다양한 기관을 직접 찾아가 체험하는 활동은 교실에서 배운 내용을 실제 삶과 연결시키며, 유아가 지역사회 속에서 자신이 살아가는 환경을 이해하고 소속감을 느끼도록 돕는다.

② 기관 연계 프로그램 운영

보건소와 연계한 간호사 방문 프로그램, 소방서와 연계한 안전교육 프로그램, 다문화 센터와의 다문화 이해 프로그램, 장애 전문학교와의 통합교육 등 기관 연계 프로그램은 단순히 지역사회 기관을 견학하는 활동에 그치지 않고, 교육기관과 지역사회 기관이 공동의 교육목표를 공유하고 지속적으로 협력하여 실제적인 학습경험을 제공한다는 점에서 교육적 가치가 있다. 기관 연계 프로그램은 참여기관의 전문성과 자원을 교육과정에 더욱 적극적으로 활용한다. 예를 들어, 소방서와 연계한 찾아가는 안전교육활동은 단순한 견학에 그치지 않고 정기적으로 소방관이 유치원을 방문하여 맞춤형 안전교육을 실시하거나, 소방서에서 주최하는 안전 동요 부르기 대회에 참여하는 등 기관과 연계한 활동들을 통해 배움을 심화 확장해 나갈 수 있다. 또한 소방서에 직접 방문하여 연기가 나는 화재 현장을 재현한 공간에서 대피 훈련을 하고 소화기 사용법을 직접 익히는 등 전문 시설을 활용한 실질적인 안전교육을 경험하기도 한다. 이러한 지속적 연계활동은 유아에게 올바른 안전 지식, 기능, 태도 및 가치를 형성하도록 돕고, 위기 상황에서도 침착하게 대응할 수 있는 능력을 기르도록 돕는다.

이처럼 기관 연계 프로그램은 지역사회의 전문인력과 자원을 유아교육기관의 교육과정과 유기적으로 결합하여, 일회성 체험이 아닌 지속적이고 의미 있는 깊이 있고 통합적인 배움을 가능하게 한다는 점에서 교육적 가치를 지닌다.

③ 유아 지원을 위한 전문기관 연계 및 협력

유아교육기관은 지역사회 전문기관과 협력적인 네트워크를 형성하여 지원이 필요한 유아와 가정이 신속하게 지원서비스를 받을 수 있도록 안내하고 연결해주는 통로역할을 할 수 있다. 발달지연 영유아, 다문화 가정, 위기 상황에 처한 가정 등은 유아교육기관의 노력만으로는 효과적인 지원을 하기에 한계가 있다. 이에 유아교육기관에서는 지역 전문기관과 연계하여 지원이 필요한 가정에 효과적인 도움을 주려는 노력이 필요하다. 영유아의 발달상 지연이나 문제를 발견했을 때에는 아동발달지원센터나 장애인복지관 등의 전문가와 협력하여 조기에 적절한 치료나 교육지원이 이루어지도록 도울 수 있다. 또한 가정폭력이나 가정 내 문제가 발생했을 때에도 아동보호전문기관과 협력하여 신속하게 대응하고 적절한 지원을 받을 수 있다. 이처럼 지역사회 전문기관과의 협력은 유아와 가정의 개별적 요구에 맞는 맞춤형 지원을 가능하게 하며, 유아교육기관이 교육뿐 아니라 유아의 전인적 발달을 돕고 유아가 속한 가족까지 함께 지원하는 통합적 체계를 마련하는 데 중요한 역할을 한다. 교사는 전문가와의 협력을 통해 유아의 발달 상태를 보다 정확하게 이해하고, 개별 유아에게 맞는 지원방안을 모색함으로써 전문성을 향상시킬 수 있다.

이러한 전문적 협력을 통한 지원은 부모의 양육에 대한 어려움을 완화하고 부모 역량을 강화할 기회를 제공한다. 결과적으로 전문기관과의 협력은 도움이 필요한 가정이나 위험 징후를 조기에 발견하고 신속히 지원함으로써 유아와 가족이 건강하고 안전하게 성장할 수 있도록 돕는다.

(2) 지역사회 구성원 참여

유아교육기관은 지역사회의 다양한 구성원들을 자원봉사자로 초청하여 교육 프로그램의 질을 향상시킬 수 있다. 지역사회 구성원들의 이러한 참여는 유아들에게 다양한 사람들과의 사회적 상호작용의 기회를 마련해 주며, 교육기관과 지역 공동체가 협력하여 교육의 사회적 책임을 실천하고 협력적인 교육환경과 문화를 조성하는 데 기여한다.

① 지역사회 어르신 참여

유아교육기관에서는 지역사회의 어르신과 함께하는 세대 간 교류 프로그램을 운영할 수 있다. 이는 풍부한 삶의 경험과 지혜를 가진 할머니와 할아버지들이 교육기관을 방문하여 교육활동에 자연스럽게 참여하는 방식이다. 예를 들어, 어르신들이 유아들에게 전래놀이 방법을 알려주고 함께 놀이하거나, 텃밭을 가꾸며 다양한 곤충과 식물을 관찰하고 설명해 줄 수 있다. 또한 유아들에게 옛이야기를 들려주는 등 다양한 활동을 통해 교육에 참여할 수 있다. 이러한 세대 간 교류는 교육활동 안에서 유아가 어르신들의 살아있는 지혜와 문화를 자연스럽게 접하도록 하고 지역사회 안에서 여러 세대가 함께 협력하고 배움을 촉진하는 기회를 제공한다. 이러한 활동은 모두에게 긍정적 효과를 주는데 먼저, 유아들에게는 할머니와 할아버지와의 애정 어린 상호작용을 통해 정서적 안정감을 느끼고 핵가족 환경에서 쉽게 경험하기 어려운 다양한 세대 간의 교류를 체험하게 된다. 이 과정에서 어른을 공경하는 태도를 배우고 노년 세대에 대한 긍정적 인식을 가지게 된다. 어르신들은 유아들과 함께하며 유아에게 자신의 경험과 지식을 알려주는 과정에서 삶의 보람과 활력을 얻고 자신이 여전히 사회에 필요한 존재임을 느끼고 자부심과 긍정적 효능감을 얻는다.

유아교육기관은 세대 간 교류활동을 통해 교육을 지원할 든든한 인적자원을 확보하고 교사가 전수하기 어려운 어르신의 삶의 지혜와 전통문화를 교육과정에 자연스럽게 통합하여 교육의 질을 높일 수 있다.

② 지역사회 전문가 참여

헤어디자이너, 음악가, 공예가, 의사, 요리사 등 다양한 직업을 가진 지역주민들이 자원봉사자로 참여하여 재능기부 형식으로 자신의 전문성을 나눌 수 있다. 예를 들어, 공예가는 여러 가지 재료를 이용한 만들기 체험을 진행하기도 하고, 요리사는 유아들과 함께 간단한 요리활동을 하며 재료의 변화를 관찰하고 조리과정을 체험하며 요리의 즐거움을 경험할 수 있도록 도울 수 있다. 이처럼 각 분야 전문가의 직접적인 참여는 유아가 전문가의 설명을 듣고 실제 도구를 다뤄보며 다양한 직업이 하는 일을 경험할 수 있는 생생한 학습 기회를 제공한다. 이러한 활동은 유아의 흥미와 호기심을 높이고 적극적으로 활동에 참여하도록 이끈다.

이와 같은 경험을 통해 유아들은 다양한 직업의 특성과 사회적 역할을 구체적으로 이해하고 자신을 둘러싼 사회에 관심을 가지며 사회구성원에 대한 존중과 감사의 태도를 기를 수 있다.

(3) 영유아교육기관의 지역사회 기여 및 참여활동

지역사회 연계활동은 지역의 다양한 자원을 교육에 활용하는 것뿐 아니라 지역사회가 필요로 할 때 유아교육기관이 지역사회의 필요를 반영하여 협력하고 자원을 공유하는 형태로 이루어질 수 있다. 이는 교육기관과 지역사회가 서로 돕고 함께 성장하는 공동체 형성의 기초가 된다.

① 지역사회 봉사활동

유아의 발달수준에 맞는 봉사활동은 유아가 협력과 나눔의 가치를 배우고 봉사의 보람을 느끼며 공동체 의식을 기르도록 돕는다. 가족의 달에 경로당을 방문하여 어르신들께 준비한 공연을 보여드리고 함께 즐거운 시간을 보내거나, 불우이웃을 돕기 위한 성금 모금 캠페인을 계획하여 진행하거나, 동네 주변을 돌면서 쓰레기를 주우며 환경보호 캠페인을 하는 등의 유아들이 주도적으로 참여하는 지역사회 봉사활동은 유아가 더불어 살아가는 삶의 태도와 가치를 실천하는 소중한 경험이 된다.

② 기관 시설 개방 및 행사 개최

유아교육기관은 지역사회가 필요로 할 때 기관의 시설 자원을 공유하거나 지역참여형 행사를 운영할 수 있다. 예를 들어, 강당이나 바깥 놀이터 같은 유휴 공간을 특별한 날 지역주민에게 개방할 수 있는데 대표적으로 선거일에 투표소로 장소를 제공하거나 지역주민을 위한 교육을 강당에서 개최하는 등의 활동이 이에 해당한다. 또한, 플리마켓이나 가족 음악회, 작품 전시회와 같은 다채로운 행사를 개최하여 지역주민들이 함께 참여할 수 있는 기회를 마련할 수도 있다.

이러한 활동은 기관에 대한 이해와 신뢰를 높여 지역주민들이 기관에 대한 긍정적 인식을 가지도록 하는 계기가 되며 나아가 유아교육기관이 지역사회와 교육자원을 공유하고, 사회적 책임을 실천함으로써 교육기관으로서의 공적 역할을 강화하는 데 기여한다.

③ 지역사회 행사 참여

우리 주변에는 지역사회가 주최하는 축제 및 전시회, 걷기 대회 등 다양한 행사가 진행되고 있다. 유아가 속한 지역사회에서 주최하는 행사에 유아들이 학급 단위로 참여하는 경험은 기관이 주도하는 활동과는 다른 차원으로 유아가 지역의 문화를 경험하고 공동체의 일원으로서 소속감을 느낄 수 있도록 돕는다. 또한 행사에 참여하기 위해, 해당 행사의 의미를 알아보는 과정에서 다양한 사회적 지식도 습득할 수 있다. 지역주민을 위한 건강 걷기 대회에 참여하여 주민들과 함께 걸어보거나,

지역 특산물 축제에 참여하며 지역의 특산물을 구매하고 체험해보는 과정은 유아들에게 매우 실제적인 교육경험이 된다. 또한 세계 환경의 날을 기념하는 에코 플로깅 캠페인에 참여하여 이웃과 함께 쓰레기를 주워보고 이러한 작은 실천이 확장되어 유아들이 직접 만든 환경보호 구호를 함께 외치거나 캠페인 송을 만들어 발표하는 활동으로 이어질 수 있다.

이러한 참여활동은 유아가 지역사회를 더 친숙하게 느끼고 지역사회를 위해 유아들이 무언가 기여할 수 있다는 효능감을 경험하게 한다. 아울러 다양한 이웃과의 만남을 통해 사회성을 기르고 자신이 속한 지역에 대한 긍정적인 인식과 소속감을 형성하며 협동과 공동체의 가치를 배워나갈 수 있다.

activity 1. 문장 완성하기

다음 문장을 완성하고, 친구들과 생각을 나누어보세요.

1) "좋은 부모는 ____________________ 부모다."
그렇게 생각하는 이유: ____

2) "부모와 교사의 긴밀한 소통은 ____________________ 다."
그렇게 생각하는 이유: ____

activity 2. 토의하기

다음 상황들이 갈린스키의 부모역할 발달단계 중 어느 단계에 해당하는지 적어보고 다음 질문에 대해 생각하고 토의해보세요.

부모의 실제 고민	해당 단계
"임신 5개월이에요. 내가 좋은 엄마가 될 수 있을까? 고민이 됩니다."	( )단계
"신생아를 돌보며 온종일 아기에게 매달려 있는데, 내가 아이와 충분한 애착을 형성하고 있는 건지 확신이 서지 않아요."	( )단계
"아이가 자꾸 "싫어! 아니! 내가 할래!"하며 자기 고집을 피우는데 어디까지 허용하고 어디서 제지해야 할지 고민이 돼요."	( )단계
"친구와 싸웠을 때 사과해야 한다는 걸 알면서도 자신이 잘못한게 아니라며 버티는 아이를 어떻게 지도해야 할까요?"	( )단계
"사춘기 자녀와 사사건건 부딪힙니다. 어떻게 해야 할까요?"	( )단계
"대학생이 된 자녀가 독립한다고 집을 떠나니 부모로서의 역할이 끝난 것 같아 허무하고 서글픕니다."	( )단계

토의 1) 부모의 역할은 자녀의 성장에 따라 왜 달라져야 할까요?

토의 2) 자녀의 성장에 따른 부모의 발달 과정을 이해하는 것은 왜 중요할까요?

activity 3. 지역사회 교육 자원 찾기

팀별로 우리가 살고 있는 지역에서 유아교육에 활용할 수 있는 다양한 기관과 장소를 찾아보고, 각 팀이 발견한 지역사회 자원을 발표해 보세요. 그 자원을 활용해 어떤 교육활동이 가능한지 생각해 보고, 지역사회와의 협력을 위해 필요한 점에 대해서도 함께 이야기해 보세요.

chapter 8

유아교육 평가

1 유아교육 평가의 이해

1) 유아교육 평가의 개념

유아교육 평가의 의미를 이해하기 위해서는 먼저 교육평가의 개념을 살펴볼 필요가 있다. 일반적으로 '평가'라고 하면 학습 결과를 점수화하는 시험이나 측정을 떠올리기 쉽다. 측정은 학습자의 성취나 특성을 객관적인 수치로 표현하는 과정이며, 시험은 이러한 측정을 위한 구체적인 도구나 방법이다. 따라서 시험과 측정은 학습 결과를 확인하는 중요한 수단이 되지만 교육평가는 이보다 훨씬 더 포괄적인 개념으로서 가치 판단과 의사결정을 포함하는 과정이다.

교육평가는 측정과 시험을 포함하되, 그 결과를 토대로 교육목표의 달성 정도, 교육과정의 효과성, 교사의 교수 방법, 교육환경의 적절성 등 교육 전반을 종합적으로 검토한다. 결국, 교육평가는 단순히 점수를 산출하거나 성취 결과를 확인하는 데 그치지 않고, 수집된 정보를 바탕으로 교육의 질을 진단하며 개선 방향을 탐색하는 종합적이고 해석적인 과정이라 할 수 있다.

타일러(Tyler, 1949)는 교육평가를 '교육목표가 실제로 얼마만큼 달성되었는가를 판단하는 행위'로 정의하여 교육의 목표 달성 여부에 초점을 맞추었다. 크론바흐(Cronbach, 1984)는 교육평가를 '교육 프로그램에 관한 의사 결정을 내리기 위해 정보를 수집하고 사용하는 과정'으로 보아, 평가가 의사결정과 밀접하게 연관된다는 점을 강조하였다. 황해익(2016)은 교육평가를 '교육목적의 달성 정도를 판단하고 일정한 기준에 따라 교육활동의 성과를 가늠하며, 그 결과의 가치를 평가하는 일련의 과정'이라고 설명하여 평가를 보다 포괄적인 가치 판단의 과정으로 이해하였다. 이처럼 학자들은 교육평가를 서로 다른 관점에서 정의하고 있으며, 그 강조점 또한 다양하다. 결론적으로 교육평가는 단순한 결과 확인을 넘어 교육목표 달성 정도를 판별하고, 이를 바탕으로 교육활동의 개선과 의사결정에 기여하는 종합적 과정이라 할 수 있다. 교육평가의 본질은 학습 결과를 단순히 수치화하는 것을 넘어 수집된 정보를 근거로 더 나은 교육적 실천을 위한 합리적 의사결정을 내리는 데 있다. 이처럼 교육평가는 현재의 교육 실천을 점검하고 미래의 방향을 설계하는 데 필수적인 성찰과정이라 할 수 있다.

이러한 교육평가의 개념적 특성들을 유아교육 분야에 적용해보면, 유아교육 평가는 유아의 전인적 성장과 발달을 돕기 위해 이루어지는 유아교육활동 전반의 가치를 체계적으로 판단하는 과정이라 할 수 있다(황해익, 2016). 이는 단순히 개별 유아의 성장과 변화만을 보는데 그치지 않고 교사의 교수-학습 방법 및 교육과정 운영, 교육기관의 환경, 기관운영 전반을 포괄하는 종합적인 평가를 의미한다. 유아교육 평가는 일회성으로 끝나는 것이 아니라 교육과정 운영이 유아의 발달과 흥미에 적합한지를 지속적으로 확인하고 개선해 나가는 순환적 과정이다. 궁극적으로 유아교육 평가는 유아의 성장을 돕고, 교사와 기관의 전문적 성장을 지원하며, 교육과정의 질적 수준을 향상하도록 돕는 과정이라 할 수 있다.

2) 유아교육 평가의 목적 및 중요성

유아교육 평가는 교육활동의 질을 점검하고 개선하기 위한 필수적인 과정이다. 이를 통해 유아의 전인적인 발달을 돕고, 교사 스스로 자신의 교육활동을 성찰하며 전문가로 성장하도록 돕는 역할을 한다. 부모에게는 자녀에 대한 구체적인 정보를 제공하여 교육기관과의 협력을 강화한다. 나아가 교육의 질을 지속적으로 개선함으로써 학부모의 만족도를 높이고 기관운영의 신뢰성을 확보하는 데 기여한다. 유아교육 평가의 목적과 중요성은 평가에 참여하는 유아, 교사, 부모, 그리고 기관 각자의 관점에서 다음과 같이 살펴볼 수 있다.

첫째, 유아의 관점에서 평가는 개별 유아에 대한 깊이 있는 이해를 통해 최적의 발달을 지원하도록 돕는다. 평가를 통해 유아가 보이는 다양한 행동과 배움의 특성을 심층적으로 파악하여, 각자의 발달수준, 흥미, 강점, 그리고 필요가 무엇인지 명확히 알 수 있다. 그에 따라 교사는 각 유아가 개개인의 특성과 속도에 맞게 안정적이고 풍부한 환경 속에서 전인적으로 균형 있게 성장하도록 개별화된 교육 경험을 계획하고 효과적으로 지원할 수 있다. 이러한 과정을 통해 평가는 모든 유아가 자신의 고유한 특성과 발달 속도에 맞는 발달적으로 적합한 교육을 받을 수 있도록 돕는 역할을 한다.

둘째, 부모의 관점에서 평가는 자녀의 발달과정을 이해하고 가정과 기관 간 협력적 관계를 형성하는 중요한 매개체가 된다. 평가는 부모가 자녀의 현재 발달수준과 성장의 변화를 객관적으로 파악할 수 있도록 도와주며 이를 통해 가정에서도 발달적 요구에 맞는 양육을 실천할 수 있도록 지원한다. 또한, 부모는 평가내용을 교사와 공유하는 과정에서 자녀에 대한 구체적이고 신뢰할 수 있는 정보를 얻을 뿐만 아니라 가정에서 관찰한 자녀의 생활과 특성에 관한 여러 부모의 생각들을 교사와 공유하고 협의할 수 있다. 이러한 소통은 단순히 유아에 대한 정보를 주고받는 것을 넘어 기관과 가정이 교육적 동반자로서 서로에 대한 신뢰를 형성하고 유아발달이라는 공동의 목표를 향해 협력하는 기반이 되는 중요한 역할을 한다.

셋째, 교사의 관점에서 평가는 교육의 질을 개선하고 교사의 전문성을 향상시키는 도구의 역할을 한다. 교사는 평가를 통해 자신의 교육과정 운영 및 교수 방법의 적절성과 효과성을 객관적으로 점검할 수 있으며, 이를 근거로 다음 교육과정을 개선하기 위한 구체적 방향을 세울 수 있다. 평가과정은 단순한 결과 확인에 그치지 않고 교수활동 전반을 되돌아보게 하며, 반성적 성찰의 기회를 제공한다. 이러한 과정은 교사가 유아의 놀이경험을 통해 어떠한 발달적 변화가 일어났는지 살펴보고 자신의 교육활동을 돌아보며 어떤 점이 효과적이었고 무엇을 개선해야 할지를 명확히 인식하도록 하여 교육과정을 개선하도록 이끈다. 결국 평가는 교사가 지속적으로 자신의 교수 역량과 전문성을 개발하도록 돕고 교육의 질을 향상시키는 핵심적인 기반이 된다.

마지막으로 유아교기관에서의 평가는 유아교육의 질을 관리하고 기관 운영의 신뢰성을 높이는 데 중요한 역할을 한다. 기관 차원의 평가는 개별 유아의 성장뿐 아니라 기관이 지향하는 교육목표와 철학이 교육과정, 교수 방법, 물리적 환경 등 운영 전반에 일관성 있게 잘 반영되고 있는지를 종합적으로 평가한다. 이 과정을 통해 기관은 기관운영의 강점과 개선이 필요한 부분을 객관적 자료에 근거하여 확인할 수 있다. 평가 결과를 바탕으로 교사 연수계획, 교육 자료 및 기관운영 프로그램을 보완하고 교실 환경과 안전시설 개선 등 구체적인 발전방안을 고민할 수 있다. 이러한 지속적인 성찰과 개선 노력은 유아교육기관의 교육의 질을 높이고 유아에게 더 나은 환경을 제공할 뿐 아니라 기관의 전문성을 강화하고 학부모와 지역사회의 신뢰를 구축하는 기반이 된다.

2 유아교육 평가대상 및 평가방법

1) 유아평가

(1) 개념과 목적

유아평가는 유아교육 평가의 여러 측면 가운데 가장 중요한 부분으로서 교육과정의 성패와 방향을 결정하는 기초가 된다. 유아평가의 핵심은 평가를 통해 다른 유아와 비교하여 서열화하는 것이 아니라 개별 유아의 발달 특성과 잠재력을 깊이 있게 파악하여 효과적인 교육적 지원을 제공하는 데 있다. 즉 평가는 유아가 무엇을 성취했는지와 같은 결과보다 어떻게 배우고 성장하는지의 과정에 주목해야 한다. 따라서 평가는 별도의 분리된 활동이 아닌 교실의 일상과 놀이 속에서 자연스럽게 이루어져야 한다. 교사가 유아의 배움과 놀이를 지속적으로 관찰하고 강점과 잠재력을 발견하여 지원 방안을 모색하는 교육적 실천이 유아평가의 본질이라 할 수 있다.

효과적인 유아평가를 위해서는 유아의 발달을 통합적으로 이해하는 것이 필요하다. 유아의 신체, 사회, 정서, 인지 등 각 발달 영역은 서로 영향을 주고받으며 함께 발달하므로, 유아를 통합적으로 이해한다는 것은 지식, 기술, 태도 및 가치를 균형 있게 살펴보는 것을 의미한다. 즉 유아평가는 특정 개념에 대한 지식뿐 아니라 이를 활용한 문제해결 능력, 그리고 도전 정신과 협동심 같은 태도까지 종합적으로 평가해야 함을 뜻한다.

이러한 유아평가의 개념을 바탕으로 살펴보면 유아평가는 다음과 같은 구체적인 목적을 지닌다(최일선 외, 2012).

첫째, 유아의 발달과 성취수준을 이해한다. 유아의 진전과 성취 정도 및 현재의 상태를 파악하여 유아에 대한 이해를 증진하기 위하여 평가를 실시한다. 연령적으로 볼 때 발달이 적합한 수준에 있는지, 발달 영역마다 어떤 양상을 보이는지 등을 파악함으로써 발달상의 개인 차이와 개인 내 발달 영역 간의 차이를 발견할 수 있다.

둘째, 유아의 개별적인 특성을 진단한다. 평가는 유아의 성향, 기질, 능력 등 개별적 특성 및 특수한 요구를 파악하도록 도와 효과적인 유아 행동 지도를 위한 기초 자료를 제공함으로써 개별화 교육이 이루어질 수 있다.

셋째, 유아의 동기를 유발하고 학습을 촉진한다. 유아의 발달수준과 특성을 고려한 피드백을 적절하게 사용하여 유아의 동기를 유발함으로써 학습 의욕을 촉진시킬 수 있다.

넷째, 교육목표의 달성 여부를 확인하고 다음 교육을 위한 의사결정을 한다. 설정된 교육목표가 얼마나 달성되었는지를 점검하고, 그 결과를 바탕으로 교육과정 운영과 학급 경영을 개선하기 위한 방향을 결정할 수 있다.

다섯째, 교사의 교수-학습 방법을 개선한다. 객관적이고 타당한 유아평가의 결과는 교사 자신의 교수 방법에 대한 반성의 기회를 제공하여 교수-학습 방법을 개선할 수 있다.

여섯째, 부모 면담 시 유아에 대한 이해를 돕는 자료를 제공한다. 교사는 유아평가 결과를 활용하여 부모와 면담하고, 부모에게 평가 자료를 제공하여 유아에 대한 이해를 높일 수 있다.

(2) 평가방법

유아를 평가한다는 것은 단순히 유아의 성취나 결과를 판단하는 것이 아니라 유아가 어떻게 성장하고 변화해 나가는지 이해하는 과정이다. 유아는 놀이와 일상 속 말과 행동으로 자신의 성장과정을 드러내므로, 유아의 발달을 올바르게 이해하기 위해서는 한 가지 방법의 평가만으로는 충분하지 않다. 이에 따라 유아평가에는 관찰법, 면접법, 표준화 검사법, 포트폴리오 평가 등 다양한 방법이 활용된다. 이러한 방법들은 각각 고유한 장점과 한계를 지니므로, 교사는 평가의 목적과 상황에 맞게 여러 방법을 적절히 선택하고 통합적으로 활용하여 유아에 대한 포괄적인 이해를 바탕으로 전인적 성장을 지원해야 한다.

① 관찰법

■ 표본기록법

표본기록법은 관찰자가 관찰대상이나 장면, 시간 등을 미리 정하여 그 안에서 나타나는 유아의 행동과 상황을 집중적으로 관찰하고 자세하게 기록하는 방법이다. 표본기록법은 관찰자가 어떤 특정 순간이나 관심 부분만을 선택하는 것이 아니라, 제한된 시간 동안 일어나는 연속적인 행동 전체를 기록하는 방법이다. 서술 형식의 기록이라는 점에서 일화기록법과 유사해 보이지만 교육적으로 의미 있다고 생각하는 특정 사건만 기록하는 일화기록법과 달리, 일정 시간 동안 발생하는 상황의 모든 내용을 자세하고 완전하게 기록한다는 점에서 차이가 있다.

표본기록법의 신뢰도를 높이기 위해서는 기록과정에서 객관성을 유지하는 것이 매우 중요하다. 관찰자의 주관적인 해석이나 가치 판단, 추론 등을 철저히 배제하고 실제 일어난 행동과 대화를 시간의 흐름에 따라 순차적으로, 그리고 사실적으로 서술하는 것이 중요하다.

표본기록법의 장점은 풍부하고 맥락적인 정보를 제공한다는 점이다. 모든 장면을 상세히 기록하므로 유아의 행동이 어떤 상황에서 어떤 순서로 일어나는지 파악할 수 있고 이를 통해 행동의 이면에 있는 원인과 동기까지 심층적으로 분석할 수 있다.

그러나 한 번에 한 명의 유아만 집중적으로 관찰해야 하고 기록과 분석에 많은 시간과 노력이 소요되어, 실제 교육 현장에서 일상적으로 활용하기에는 어려움이 있다.

표 8-1 표본기록법의 예

관찰 유아	강지민	생년월일	2008. 10. 22.
연령	3년 1개월(여)	관찰자	박수현
관찰 시간	오전 09:35~09:45	관찰장면	등원
관찰일	2005. 09. 20.		

지민이의 엄마가 교실에 지민이를 데리고 온다. 지민이는 엄마의 손을 꽉 쥐고 있다. 지민이는 울기 시작한다. 엄마는 “자, 지민아, 너 여기 좋아하잖아. 착하지. 있다 보자.”라고 말한다. 엄마가 떠난다. 지민이는 교실 문에 울면서 서 있다. 교사가 지민이에게 다가가서 지민이를 쳐다보고 손을 잡는다. 교사는 지민이를 다른 여아들이 있는 소꿉 영역으로 데리고 가서 뭐라고 말한다. 지민이는 고개를 가로젓는다. 교사가 지민이를 소꿉 영역에 두고 떠나자, 지민이는 교사를 따라오기 시작한다. 교사는 지민이와 작은 책상(중앙에 크레용 상자와 검은 종이들이 있고, 앞에 두 개의 의자가 있는)에 앉는다. 지민이는 결국 두 개의 크레용을 잡고, 종이 위에 색을 칠하기 시작한다. 진효가 탁자로 와서 앉는다. 진효는 상자에서 크레용을 집어서 종이 위에 색칠하기 시작한다. 아무 말도 하지 않는다. 잠시 후에 진효는 지민이에게 “네 주황색을 빌려줄래?”라고 묻는다. 탁자 위에 주황색 크레용이 있다. 지민이는 “싫어.”라고 말하고 손으로 크레용을 덮는다. 진효는 지민이 손을 잡고 다른 손으로 크레용을 잡아서 입으로 집어넣는다. 지민이는 “그러면 안 돼.”라고 소리치고는 “선생님!”하고 말한다. 교사가 지민이에게 오자 지민이는 “제가 내 주황색 크레용을 먹었어요. 그래서 나는 내 호박을 그릴 수가 없어요.”라고 말한다. 교사는 진효에게 “사람들은 크레용을 먹지 않아.”라고 말한다. 교사는 다른 교사가 불러서 그 영역을 떠난다. 지민이는 일어나서 도서 영역으로 가서 책을 잡는다. 지민이는 책을 가지고 교실 주변을 왔다갔다 한다. 놀이에 참여하지는 않지만, 무슨 일이 일어나고 있는지 주의 깊게 관찰한다. 지민이는 준서에게 다가가 속삭인다. “소영이가 어제 그림을 그렸어. 소영이는 또 그림을 그릴거래, 봐.” 그리고 이젤을 손으로 가리킨다. 준서는 아무 대답을 하지 않는다. 지민이는 교사에게 찡얼거리면서 “나도 그림 그리고 싶어요.”라고 말한다. 교사는 “소영이가 끝나면 그림을 그릴 수 있어.”라고 말한다.

출처: 김송이 외(2011)

■ 일화기록법

일화기록법은 교사가 유아의 발달이나 학습과 관련하여 교육적으로 의미 있다고 판단되는 짧은 사건이나 행동을 서술식으로 기록하는 방법이다. 일화기록법은 시간이나 장소에 구애받지 않고 우연히 나타나는 유의미한 순간을 포착하여 기술한다. 특별한 양식 없이 쉽게 작성할 수 있어 현장에서 가장 보편적으로 활용되는 방법 중 하나이다.

기록은 사건이 발생한 직후에 작성하는 것이 가장 바람직하지만 즉시 기록이 어려울 경우 핵심 내용을 간단히 메모해 두었다가 육하원칙에 따라 일과 시간 이후에 자세히 서술할 수 있다. 이때 관찰자는 가능한 사실적인 행동과 상황을 기록하고 자신의 해석이나 추론은 배제하거나 필요시 별도로 구분하여 적는 것이 바람직하다.

일화기록법은 계획되지 않은 상황에서 발생하는 유의미한 순간을 포착하여 기록할 수 있어 자연스러운 상황 속 유아의 모습을 담아낼 수 있다. 이렇게 누적된 기록들은 유아의 개별적인 특성과 발달 패턴을 파악하는 데 효과적이다. 반면, 교사의 주관적 편견이 개입될 수 있으며, 영유아 관찰기록에서 시간 간격과 행동단위가

표 8-2 일화기록법의 예

관찰 유아	이재은	생년월일	2012. 02. 04.
성별	여	관찰자	전효성
관찰일	2014. 07. 02.	관찰 시간	오전 09:20~09:35
연령	2년 4개월		
관찰장소	자유선택활동 중 탐색 영역, 신체 영역		

재은이가 탐색 영역으로 걸어가다가 바구니에서 거북이 끌차 두 개를 꺼낸다. 그리고 자리에 앉아 발 앞에 두 개의 거북이 끌차를 놓아두고 고리를 큰 순서부터 한 개씩 끼운다. 4개의 고리를 다 끼운 뒤 일어나려고 하는데 옆에 있던 윤찬이가 고리가 끼워지지 않은 거북이 끌차의 끈을 잡아서 끈다. 그러자 재은이가 거북이를 안으며 "아~ 내 거야."라고 크게 이야기를 한다. 거북이 끌차를 안고 일어난 재은이가 고리를 끼워놓은 거북이 끌차를 손가락으로 가리키며 뒤로 걸어간다. 그 모습을 보던 윤찬이가 재은이가 가리킨 고리가 끼워진 거북이 끌차를 끌고 신체 영역으로 걸어간다. 그 모습을 보고 있던 재은이도 윤찬이를 따라 신체 영역으로 걸어간다. 거북이 끌차를 끌고 교실을 한 바퀴 돌던 재은이가 윤찬이 옆으로 가서 앉아서 끌차에 끼워져 있는 고리를 가리키며, "나도 줘."라고 말하자 윤찬이가 고리 한 개를 빼서 재은이에 준다. 윤찬이가 건네준 고리를 재은이가 가지고 있던 거북이 끌차에 끼우고 "고마워."라고 말을 하며 웃는다. 재은이가 일어나 거북이 끌차를 끌고 탐색 영역으로 가서 인형과 포대기 한 개를 꺼내 배 위에 올려놓다가 인형이 떨어지자 교사를 쳐다보며 "안돼~"라고 말한다. 교사가 "어부바 해줄까요?"라고 물어보자 "응"이라고 이야기하며, 교사에게 걸어서 온다. 교사가 인형을 등 뒤에 어부바 해 주자 자신의 가슴을 가리키며 "여기~"라고 이야기한다. 그래서 교사가 "앞에다 어부바 해줘요?"라고 물어봐 "응"이라고 하며 고개를 끄덕인다. 교사가 인형을 어부바 해 주자 거북이 끌차를 끌고 교실을 걸어 다닌다. 거북이 끌차를 끌고 교실을 걸어 다니던 재은이가 거북이 끌차를 바닥에 놓고 미끄럼틀이 있는 곳으로 걸어가 미끄럼틀을 탄다. 그때 지나가던 태양이가 재은이가 놓고 간 거북이 끌차를 끌고 가자 재은이가 "내 거야~"라고 크게 이야기하며, 미끄럼틀에서 내려와 태양이를 밀어 태양이가 주저앉으며 울기 시작한다.

출처: 전남련 외(2016)

작을 경우 연속성, 자연성, 충분한 상황적 설명이 부족하여 해석 시 오류가 발생할 수 있다(황해익, 2009).

■ 시간표집법

시간표집법은 관찰 시간을 일정한 간격으로 나누어 각 시간 단위 동안 미리 정의된 특정 행동의 출현 여부나 빈도를 표시하여 기록하는 방법이다. 이 방법은 관찰하고자 하는 행동의 유형을 사전에 명확하게 설정하고 관찰 간격, 시간, 단위, 횟수 등을 미리 정한 뒤 그에 따라 행동을 반복적으로 관찰하고 기록하는 것이다. 이 과정을 여러 번 반복함으로써 특정 행동이 얼마나 자주 발생했는지를 양적으로 측정

표 8-3 시간표집법의 예

관찰유아	최진원	생년월일	2011. 12. 25. (여)
관찰자	정혜영	관찰일	2014. 08. 19.
관찰시간	오전 10:00~10:10(10분간)	연령	2년 7개월
관찰행동	교사에의 의존성	관찰장면	유아가 장난감을 가지고 노는 장면

※ 1회에 30초씩 관찰하고 30초 기록하시오. 30초 동안 동일한 행동이 여러번 나타나더라도 1번만 표시하시오.

시간간격 / 관찰행동	30초 (1회)	30초 (2회)	30초 (3회)	30초 (4회)
놀면서 교사를 바라본다.				
교사에게 손을 뻗는다.		✓	✓	
교사에게 다가간다.				✓
교사를 부른다.				✓
교사에게 도움을 요청한다.				
교사를 바라보며 운다.				✓

비 고
지나가던 윤지가 교사에게 다가가 안김. 진원이가 교사를 불렀지만 교사의 반응이 없었으며, 잠시 후 진원이가 교사에게 다가가 울기 시작함.

출처: 황해익(2016)

할 수 있다. 시간표집법은 측정단위가 시간인 관찰기록법으로 주로 유아의 놀이참여 빈도, 특정 영역에서의 활동시간, 긍정적, 부정적 행동의 발생 정도 등과 같이 비교적 자주 나타나는 행동의 경향을 파악하는 데 효과적이다. 시간표집법은 짧은 시간 단위로 행동을 기록하기 때문에 관찰자가 비교적 쉽게 자료를 수집할 수 있고, 여러 명의 유아를 동시에 관찰할 수 있다는 점에서 효율성이 높다. 또한, 수량화된 데이터를 통해 집단의 전반적 행동특성을 파악하기에도 유용하다.

그러나 이 방법은 자주 발생하는 행동파악에는 효과적이지만 시각적으로 관찰될 수 있는 외적인 행동에 초점을 맞추기 때문에 유아의 감정이나 사고와 같은 내면의 상태는 알아내기 어렵다. 또한 행동이 일어난 맥락이나 원인과 같은 질적 정보는 충분히 제공되지 못하며 관찰 간격 사이에 나타난 중요한 행동은 포착하기 어렵다는 제한점이 있다.

■ **사건표집법**

사건표집법은 관찰하고자 하는 특정한 행동이나 사건이 나타나기를 기다렸다가 그 행동이 발생했을 때 집중적으로 관찰하여 일정한 형식에 따라 결과를 기록하는 방법이다. 사건표집법은 특정 행동이 나타나는 상황과 특성, 발생빈도를 구체적으로 파악하고자 할 때 활용된다. 사건표집법에서 중요한 것은 관찰하고자 하는 행동이나 사건을 사전에 명확하게 정의하고 관찰 기준과 범위를 구체적으로 설정하는 것이다. 다시 말해 관심이 있는 행동의 유형과 관찰 단위를 사전에 정한 뒤 해당 행동이 발생할 때마다 관찰을 실시하여 체계적으로 기록하는 것이다. 이 방법은 측정단위가 시간이 아니라 관찰하고자 하는 행동이라는 점에서 시간표집법과 차이가 있다. 또한, 사건표집법은 관찰할 수 있는 행동 범위가 넓어 자주 발생하지 않는 행동에 관해서도 연구할 수 있으며 관찰목표가 분명하여 객관적이고 효율적인 자료 수집이 가능하다. 반면에 관찰 시점에 그 행동이 나타나지 않으면 자료를 수집하기 어렵고 기록자의 주관이 개입될 가능성이 있다는 한계를 지닌다.

■ ABC 서술식 사건표집법

ABC 서술식 사건표집법은 행동이나 사건이 발생한 전후 상황을 함께 기술하여 사건의 맥락을 자세히 기록하는 관찰방법이다. ABC 서술식 사건표집법은 행동이 발생하기 이전 상황(Antecedent), 관찰하고자 하는 구체적인 행동(Behavior), 그리고 행동 이후의 결과(Consequence)를 순서대로 기록함으로써 유아가 보이는 행동의 의미와 목적을 구체적으로 파악할 수 있도록 돕는다. 즉, 특정 행동이 언제, 왜, 어떻게 일어났으며 그 결과가 무엇인지 분석하여 어떤 맥락에서 그 행동이 발생했는지를 구체적으로 파악하고 문제행동의 원인을 찾거나 행동 지도 방안을 모색하는 데 매우 유용하다. 반면, 관찰내용이 서술식으로 기록되기 때문에 여러 사례를 정리하고 행동의 전후 관계를 검토하는 데 시간이 많이 소요된다는 한계가 있다. 따라서 ABC 서술식 사건표집법은 표본기록법이나 일화기록법과 마찬가지로 객관적이고 신중한 관찰과 서술이 요구된다.

표 8-4 ABC 서술식 사건표집법의 예

관찰 유아	김주현/김영준	관찰일	2002. 10. 22. 화요일
관찰자	권유진	연령	만 5세 (남)
관찰 행동	유희실로 이동 시 줄서기		
날짜	사건 전	사건(갈등 상황)	사건 후
10월 22일	등원 후 선생님과 친구들과 인사를 나눈 뒤 날짜 이야기를 한 후 기도를 한다. 그 뒤 선생님이 머리에 손 짚어 준 친구들부터 문 앞의 교생선생님 앞에 한 줄 기차 한다.	주현이가 달려와 앞터치를 해 달라며 영준이에게 손을 내민다. 영준이가 손바닥을 쳐 주자 주현이는 "영준이가 앞터치 해 줬다."하며 앞으로 온다.	선생님은 그것을 보고 "앞터치 그런 건 없어요. 먼저 온 친구들이 얼마나 속상하겠니?"하며, 제자리로 돌려보낸다.
요약 및 해석	유아들이 줄을 서서 가려고 하면 모두들 앞에 서고 싶어 하는 것 같다. 친한 친구 앞에 서려고 한다. 그래서 줄을 서서 내려가려 할 때에는 친한 친구에게 앞터치라는 것을 해서 앞으로 나오려고 한다. 이런 갈등은 교실에 있을 경우에는 생기지 않지만 다른 곳으로 이동하려 할 때 생긴다. 교사는 이동할 때마다 누가 그런 행동을 하는지 관찰하기로 하였다.		

출처: 최일선 외(2012)

■ 빈도 사건표집법

빈도 사건표집법은 관찰하고자 하는 행동이나 사건이 발생할 때마다 도표를 사용하여 빈도를 기록하는 방법이다. 이 관찰법은 특정 행동이나 상황이 얼마나 자주 일어나는지를 파악하고자 할 때 유용하며, 서술식 사건표집법이 행동의 맥락과 의미를 중심으로 질적인 정보를 제공한다면 빈도 사건표집법은 행동에 대한 양적인 정보를 제공하는 데 초점을 둔다.

빈도 사건표집법은 관찰하고자 하는 특정 행동이나 사건을 명확히 정의하고 이에 맞는 관찰범주 양식을 마련한 뒤 정해진 범주의 행동이나 사건이 나타날 때마다 횟수를 표시하거나 부호화하여 기록하는 방식이다. 이 방법은 관찰 결과를 빈도로 나타낼 수 있어 기록이 간단하고 유아가 보이는 행동을 수치화하여 비교하여 파악하기 쉽다는 장점이 있다. 반면, 행동이 일어난 원인이나 맥락을 파악하기 어렵고 행동의 과정이나 의미와 같은 질적 정보가 부족하다는 한계가 있다.

표 8-5 빈도 사건표집법의 예

관찰 유아	김남일	연령		3세 7개월	성별		남
관찰자	오선아	관찰일		2008. 10. 05.	관찰 시간		09:00~13:00
관찰 행동	자조 기술							
하루 일과	혼자 화장실 가기	손 씻기	단추 채움	지퍼 올리기	신발 신기	가위질 하기	코 풀기	컵에 물 따르기
오전자유 선택활동	/					///	//	
전이활동	/	/					/	
집단활동								
실외활동			/				//	
점심식사	/	/						/
비고								
계	3	2	1	0	0	3	5	1

출처: 김송이 외(2011)

■ **행동목록법**

행동목록법은 관찰자가 평가하고자 하는 구체적인 행동목록을 미리 상세하게 작성한 후 관찰을 통해 각 항목의 출현 유무나 달성 여부를 예/아니오 또는 그렇다/그렇지 않다로 표기하는 방법이다. 이 관찰법은 유아의 특정 기술이나 발달 영역의 수준을 간단하고 객관적으로 평가할 때 적합한 관찰방법이다. 행동목록법은 어느 한 시점에서 특정 행동의 출현 유무를 관찰함으로써 관찰대상의 현재 상태를 평가하고자 할 때 주로 사용하지만 시간에 따른 변화를 알고자 할 때도 사용할 수 있다(이해정 외, 2018). 학기 초, 학기 말 등 여러 시점에 동일한 행동목록을 반복 사용하면 개별 유아의 발달수준 변화나 특정 기술의 습득 여부를 알 수 있다.

행동목록의 항목은 관찰이 가능하고 구체적이어야 하며 평가목적이나 발달 영역에 따라 체계에 맞게 논리적으로 구성되어야 한다. 행동목록법은 사용이 간편하고 짧은 시간 안에 여러 행동을 빠르고 체계적으로 기록할 수 있어 효율적이다. 여러 유아의 행동을 한눈에 비교할 수 있어 객관적인 자료를 신속히 수집할 수 있다는 장점이 있다.

그러나 이 방법은 행동의 출현 유무 외에 빈도나 지속시간, 수행 정도와 같은 행동의 질적 수준에 대한 정보를 제공하지 못한다는 한계가 있다. 또한 행동목록표를 활용한 관찰은 기록이 간단하고 실시가 용이하지만 평가목적에 맞는 행동 항목을 선정하고 구성하기 위해서는 체계적인 준비와 전문적인 지식이 필요하다.

표 8-6 행동목록법의 예

신체발달(만 2~3세용)

관찰 유아	오정운	생년월일	2011. 02. 24	성별	남
관찰자	고성욱	관찰일	2014. 08. 08	연령	3년 5개월

관찰할 유아를 선택한 후 체크리스트에 있는 행동이 나타나면 ∨로 표시한다.
관찰 결과를 요약 정리한다.

순번	항목	예	아니오	비고
1	가위로 선을 따라 오릴 수 있다.		✓	
2	숟가락이나 포크를 흘리지 않고 음식을 떠먹을 수 있다.	✓		
3	옷을 스스로 입고 벗을 수 있다.	✓		
4	물을 흘리지 않고 따를 수 있다.	✓		
5	10조각 이하의 퍼즐을 쉽게 맞출 수 있다.		✓	
6	단추 열기와 잠그기를 할 수 있다.	✓		
7	둥근 선과 직선, 사선을 그릴 수 있다.		✓	
8	큰 공을 잡고 던질 수 있다.	✓		
9	공을 굴리고 차고 던질 수 있다.	✓		
10	손으로 공치기를 할 수 있다.	✓		
11	매트에서 구를 수 있다.	✓		
12	목표를 향해 공을 던질 수 있다.	✓		
13	한 손이나 두 손으로 사물을 능숙하게 들어올릴 수 있다.	✓		
14	한 발로 뛸 수 있다.	✓		
15	세발자전거를 탈 수 있다.		✓	
16	두 발 모아 20cm 정도 점프할 수 있다.	✓		
17	발을 교대로 계단을 오를 수 있다.	✓		
18	달리기 속도를 조절하여 달릴 수 있다.	✓		
19	뜀뛰기를 할 수 있다.	✓		
20	손으로 귀를 잡고 뛸 수 있다.	✓		
21	한 발로 몸의 균형을 잡을 수 있다.	✓		

22	팔 다리를 뻗어 스트레칭을 할 수 있다.	✓		
23	구령에 맞춰 멈추기를 할 수 있다.	✓		
24	두 팔을 뻗어 몸의 균형을 잡을 수 있다.	✓		
25	신발에 사물을 올려놓고 균형을 잡을 수 있다.	✓		

출처: 전남련 외(2016)

■ 평정척도법

평정척도법은 미리 정해진 기준에 따라 유아의 행동을 관찰한 후 그 행동이 얼마나 자주, 또는 어느 정도 수준으로 나타나는지 단계적으로 표시하는 평가 방법이다. 단순히 행동의 출현 여부만을 기록하는 것이 아니라, 행동의 질적 특성을 단계적으로 구분하여 수량화된 점수나 가치로 나타낼 수 있다는 점에서 행동목록법의 한계를 보완한다(이해정 외, 2018). 평정척도법은 보통 관찰과 동시에 기록하기보다 일정 기간 관찰한 후 종합적으로 판단하여 기록하는 경우가 많으며, 이 과정에서 관찰자의 개인적 편견이나 오류가 개입되지 않도록 주의해야 한다(황해익 외, 2016). 평정척도법은 사용이 간편하고 짧은 시간 안에 평가할 수 있어 작성에 시간과 노력이 적게 든다는 장점이 있으며 행동의 출현 여부뿐 아니라 행동의 질적수준과 수행의 정도를 함께 평가할 수 있다는 장점이 있다. 그러나 관찰내용을 직접 현장에서 즉시 기록하는 것이 아니라 관찰자가 상황을 종합하여 해석한 뒤에 기록하기 때문에 관찰자의 기억이나 인상, 지각적 특성에 따라 평가가 왜곡되거나 객관성이 낮아질 수 있다. 또한 이미 개발된 척도를 그대로 사용할 경우, 교사가 관찰하려는 행동이 항목에 충분히 반영되지 않을 수 있으며, 평정척도를 새로 구성할 때에도 관찰대상 행동의 의미를 명확히 반영하면서 객관성을 유지하는 문항을 개발하는 것은 쉽지 않다.

표 8-7 평정척도법의 예

관찰 유아	김지현	생년월일	2002. 05. 26.			
조형 영역 활동명	움직이는 사진기 만들기	관찰일	2007. 11. 30.			
순서	내용	1 매우 그렇지 않다	2 그렇지 않다	3 보통이다	4 약간 그렇다	5 매우 그렇다
1	다양한 재료를 이용하여 작품을 만든다.			✓		
2	만든 것을 가지고 다른 놀이에 이용한다.			✓		
3	활동에 몰두하고 즐거워한다.				✓	
4	친구와 상호작용을 통하여 협동 작품을 만들기도 한다.			✓		
5	스스로 정리 정돈을 할 줄 안다.					✓
6	재료를 친구와 나누어 쓸 줄 안다.					✓
7	자기의 감정과 의견을 담은 작품을 만들기도 한다.					✓
8	시작한 활동을 끝까지 하여 성취감을 느낀다.				✓	
9	익숙한 활동뿐만 아니라 새로운 활동에도 참여를 잘한다.					✓
10	획일화된 활동보다 창의성이 돋보이는 작품을 만든다.			✓		

출처: 최일선 외(2012)

② 면접법

면접법은 평가자가 유아나 부모를 직접 만나 대화하며 관찰만으로는 알기 어려운 유아의 발달상태, 정서, 태도, 내면의 생각과 경험에 대한 다양한 정보를 수집하고 평가하는 방법이다. 면접법은 유아면접과 부모면접으로 구분되며 유아면접을 통해 유아의 감정, 생각, 의도, 이해 수준을 알 수 있고 부모면접을 통해서는 가정에서의 생활습관, 발달특성, 행동변화 등 가정에서 유아의 모습을 효과적으로 파악할 수 있다.

면접법은 대상의 동기나 내면의 심층적인 정보를 파악하는 데 효과적이며 당사자의 생각과 느낌을 직접 들을 수 있어 정확하고 구체적인 이해가 가능하다. 그러나 유아의 언어발달 수준이나 성격에 따라 면담내용의 깊이가 달라질 수 있으며 교사의 질문 방식이나 태도에 따라 평가 결과의 신뢰도와 타당성에 영향을 미칠 수 있다. 또한 면접은 일대일로 진행되므로 충분한 시간 확보가 어렵고, 부모면접의 경우에는 부모가 유아의 행동을 실제보다 긍정적으로 해석하거나 기대에 맞춰 과장되게 표현할 가능성이 있어 평가 결과가 왜곡될 수 있다.

따라서 성공적인 면접을 위해서는 면접자의 역할이 무엇보다 중요한데 면접자는 객관적이고 우호적인 태도를 유지하며, 면접 대상자가 면접에 협조적인 태도를 갖도록 친밀한 관계를 형성하여 편안한 분위기를 조성하는 것이 필요하다(황해익, 2016). 또한 면접의 목적과 질문을 사전에 명확히 하고, 개방형 질문을 통해 상대방의 자유로운 표현을 유도하며, 언어적 응답뿐만 아니라 표정, 태도 등 비언어적 표현까지 충실히 기록하는 전문성이 요구된다. 면접법은 관찰법 등 다양한 평가방법과 병행하여 활용될 때 각 방법의 한계를 상호 보완하며 평가의 신뢰도와 타당도를 높일 수 있다.

③ 표준화 검사법

표준화 검사법은 표준화된 도구를 통해 유아의 발달과 행동을 측정하고 기준에 맞춰 평가하는 것이다. 유아교육 현장에서 교사는 주로 관찰과 면담을 통해 유아의 발달을 파악하지만 이러한 방법만으로는 평가의 정확성과 객관성을 충분히 확보하기 어렵다. 이러한 한계를 보완하기 위해 평가의 신뢰성과 객관성을 높일 수 있는 표준화된 검사가 평가도구로 활용될 수 있다.

예를 들어, 3세 유아가 언어적 표현에 어려움을 보일 경우 그 원인이 발달상의 문제인지, 개인적 성향 때문인지를 정확하게 파악할 필요가 있다. 이때 표준화된 검사는 교사의 전문적 판단을 뒷받침하는 객관적 자료로 활용될 수 있다. 특히 조기에 적절한 언어 지원이 필요한 유아의 경우, 체계적인 검사를 통해 정확한 정보를 수집하는 것은 효과적인 교육적 개입을 위해 매우 중요하다. 부모 상담에서도 검사 결과를 바탕으로 한 구체적이고 신뢰할 수 있는 정보는 유아에 대한 이해를 높이고 가정과 기관 간의 협력적 관계를 강화하는 데 도움이 된다.

검사법은 검사 실시, 채점, 결과 해석의 절차가 표준화되어 있어 교사 개인의 주관적 판단이 개입되지 않고 과학적이고 객관적인 방식으로 유아의 능력과 발달상태를 파악할 수 있도록 돕는다. 관찰을 통해 얻은 정보는 상황에 따라 평가자에 따라 주관이 개입되어 다르게 해석될 수 있는 반면 검사는 구체적인 점수나 백분위를 제시하여 같은 연령대 유아의 일반적인 발달과 비교하여 특정 유아가 어느 위치에 있는지 유아의 수준을 객관적으로 파악할 수 있다. 이를 통해 유아의 전반적인 인지능력, 정서상태, 성격특성 등을 파악하고 개인의 강점과 약점, 잠재력, 그리고 문제 영역을 발견하여 교육적 지원 방향을 세우는 데 도움이 된다(최일선 외, 2012; 이해정 외, 2018).

유아교육 현장에서 활용되는 표준화검사는 일반적으로 발달검사, 선별검사, 지능검사, 준비도검사로 구분된다. 발달검사는 유아의 전반적 발달수준 또는 특정 발달영역의 기능을 평가하기 위해 실시되며 선별검사는 발달지연이나 특수한 지원이 필요한 유아를 조기에 발견하기 위한 검사이다. 지능검사는 유아의 인지능력을 측정하여 지적 발달이 평균 범위 이상 또는 이하에 해당하는지를 파악하기 위한 것이며 준비도 검사는 유치원이나 초등학교 입학을 앞둔 유아의 학습 준비 정도를 평가하기 위해 사용된다. 대표적인 검사도구로는 유형별로 베일리 발달검사(BSID-II), 덴버 발달선별검사(DDST-II), 웩슬러 지능검사(WPPSI-IV), 한국 아동발달검사(K-CDI), 한국판 아동 · 청소년 행동평가척도(K-CBCL), 한국 영유아 발달선별검사(K-DST), 학습 준비도 검사 등이 있다. 각 도구마다 측정 영역, 대상 연령, 실시 시간, 평가 목적이 서로 다르므로 교사는 평가하고자 하는 구체적인 목적과 유아의 상황을 종합적으로 고려하여 가장 적합한 검사도구를 선택하는 것이 필요하다.

검사법의 장점은 결과의 객관성과 일관성이다. 표준화된 절차로 실시되므로 시간이나 장소가 달라져도 신뢰할 수 있는 결과를 얻을 수 있으며 개별 유아의 발달수준을 객관적으로 파악할 수 있다(황해익, 2016). 검사 결과는 유아의 발달을 지원하기 위한 계획 수립, 교육과정 운영 개선, 부모 상담을 위한 기초 자료로 활용될 수 있다. 한편 검사는 일상적인 상황이 아닌 인위적인 환경에서 이루어지기 때문에, 유아가 평소의 능력을 충분히 보여주지 못할 수 있다. 따라서 검사를 실시할 때 평가자는 유아가 편안한 분위기에서 검사를 받을 수 있도록 돕는 것이 중요하다. 또한 검사 결과만으로 유아를 평가할 경우 유아의 개별적 특성이나 상황을 충분히 반영하지 못할 수도 있다. 따라서 검사 결과는 절대적인 판단 기준으로 사용하기보다 관찰 기록이나 작품 등 일상에서 얻은 다양한 자료와 함께 종합적으로 해석하는 것이 바람직하다. 부모에게 평가 결과를 전달할 때에도 유아의 부족한 부분보다 강점과 성장 가능성에 초점을 두어 긍정적인 메시지를 전달하는 것이 바람직하다.

④ 포트폴리오 평가

포트폴리오는 작업이나 활동을 통해 산출된 결과물, 즉 작품이나 수행과정을 모아 정리한 자료집을 의미한다. 이는 단순한 결과물의 모음이 아닌 일정 기간에 걸쳐 유아의 발달적 변화와 배움의 과정을 종합적으로 파악하기 위한 과정중심의 평가 자료이다. 포트폴리오 평가는 유아의 그림이나 만들기 등의 다양한 활동 결과물, 활동 사진, 교사의 관찰 기록 등을 체계적으로 수집하고 분석하는 과정을 포함한다. 이러한 기록은 시간의 흐름에 따라 나타나는 유아의 성장과 발달의 변화, 개별 유아의 노력과 성취의 과정을 보여준다. 교사는 이러한 자료를 근거로 유아의 현재 발달수준을 평가하고 향후 교육계획을 수립할 수 있다.

또한 포트폴리오 평가는 교사중심의 일방적 평가가 아니라 유아와 부모가 함께 참여하는 협동적 평가이다(황해익, 2016). 유아는 포트폴리오에 포함할 자료를 직접 선택하고 정리하며 작품에 담긴 생각과 느낌을 표현함으로써 자기 성찰적 평가과정에 참여한다. 이러한 유아의 주도적 참여는 개별 유아의 경험과 의미가 담긴 평가 자료를 만들어내며, 교사와 부모는 이를 바탕으로 면담을 통해 유아의 성장과 발달과정을 구체적으로 공유할 수 있다.

포트폴리오 평가는 유아의 고유한 강점과 개별성, 그리고 성장과정을 가장 잘 보여주는 과정중심의 질적 평가 방법으로 유아의 발달적 변화를 시각적으로 구체화하여 보여주어 교사, 부모, 유아 간의 상호 이해와 협력을 촉진한다는 장점이 있다. 그러나 방대한 자료를 목적에 맞게 체계적으로 수집하고 교육적으로 의미 있게 해석하기 위해서는 상당한 시간과 노력이 요구된다는 단점이 있다(이해정 외, 2018).

2) 교사평가

(1) 개념과 목적

교사는 유아의 발달과 학습에 결정적인 영향을 미치는 핵심적인 존재이다. 교사는 놀이환경을 조성하고 유아와 상호작용하며 전인적 발달을 지원하며, 이러한 과정에서 발휘되는 교사의 역량이 곧 유아교육의 성패를 좌우한다. 유아교육에서 교사 평가는 단순히 교사의 능력을 판단하고 비교하기 위함이 아니라, 교사가 자신의 교육활동을 성찰하고 동료와의 협력을 통해 전문성을 향상시키는 과정에 가치를 둔다. 이처럼 교사평가는 교사의 성장을 촉진하고 이러한 교사의 전문적 성장은 유아에게 제공되는 교육경험의 질을 높이는 결과로 이어진다. 결국 교사가 전문가로 성장할 수 있도록 지원하는 체계적인 평가제도를 마련하는 것이 유아교육의 지속적인 향상과 발전을 위해 중요하다.

교사평가는 다음과 같은 목적을 지닌다(최일선 외, 2012).

첫째, 교사평가는 교사로 하여금 개인의 성향, 전문적 지식, 기술, 태도 등을 점검하고 성찰하도록 하여 전문성과 교수역량을 향상시키도록 돕는다.

둘째, 교사평가는 교사의 교육활동을 점검하고 개선 방향을 제시하여 교사의 전문성을 높임으로써 유아에게 질 높은 교육을 제공한다.

셋째, 교사평가는 교육의 질을 높임으로써 기관의 신뢰성과 운영의 효율성을 높이는 데 기여한다.

(2) 평가방법

① 자기평가

자기평가는 교사가 자신의 교육활동과 전문적 역량을 스스로 점검하고 성찰하는 과정으로써 반성적 저널 쓰기, 수업 동영상 촬영 및 분석, 포트폴리오 작성, 자기

평가 척도 활용 등 다양한 방법을 활용하여 평가할 수 있다. 자기평가는 교사가 자신의 교육 실제를 돌아보고 성찰할 수 있는 기회를 제공하여 교사의 전문성 향상에 도움이 된다. 또한 자기평가 기록은 교사의 고유한 교수-학습 방식과 성향을 반영하므로 이를 바탕으로 개인의 강점과 보완이 필요한 부분을 파악할 수 있다. 교사는 이러한 결과를 종합하여 이후 교육계획에 반영함으로써 교육과정 운영을 개선할 수 있다. 이처럼 교사의 자기 평가는 자신의 교육을 성찰하고 개선하며 궁극적으로 유아의 성장과 발달을 위한 질 높은 교육환경을 조성하는 핵심적인 기제가 된다.

② 타인평가

타인평가는 상급자 평가와 동료 평가, 부모 또는 외부 관찰자에 의한 평가 등이 있다. 상급자 평가는 전문성을 갖춘 원장, 원감, 주임 또는 경력 교사가 실시하는 평가를 뜻하며 교사가 교육활동 중 겪는 어려움을 파악하고, 그에 대한 개선 방향이나 지원방안을 제시하는 역할을 한다.

동료평가는 교사의 전문성 향상을 위해 교육활동 전반에 대해 동료 교사가 상호 평가하며 피드백을 주고받는다. 교사 간 자율적이고 수평적 관계에서 실시하며 대화와 협력을 통해 새로운 아이디어와 관점을 공유하고 서로의 강점을 발견하고 개선이 필요한 부분을 찾아 개선함으로써 교사의 실천적 역량을 높인다.

부모 및 외부 관찰자에 의한 평가는 학부모와 외부 전문가가 교사의 교육활동을 다양한 관점에서 살펴보고 피드백을 제공하는 방식으로, 학부모는 설문조사 형태의 만족도 평가를 통해 의견을 제시하며, 외부 관찰자는 교육청 장학사나 연구원 등 전문가가 직접 수업을 관찰하고 평가하는 형태로 이루어진다. 부모 및 외부 관찰자에 의한 평가는 객관적이고 다양한 시각을 제시함으로써 내부 평가에서 간과할 수 있는 부분을 보완할 수 있도록 돕는다.

③ 교원역량개발지원 제도

유아교육 현장에서는 교원의 전문성을 진단하고 맞춤형 연수를 지원하기 위해 '교원능력개발평가'가 시행되었다. 이 제도는 동료 교원 평가와 학부모 만족도 조사 등을 통해 교사의 교육활동을 다면적으로 살펴보고 능력 개발을 지원하고자 하였다. 그러나 유아의 놀이중심 · 활동중심 교육과정의 특수성을 제대로 반영하지 못한 획일적인 평가지표, 평가 준비를 위한 과도한 행정 업무 부담, 학부모 만족도 조사의 신뢰성 문제 등이 지적되었다. 이러한 개선 요구를 반영하여, 교육부는 2024년부터 교원능력 개발평가를 폐지하고 2025년 시범 운영을 거쳐 2026년부터 '교원역량개발지원 제도'를 전면 시행할 예정이다. 새 제도는 교사를 평가의 대상이 아닌 교육전문가이자 자기주도적 성장의 주체로 존중하고, 교육활동 개선에 참고할 수 있는 다양한 정보를 제공하여 자발적인 역량 개발을 지원하는 데 초점을 두고 있다. 유아교사에 대한 평가는 교사의 자율성과 전문성을 신뢰하고 지원하는 방향으로 나아가고 있으며 교사 스스로 자신의 실천을 되돌아보고, 교사 개개인의 성장 계획에 따른 맞춤형 지원을 제공하는 방향으로 지속적으로 발전해 나가야 할 것이다.

3) 기관평가

(1) 유치원 평가

① 개념과 목적

유치원 평가는 유치원 교육 공동체가 주체가 되어 자율성과 책무성을 가지고 유치원 교육의 전반적인 운영을 '계획-실천-평가-환류'의 과정을 통해 진단하고 개선하는 실천적인 과정이다. 유치원 평가는 「유아교육법」 제19조에 의거하여 2007년에 시범 평가가 시작되었으며 2008년 1주기 평가를 시작으로 3년 주기로 실시되고 있다. 2023년부터 2025년에는 6주기 평가가 시행되었다. 초기 평가는 국가 공통지표를 기준으로 서면 및 현장 평가가 이루어졌으며, 이후 시 · 도별 지표가 추가되는 과도기를 거쳐 현재 6주기 평가는 시 · 도교육청이 마련한 자체지표를 활용하여 전면 자체평가로 평가방식이 변화되었다. 이러한 평가체제의 변화는 단위 유치원 평가 운영의 자율성을 확대하고 현장의 요구를 반영하며, 2019 개정 누리과정과 연계하여 유아의 놀이가 교육 현장에서 주도적으로 이루어질 수 있도록 지원하기 위함이다. 이에 각 시 · 도교육청은 지역의 상황과 교육적 요구에 맞는 자체지표를 개발하여, 유치원 교육 공동체가 스스로 평가하고 개선하는 자율적인 평가를 시행하고 있다.

표 8-8 유치원 평가정책의 변화

주기	평가 방식	지표 및 평가
제1주기 (2008~2010)	• 서면+현장평가 실시 • 평가 결과 비공개	• 국가 공통지표 200점 • 정성평가 • 점수 부여
제2주기 (2011~2013)	• 서면+현장평가 실시 • 평가 결과는 서열화하지 않고 공개(재정지원과 연계)	• 국가 공통지표 100점 • 정성평가 • 점수 부여
제3주기 (2014~2016)	• 자체+서면+현장평가 실시 • 평가 결과 공개(정보공시 활용)	• 국가 공통지표 90점+ 시 · 도 지표 10점 • 정성평가 • 점수 부여
제4주기 ('17년~'19년)	• 자체+서면+현장평가 실시 • 유아교육진흥원으로 평가 업무 이관('18년)	• 국가 공통지표+시 · 도지표 • 정량평가 • 등급 부여(4등급)
제5주기 ('20년~'22년)	• 자체+서면 평가 실시 • 평가절차 개선	• 자체지표(3영역) • 정성+정량 • 등급 부여(3등급)
전면 자체평가 ('23년 이후)	• 자체평가 • 자율 평가 운영 체제 마련 • 유치원 평가 운영의 단위 유치원 자율성 확대	• 자체지표(3영역) • 정성+정량

유치원 평가의 목적은 다음과 같다.

첫째, 자율적인 유치원 교육활동 진단 및 개선을 통한 유치원 교육의 질을 제고한다.

둘째, 유치원 교육공동체 참여 · 소통 · 협력을 기반한 자율과 책임의 자치 문화를 조성한다.

셋째, 유치원의 건강 및 안전 관리 강화를 통한 질 높은 유치원 환경을 조성한다.

넷째, 유치원 교육의 '계획-실천-평가-환류'의 자율운영체제를 확립한다.

② 평가방법

유치원 평가는 공·사립 유치원을 대상으로 매년 자체평가를 실시하며, 평가내용은 영역과 지표 항목으로 구성된다. 평가 결과는 홈페이지와 정보공시를 통해 공개되고, 이후 유치원 교육과정 운영을 개선하기 위한 기초 자료로 활용된다. 평가의 추진 방향은 다음과 같다.

표 8-9 평가 추진 방향

구분	내용
평가주체	• 교원, 교직원, 학부모 등 유치원 교육공동체 구성원(단위유치원의 자체평가 위원회)
평가영역	• 평가 영역 Ⅰ. 유아·놀이중심 교육과정 및 방과후 과정 Ⅱ. 교육 주체가 참여하는 민주적 유치원 운영 Ⅲ. 유치원의 건강과 안전
평가방법	• 교육 공동체 참여·소통·협력을 통한 단위유치원 주도의 자체평가
결과환류	• 유치원 평가 설문 결과를 유치원 구성원이 공유·토론·분석하는 과정을 거쳐 마련된 개선안을 차년도 유치원 교육계획에 반영
유치원 평가 지원체계	• 유아교육진흥원은 유치원 평가 기본계획 및 가이드북 제공, 유치원 평가 담당자 역량 강화 연수 및 컨설팅 운영 • 교육지원청은 관내 유치원의 유치원 평가 추진 과정을 지원, 유치원 평가 결과서 수합 및 내용 확인, 평가 결과를 지원장학과 연계하여 맞춤형 지원

자체평가	➡	평가 결과 보고서 수합	➡	결과 공시
유치원		교육지원청· 유아교육진흥원		유치원
• 자체평가위원회 구성 • 유치원 평가 계획 수립 • 유치원 평가 담당자 연수 • 유치원 평가 컨설팅 실시 • 유치원 평가 실시		• 유치원 평가 결과서 제출 (유치원 → 교육지원청)		• 유치원 홈페이지 탑재 • 유치원 정보공시 공개

현행 유치원 평가는 시 · 도교육청이 자율적으로 수립한 기준에 따라 운영되므로 지역별로 평가 영역과 지표가 다르게 나타난다. 본 장에서는 서울특별시교육청 유아교육진흥원이 제시한 2025학년도 유치원 평가의 영역과 지표, 평가 결과서 예시를 사례로 제시하였다.

표 8-10 2025년 유치원 평가지표

평가영역(문항수)	평가지표	문항수
Ⅰ. 유아 · 놀이중심 교육과정 및 방과후 과정 (17)	1-1. *유아 · 놀이중심 교육과정 편성 · 운영	7
	1-2. 유아 · 교육과정 평가 및 환류	3
	1-3. *교원의 전문성 신장 지원	4
	1-4. 돌봄과 쉼이 있는 방과후 과정	3
Ⅱ. 교육 주체가 참여하는 민주적 유치원 운영 (15)	2-1. 유아가 주도하는 교육환경	5
	2-2. 부모와 지역사회가 함께하는 협력 공동체	5
	2-3. 소통중심의 교직원 교육 자치	5
Ⅲ. 유치원의 건강과 안전 (15)	3-1. 시설 및 환경의 청결과 안전	5
	3-2. 안심하고 믿을 수 있는 급 · 간식 환경	4
	3-3. 유아 및 교직원을 위한 건강 증진	4
	3-4. 유아 및 교직원의 안전보장과 권리 증진	4
	3-5. 안전한 등 · 하원	3
총계	12개	52

출처: 서울특별시 교육청, 유아교육진흥원(2025)

표 8-11 2025 유치원 평가 결과서-제출용 예시

2025 유치원 평가 결과서

유치원명	○○ 유치원

◎ 2025 유치원 평가 결과 분석 및 향후 추진 계획

영 역	지 표	종합 평가	개선할 점 및 향후 추진 계획
Ⅰ. 유아 · 놀이 중심 교육 과정 및 방과후 과정	유아 · 놀이중심 교육과정 편성 · 운영	예시) • 유아의 흥미와 요구를 존중한 유아 · 놀이중심 교육과정을 실천하기 위해 유아의 발달특성 및 경험을 고려한 놀이지원이 융통성 있게 실시되고 있음 • 유아의 놀이가 실천-평가-환류 등 체계적인 과정 속에서 발현될 수 있도록 적절한 평가 방법을 활용하여 지속적인 놀이관찰 및 지원이 이루어지고 있음 • 교원의 전문성 신장을 위해 관련 연수, 장학 등을 활발하게 계획 · 실천하고 있으며, 교원학습 공동체를 운영하여 교원 간의 정보 공유 및 운영 개선을 위해 노력함 • 안정적 방과후 과정 운영을 위해 균형적 식단과 휴식, 환경을 제공하고 있음	예시) • 유아 · 놀이중심 교육과정의 내실화를 위한 환경 조성 및 타 기관과의 교류 확대 실시 • 학부모에게 놀이를 공유함으로써 가정과 연계하여 진행할 수 있는 놀이지원을 통해 기관과 가정 간의 상호협력 증진을 위한 노력 • 유아의 놀이 속에서 배움이 일어나도록 질 높은 상호작용에 관한 사례 공유 실시 • 교원학습 공동체 지원을 위한 컨설팅 확대와 지속적인 교원의 연구활동 추진 • 유아의 발달과 요구를 고려하여 유아의 정서적 안정감을 위한 시설 및 공간 개선 필요
	유아 · 교육과정 평가 및 환류		
	교원의 전문성 신장 지원		
	돌봄과 쉼이 있는 방과후 과정		
Ⅱ. 교육 주체가 참여하는 민주적 유치원 운영	유아가 주도하는 교육환경	예시) • 유아의 의견을 적극 반영하여 유아가 주도하는 교육환경을 구성함 • 부모교육, 상담, 가정과 연계한 교육 참여 등을 통해 기관-가정 간의 상호 이해와 협력을 위해 노력함 • 주기적 회의를 통해 교직원의 민주적 의사결정을 존중 및 반영해 교직원의 근무태도 및 복지 향상이 이루어짐	예시) • 유아가 주도하는 교육환경이 지속적으로 이루어질 수 있도록 유아의 발달 및 권리를 고려하여 적극적인 실내외 활동 계획 및 운영 • 학부모의 적극적인 의견 개진을 위한 온라인 시스템 구축 필요 • 원만한 교직원 문화 조성을 위해 민주적인 의견 수렴을 통한 해결방안 모색
	부모와 지역사회가 함께하는 협력 공동체		
	소통중심의 교직원 교육 자치		

영 역	지 표	종합 평가	개선할 점 및 향후 추진 계획
Ⅲ. 유치원의 건강과 안전	시설 및 환경의 청결과 안전	예시) • 유치원을 안전하게 관리하기 위해 정기적인 안전 점검을 체계적으로 실시함 • 유아의 영양균형을 고려하여 급·간식을 제공하고 주기적인 급식지도 점검을 받고 있음 • 유아와 교직원을 위한 체계적인 건강관리에 힘쓰고 있음 • 유아의 안전보장과 권리증진을 위한 교직원의 지속적인 자기점검과 관련 교육을 철저히 실시하여 학급운영에 반영하고 있음 • 안전한 등·하원을 계획-수립-시행하여 유아의 안전을 위해 노력하고 있음	예시) • 유치원 안전 관련 업무분장을 세분화하여 담당자별 체계적인 안전 점검이 이루어질 수 있도록 실시 • 유아와 교직원 건강, 안전 교육 계획을 구체적으로 작성하여 유치원 운영 계획에 반영 • 유아의 안전보장과 권리증진을 위해 기관-가정 간의 소통이 이루어질 수 있는 방안 모색 • 유아의 안전한 등·하원이 지속적으로 이루어질 수 있도록 다양한 형태의 교통안전교육에 대한 지도 확대
	안심하고 믿을 수 있는 급·간식 환경		
	유아 및 교직원을 위한 건강 증진		
	유아 및 교직원의 안전보장과 권리 증진		
	안전한 등·하원		

◎ 2025 유치원 평가 영역별 결과 (해당란에 "✓" 표시)

영역	매우 그렇다	그렇다	보통이다	그렇지 않다	매우 그렇지 않다
Ⅰ. 유아·놀이중심 교육과정 및 방과후 과정					
Ⅱ. 교육주체가 참여하는 민주적 유치원 운영					

영역	전체 문항수	충족(Y) 문항수	충족률(%)
Ⅲ. 유치원의 건강과 안전	20		

※ 유치원 평가 Ⅰ, Ⅱ영역별 문항 전체 평균 점수 결과를 5단계 척도 〔매우 그렇다(4.5 이상), 그렇다(3.5 이상), 보통이다(2.5 이상), 그렇지 않다(1.5 이상), 매우 그렇지 않다(0.5 이상)〕로 해당란에 표시

※ Ⅲ영역은 확인 자료를 통해 문항별로 평정하여 충족 문항수, 충족률〔(충족 문항수÷20)×100〕을 정확히 계산하여 입력

출처: 서울특별시 교육청, 유아교육진흥원(2025)

(2) 어린이집 평가제

① 개념과 목적

어린이집 평가제란 모든 어린이집을 대상으로 보육서비스의 질을 체계적으로 평가하고 관리하는 국가 차원의 질 관리 체계이다. 우리나라의 어린이집 질 관리를 위한 노력은 2005년 도입된 어린이집 평가인증제도를 통해 시작되었다. 2019년 6월까지 운영된 평가인증제도는 어린이집이 지향해야 할 보육서비스의 기준을 제시하고, 각 기관의 질을 공정하게 평가해 정부의 지원과 관리를 위한 핵심 장치로 기능하였다. 그러나 기존 평가인증제도는 어린이집의 자발적 신청에 기반해 운영되어 인증에 참여하지 않는 어린이집에 대한 질 관리가 이루어지지 않는 사각지대가 발생하는 한계가 있었다. 이에 따라 모든 영유아에게 균등하게 양질의 보육서비스를 제공하기 위해 전체 어린이집을 포괄하는 질 관리 체계의 필요성이 지속적으로 제기되었다.

2018년 「영유아보육법」의 개정으로 모든 어린이집을 대상으로 하는 의무 평가제의 법적 근거가 마련되었고, 2019년 6월부터 새로운 어린이집 평가제가 시행되었다. 이후 2024년 「영유아보육법」 개정안 공포로 평가제는 한층 강화되었고 보육서비스의 질 개선이라는 본래 목적을 분명히 하고, 단발성 평가가 아닌 지속적 질 관리로 전환되었다는 의미가 크다. 2024년 개정된 어린이집 평가제는 보육서비스의 질적 수준을 실질적으로 제고하고, 부모가 안심하고 맡길 수 있는 보육환경 조성을 목적으로 한다. 이를 위해 결과중심 평가에서 과정중심 평가로 전환하고 어린이집의 자율적인 질 관리 역량을 강화하는 방향으로 체계가 개편되었다.

2019년 6월부터 시행된 어린이집 의무평가제는 국가 차원에서 모든 어린이집의 보육수준을 체계적으로 관리할 수 있는 기반을 마련했다는 점에서 긍정적으로 평가되었다. 그러나 운영 과정에서는 시설 · 환경 등 구조적 질중심의 평가와 문서중심의 평가방식으로 인해 한계가 지적되었고, 현장에서는 과도한 서류 준비 부담을 호소하였다. 이러한 문제를 해결하고 보육서비스 질 개선에 초점을 두기 위해 2024년 7월 어린이집 평가제가 개편되었다. 2024년 개정 어린이집 평가제는 다음과 같은 특징을 가진다.

표 8-12 주요 특징 비교

구분	평가제	2024 개정 평가제
평가지표	• 4영역, 18지표, 59항목 • 정량평가(N/Y) • 구조적 지표(보육환경 등) 〉 과정적 지표(보육과정 등)	• 6영역, 15항목 • 정성평가(서술형) • 구조적 지표(보육환경 등) 〈 과정적 지표(보육과정 등)
평가절차	• 평가대상 통보 → 기본사항 확인 및 자체점검 → 현장평가 종합평가 대상 통보 / 한국보육진흥원 ➡ 기본사항 확인 및 자체점검 보고서 제출 / 지자체, 어린이집 ➡ 현장 평가 / 한국 보육 진흥원 ➡ 종합 평가, 결과 발표 / 종합 평가 위원회	• 평가대상 통보 → 자체평가 현장평가 → 종합 평가 대상 통보 / 한국보육 진흥원 ➡ 자체평가 / 어린이집 ➡ 현장 평가 / 한국 보육 진흥원 ➡ 종합 평가, 결과 발표 / 종합 평가 위원회
평가결과	• 평가등급 제공(A, B, C, D)	• 영역별 서술형 결과서 제공
평가주기	• A, B등급 3년 / C, D등급 2년	• 3년
사후관리	• 사후방문 · 확인 점검 • 최하위 등급 조정	• 연차별 자율 품질관리 및 컨설팅 • 재평가

위의 표에서 알 수 있듯이 2024 개정 어린이집 평가제는 기존의 구조적 · 정량적 지표와 서류 검증에 치우친 방식에서 벗어나 평가지표를 간소화 · 재구조화하고 과정 · 정성중심 평가의 비중을 확대하였다. 평가 절차에서는 자체평가를 강화하였으며 사후관리에서는 연차별 자율관리와 맞춤형 컨설팅을 통해 지속적인 질 개선을 지원하도록 체계를 정비하였다.

이러한 변화는 기존에 강조되던 구조적 · 정량적 평가요소를 조정하고, 교사-영유아 상호작용과 보육과정 운영 등 실제적 과정을 강화함으로써 보육서비스 질 개선이라는 본래 취지를 보다 효과적으로 실현할 수 있게 되었다.

어린이집 평가제의 시행 목적은 다음과 같다(교육부, 한국보육진흥원, 2025).

첫째, 보육서비스 질 관리를 위해 교사-영유아 상호작용중심의 질 관리 표준을 제시하고, 전체 어린이집의 평가 참여를 통하여 어린이집 질적 수준을 제고하도록 한다.

둘째, 평가 참여가 보육서비스 질 개선을 직접 유도할 수 있도록 어린이집을 지원하는 방식으로 평가과정을 진행하며, 상시적인 자율 관리 체계를 지원하여 보육서비스 수준을 지속적으로 관리하고자 한다.

셋째, 궁극적으로 평가제를 통해 보육서비스의 질을 제고함으로써 영유아의 안전과 건강, 조화로운 성장과 발달을 도모하고자 한다. 이를 위해 영유아의 인권과 놀 권리를 보장하고 영유아가 건강하고 행복하게 성장할 수 있는 안심 보육환경을 조성한다.

② 평가방법

어린이집 평가는 「영유아보육법」에 의거해 모든 어린이집을 대상으로 3년마다 정기적으로 실시된다. 평가는 어린이집의 자율성을 보장하면서도 현장의 실질적 변화를 이끌어내는 데 중점을 두고 있으며, 주요 절차는 다음과 같다.

- 평가대상 통보: 한국보육진흥원에서 평가 주기에 따라 대상 어린이집을 선정하여 현장평가 3개월 전에 통보한다.
- 자체평가: 통보를 받은 어린이집은 원장, 보육교사, 원아 부모 각 1인 이상을 포함하여 자체평가위원회를 구성한다. 위원들은 약 2개월간 평가지표를 기준으로 어린이집의 수준을 스스로 평가하고 개선 계획을 수립하여 자체평가보고서를 제출한다.
- 현장평가: 2인 또는 3인의 현장평가자가 어린이집에 방문하여 1일간 평가를 실시한다. 평가는 하루 일과 전반에 걸쳐 관찰, 기록(문서) 검토, 면담 등의 방법을 통해 이루어지며, 특히 과정적 질을 파악하기 위해 관찰과 면담을 중심으로 진

행된다.

- 종합평가 및 결과발표: 종합평가위원회에서는 자체평가보고서, 현장평가보고서 등을 토대로 종합평가를 진행하여 평가 결과를 확정한다. 결과는 어린이집에 사전 통지된 후 소명 절차를 거쳐 최종적으로 발표 및 공표된다.
- 평가 후 관리: 평가 이후 모든 어린이집은 매년 연차별 자율관리를 통해 운영 전반을 스스로 점검하고 개선한다. 또한, 진단 결과에 기초한 맞춤형 컨설팅을 지원받아 자율적인 질 개선 노력을 지속한다. 법 위반 및 행정처분 등이 발생한 경우에는 기존 평가 결과의 효력을 중단하고 재평가를 실시하여 보육 품질을 상시적으로 관리한다.

어린이집 평가는 순환적 절차를 통해 이루어지며, 그 전 과정을 종합한 운영체계는 그림 8-1과 같다.

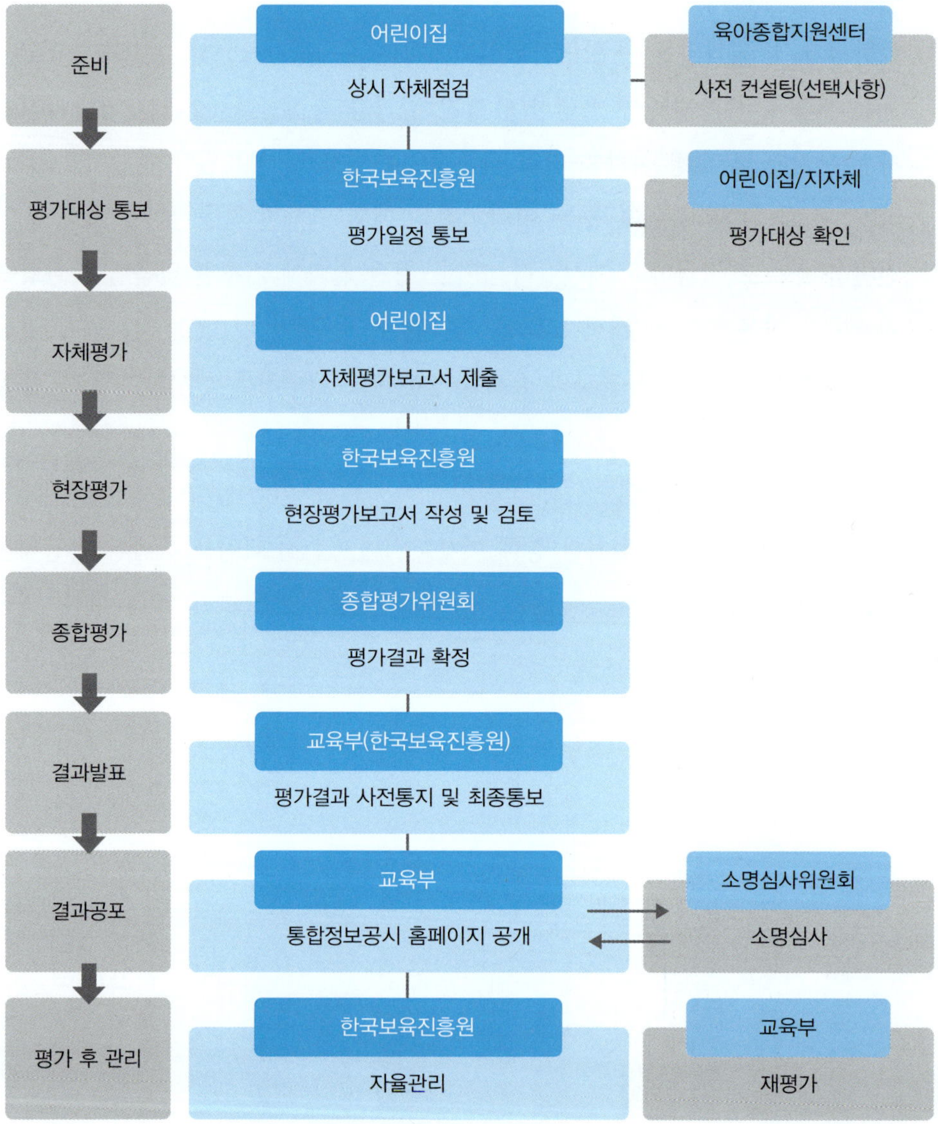

그림 8-1 어린이집 평가 운영체계도

2024 개정 어린이집 평가지표는 총 6개의 영역과 15개의 항목으로 구성되며, 그 내용은 다음과 같다.

표 8-13 2024 개정 어린이집 평가지표

평가영역(6개)	평가항목(15개)
1. 영유아중심 일과 운영	1-1. 일과의 충실한 운영 1-2. 따뜻하고 편안한 일상생활 지원
2. 영유아가 주도하는 배움 지원	2-1. 영유아의 놀이를 위한 공간 구성 및 운영 2-2. 배움을 위한 자료 제공
3. 영유아 존중 상호작용 지원	3-1. 교사와 영유아의 반응적 상호작용 3-2. 영유아 또래 간 상호작용 격려
4. 보육과정 실행과 평가	4-1. 관찰 및 실행 계획 4-2. 보육과정 평가
5. 원장의 리더십과 보육교직원 역할 강화	5-1. 보육의 질 향상을 위한 리더십 5-2. 교사 간의 협력 5-3. 보육교직원 역량 강화
6. 건강 및 안전	6-1. 실내외 공간의 청결 · 쾌적성 6-2. 급 · 간식의 적절한 제공 6-3. 교구 · 교재 · 설비의 안전한 관리 6-4. 영유아의 안전한 보호

activity 1. 비유 완성하기

유아교육 평가에 대해 학습한 내용을 바탕으로, 여러분만의 창의적인 비유를 만들어 평가의 의미를 정의해보고 그룹별로 소개해보세요.

유아교육 평가는 ______________________ 이다.

activity 2. 상황에 맞는 평가법 찾기

유아교육 현장에서 실제로 일어날 수 있는 상황들이에요. 각 상황에 가장 적합한 평가법을 선택하고, 그 이유를 설명해 보세요.

1) 현준이가 친구를 얼마나 자주 때리는지 횟수를 알고 싶어요.
추천 평가법:
선택 이유:

2) 수줍음 많은 민아가 어떤 상황에서 말을 하고, 어떤 상황에서 입을 닫는지 그 전후 맥락이 궁금해요.
추천 평가법:
선택 이유:

3) 현수의 자유놀이시간에 놀이 패턴을 알고 싶어요.
추천 평가법:
선택 이유:

4) 민지가 그동안 얼마나 성장했는지 부모님께 생생하게 전달해드리고 싶어요.
추천 평가법:
선택 이유:

5) 태민이가 자조기술(단추 끼우기, 신발 신기, 가방 정리 등)을 어느 정도 할 수 있는지 알아보고 싶어요.
추천 평가법:
선택 이유:

activity 3. 잘못된 평가 vs 올바른 평가

평가는 잘 사용하면 유아들의 성장을 도울 수 있지만, 잘못 사용하면 유아들에게 해가 될 수도 있습니다. 평가의 부정적 사용과 긍정적 사용과 사례를 생각해 보고 이야기해 보세요.

chapter 9

우리나라 유아교육의 과제 및 전망

1 미래시대 유아교육과정

1) 디지털 전환시대와 미래형 교육과정

(1) 유아와 디지털 미디어

디지털미디어 보편화에 따라 유아들은 태어날 때부터 디지털 환경에 둘러싸여 있다. 영유아들의 생활에서 디지털의 활용은 매우 자연스러운 일이 되고 있다. 지금까지 교육계에서는 영유아 시기의 디지털 기기 노출에 대한 걱정, 영유아들의 과몰입에 대한 염려, 구체물을 통한 쌍방향 직접 경험을 중요하게 여기는 교육적 신념 등으로 영유아기 디지털 매체 활용에 대해 부정적인 견해가 대부분이었다. 그러나 유아기 디지털 활용에 대한 논쟁과는 별도로 스마트폰, 태블릿, 유아용 로봇, 전자책, 각종 디지털 놀잇감 등의 활용이 이미 유아들에게 일상이 되어버린 지금, 더 이상 유아들의 생활과 디지털 테크놀로지를 떼어놓고 생각하기 어려운 상황이 되었다. 또한 코로나 19 이후 디지털 미디어를 활용한 교육체제의 변화가 가속화되고 교육 현장의 혁신적 변화를 통해서 미래교육에 대비해야 한다는 요구가 확산되고 있다. 이에 따라서, 유아교육기관에도 디지털 기반 교육환경으로의 전환이 요구되고 있으며, 유아기부터 디지털 사회를 살아가는 데 필요한 디지털 역량을 키울 수 있도록 교육해야 한다는 목소리가 높아지고 있다.

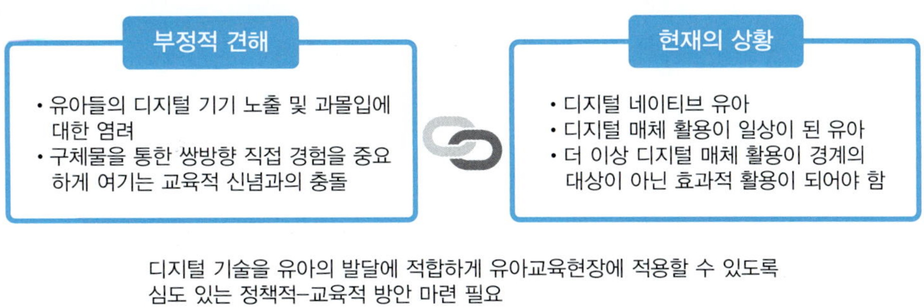

그림 9-1 유아기 디지털 미디어 활용에 대한 인식과 실태

유아들의 생활에서 디지털 매체의 활용은 매우 자연스러운 일이 되었다. 디지털 네이티브인 유아들에게 더이상 디지털 매체가 우려와 경계의 대상이 아닌 효과적 활용의 대상이 되었음을 부인할 수 없는 상황이다. 따라서 디지털 테크놀로지를 영유아의 발달에 적합하게 유아교육 현장에 적용할 수 있도록 심도 있는 정책적, 교육적 방안 마련이 필요하다.

(2) 미래형 유아교육과정 도입

예고 없이 찾아온 코로나 19 상황은 교육현장에 많은 혼란을 야기하였다. 준비 없이 시급하게 원격수업을 시행하게 되면서 유치원 현장의 교사들은 한 번도 경험해 보지 못한 혼란과 어려움을 경험하였다. 이에 따라 교육부에서는 원격수업 수행을 위하여 유치원 교사에게 필요한 디지털역량을 디지털자료에 대한 활용능력, 디지털 교수-학습 능력, 디지털기반 유아이해능력, 디지털 활용 소통능력, 유아의 디지털역량 지원능력으로 제시하고 이에 기초하여 국가 차원의 '유아원격교육을 위한 교사 지원 자료'를 제공하여 유치원 교육현장을 지원하였다(교육부, 2020). 그러나 코로나 19 상황에 따라 준비 없이 시작된 원격교육으로 현장의 혼란을 피할 수 없었고, 이에 교육부에서는 급변하는 유치원 현장의 디지털 기반의 교육환경으로의 전환을 지원하고자 정책적 방향을 수립하여 제시하였다.

① 코로나 이후, 미래교육 전환을 위한 10대 정책과제(교육부, 2020)

교육부에서는 국가차원에서 미래교육의 기반 마련을 위한 '코로나 이후, 미래교육 전환을 위한 10대 정책과제'(2020.10.5.)를 발표하였으며, 여기에 유아교육 관련하여 유치원 미래형교육과정 도입, 디지털 전환 기반 마련 등에 대한 내용을 포함하였다. 정책 발표 이후, 교육부에서는 정책 사업으로 2021년 미래형 교육과정 운영 시범유치원을 공모하였고, 전국 17개 시 · 도에서 34개 유치원을 선정하여 미래형교육과정 시범유치원 운영을 시작하였다.

미래교육의 기반 마련을 위한 '코로나 이후,
미래교육 전환을 위한 10대 정책과제(2020.10.5.)' 발표

유치원 미래형 교육과정 도입
유아교육 관련 미래형 교육과정 도입
디지털 전환 기반 마련 등에 대한 내용 포함

미래형 교육과정 시범유치원 운영
전국 17개 시 · 도, 34개 유치원 선정
미래형 교육과정 시범유치원 운영 시작

그림 9-2 코로나 이후, 미래교육 전환을 위한 10대 정책과제 중 유아교육 관련 내용

② 미래학교 종합추진계획(교육부 보도자료, 2021.2.3.)

교육부에서는 2021년 2월, 미래지향적 친환경 스마트 교육여건 구현을 목표로 미래학교 종합추진계획을 발표하여, 교육 현장에 디지털 기반 교육 인프라 조성을 위한 중장기 교육정보화 사업을 계획하여 추진하였다. 미래학교에는 공간혁신, 스마트교실, 그린학교, 학교 복합화 등의 요소를 핵심과제로 하여 학생의 건강, 바른 인성, 효과적 학습 등에 필요한 미래형 학교 환경을 마련하고자 아래와 같이 제시하였다.

- 공간혁신: 기존의 규격화된 교실이 수강 인원, 수업 상황에 따라 분할 · 통합되는 등 유연하고 다목적으로 활용되는 공간으로 바뀐다.
- 스마트교실: 무선인터넷, 학습 플랫폼, 디지털 기기 등을 구비한 첨단 지능형(스마트) 교실을 구축한다.
- 그린학교: 친환경 건축 기법을 사용한 에너지 자급자족(제로에너지) 학교 조성, 생태교육 공간 마련으로 학교의 일상에서 탄소중립을 실천한다.
- 학교 복합화: 학교가 지역사회의 중심이 되어 일부 시설을 지역과 공유하고 주민과 함께하는 프로그램을 운영한다.

③ 인공지능시대 교육정책 방향과 핵심 과제(2020.11. 관계부처 합동)

정부에서는 미래사회 변화에 부흥하는 교육정책의 방향 제시를 위해 「인공지능시대, 교육정책방향과 핵심 과제」를 발표하였다. 인공지능시대 교육정책 핵심 추진 과제를 제시하면 아래와 같다.

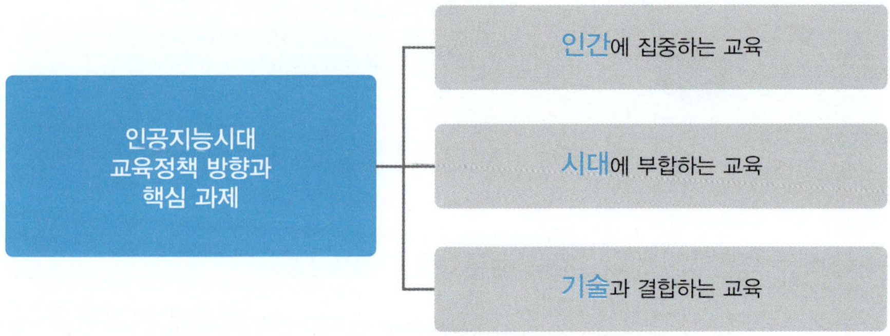

그림 9-3 인공지능시대 교육정책 방향과 핵심 과제

- '인간'에 집중하는 교육: '인간'에 집중하는 교육을 위해 자기주도적 태도를 기르고, 인간 존엄성을 중시하는 마음을 키우는 교육을 강조한다. 인공지능시대에 스스로 자신의 미래를 개척하고, 인간 존엄성을 중시하는 윤리적 태도를 갖춘 사람을 길러내는 것임을 강조한다. 또한 2022년 개정 교육과정에서 자기주도성 등을 고려하여, '인간'에 집중하는 교육을 학교교육을 통해 중점적으로 기르고자 내용을 반영하였다.
- '시대'에 부합하는 교육: '시대'에 부합하는 교육으로 유 · 초 · 중 · 고에 인공지능 교육을 도입한다. 우리의 일상과 직업, 삶의 일부로서 인공지능을 받아들이고 이와 관련한 교양을 기를 수 있도록 유 · 초 · 중 · 고 단계에서 인공지능 활용 및 문제해결 역량 강화를 위한 맞춤형 교육활동을 운영, 지원한다.

학교교육, 인공지능 소양 학습에 '유치원 교육과정' 관련 내용 포함

유치원에서 놀이를 통한 인공지능교육에 활용할 수 있도록 '인공지능과 놀이하기', '친구들과 의견 모으기 활동을 통해 인공지능(AI) 경험하기 등' 학습자료 개발 추진

- '기술'과 결합하는 교육: '기술'과 결합하는 교육을 위해 인공지능기술의 교육적 활용을 위한 학습자중심 환경 조성 및 학생중심 프로그램을 지원하여 에듀테크를 활용한 공교육 교육환경을 개선한다.

④ 제3차 유아교육발전기본계획(2023~2027, 교육부)

제3차 유아교육발전기본계획에서는 유아의 안전한 디지털 경험을 위한 지원체제 마련을 중점적으로 추진하고 있으며 내용은 아래와 같다.

- 유아의 안전한 디지털 경험을 지원
  - 안전한 디지털 경험 환경을 지원할 수 있도록 부모, 교사, 유아를 위한 디지털 지원방안 구체화 및 정책추진
  - 3-5세 디지털 역량 정의, 교육과정, 교육 운영 플랫폼, 지원환경(시설설비, 기자재자료, 활용 배치) 지원
  - 부모와 교사의 디지털 역량 강화를 통해 유아가 안전하게 디지털 경험을 할 수 있도록 돕는 방안 및 교사 부모의 역량 강화 등 정책연구
  - 유아용 디지털 콘텐츠 현황 조사, 가정 및 기관에서의 활용을 위한 양질의 콘텐츠 개발, 국내외 우수 콘텐츠 공유를 통한 콘텐츠 제공

- 디지털 경험 접근성 제고
  - 안전한 디지털 환경을 구축하고 부모, 교사, 유아를 대상으로 디지털 경험을 지원하기 위한 구체적인 방안 마련

- 유아의 디지털 접근성과 활용능력 강화

2) 미래형 유아교육과정의 방향

(1) 유아 디지털 역량 지원

빠르게 변화하는 미래 시대에 대응하고 미래사회가 요구하는 역량을 키우기 위한 교육과정으로의 변화가 시작되고 있다. 태어날 때부터 디지털에 둘러싸여 디지털 환경에서의 자라고 있는 유아들은 디지털 네이티브(디지털 원주민)라고 할 수 있다. 디지털 가전, 디지털 소품, 디지털 놀잇감 등 이미 디지털과의 생활이 일상화되어 버린 유아들에게 디지털과의 소통은 매우 자연스러운 현상이다. 따라서 디지털 전환 시대에서 유아를 보호하는 동시에 역량을 갖추도록 돕는 방법을 찾아야 할 필요성이 점점 커지고 있다. 이는 단순히 기술을 사용하는 것이 아니라, 유아를 디지털 환경의 위험으로부터 보호하면서도 그들이 필요한 디지털 역량을 기를 수 있도록 돕는 것을 의미한다.

유아의 디지털 역량이란, 유아가 디지털의 이로움과 위험성을 알고, 이를 기반으로 일상생활과 활동에서 디지털 미디어를 주도적으로 사용하는 능력을 의미한다. 이 역량을 통해 유아들은 디지털 도구를 활용해 자신의 생각과 느낌을 표현하고 소통하며, 디지털 사회에 안전하고 건강하게 참여할 수 있게 된다.

우리 생활에서 디지털 미디어는 단순한 정보 전달 수단을 넘어 사회, 문화, 정치적 변화를 주도하는 핵심 요소가 되었다. 이러한 변화 속에서 유아가 급속도로 발전하는 디지털 기술에 적응하고, 디지털 미디어와 건강하고 균형 잡힌 관계를 형성할 수 있는 디지털 역량이 더욱 중요해졌다. 유아를 미디어에 대한 수동적 소비자로 바라보던 인식에서 벗어나, 유아가 어떻게 미디어를 주체적으로 이해하고 해석하며 자신만의 놀이와 배움을 만들어갈 수 있도록 하는 지원이 필요하다.

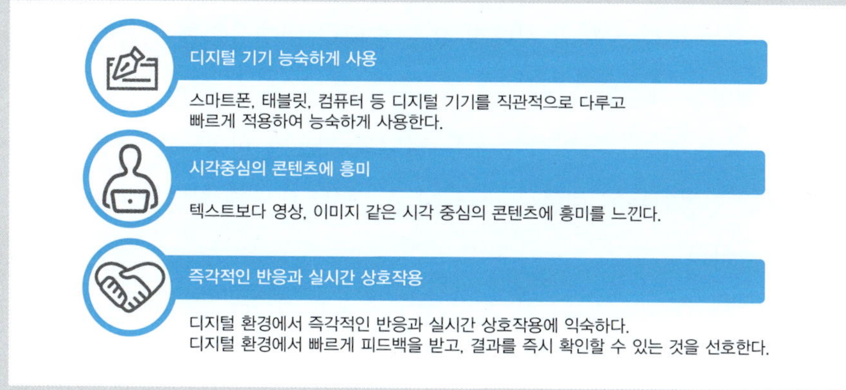

디지털 네이티브의 특징

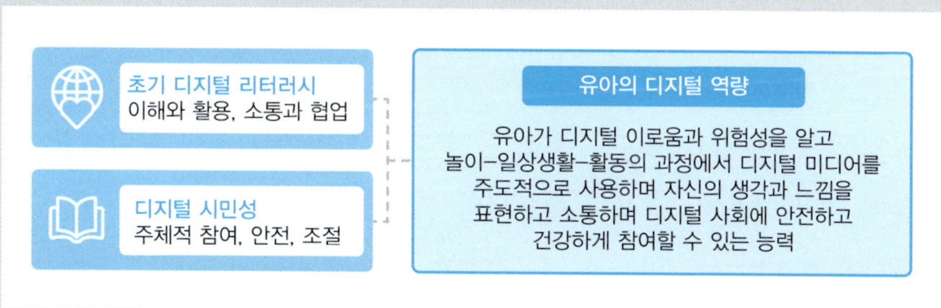

유아의 디지털 역량의 구성요소는 초기 디지털 리터러시(Early digital literacy)와 디지털 시민성(Digital citizenship)으로 나눌 수 있음.

- 초기 디지털 리터러시는 유아의 발달 특성에 적합한 방식으로 디지털 환경에 참여함으로써 디지털을 이해하고 긍정적으로 활용하며, 디지털을 통해 소통 · 협력할 수 있는 능력을 의미함. 이는 이후에 형성될 비판적 사고능력 등을 포함하는 디지털 리터러시의 기초가 되므로 '초기(Early)' 디지털 리터러시라 지칭함.
- 디지털 시민성은 디지털 사회의 시민으로서 갖추어야 할 소양을 의미함. 이는 디지털 사회에 주체로서 책임감 있는 참여, 디지털의 위험을 알고 성인의 도움을 받아 자신과 타인을 지킬 수 있는 안전, 디지털 미디어 이용 시 혹은 디지털 사회에서 규칙을 지킬 수 있는 조절능력을 포함함.
- 한편, 디지털 미디어란, 디지털 콘텐츠(교육용 앱, 동영상, 정보검색 등)와 기기(카메라, TV, 태블릿PC, AI스피커 등)를 포괄하여 지칭함.

출처: 배윤진 외(2023)

(2) 올바른 디지털 이해, 활용 태도 함양

빠르게 변화하는 미래 사회의 시대적 요구에 따라 미래사회를 이끌어갈 유아들에게 디지털로 세상을 바라보고, 새로운 가치를 만들어 낼 수 있는 디지털 소양 교육이 필요하다(교육부, 2021). 유아기는 모든 발달의 기초가 형성되는 결정적 시기이므로, 유아기부터 인공지능에 대한 올바른 이해, 활용, 태도를 함양할 수 있도록 지도하는 것이 필요하다.

유아기 인공지능교육의 필요성을 제시하면 아래와 같다(교육부, 2021).

① 유아기부터 인공지능에 대한 올바른 이해교육을 시작해야 한다. 유아기에 형성된 인공지능에 대한 올바른 이해는 생애 전 주기에 걸쳐 지속되므로 유아기부터 인공지능교육이 필요하다.

② 인공지능 소통, 활용 교육을 통해 유아의 배움의 폭과 깊이를 더해갈 수 있기 때문에 유아 인공지능교육이 필요하다.

③ 인간다움을 바탕으로 인간과 인공지능의 공존을 위한 바른 가치관을 함양하는 것이 중요하므로, 유아기부터 인공지능이 사회 변화에 미치는 영향과 인간의 가치와 존엄성에 대해 인식하도록 교육하는 것이 중요하다.

④ 유아 인공지능교육은 인공지능 매체를 단순 조작하고 그 결과를 수용하는 것이 아니라 유아가 인공지능을 능동적으로 경험(놀이)하고 사고하는 가운데 배움이 일어난다. 따라서 유아 인공지능교육은 유아교육의 본질과 맞닿아 있다고 볼 수 있다.

그림 9-4 유아기 인공지능교육의 필요성

(3) 디지털 격차 완화

많은 유아가 디지털 미디어를 활용하고 있지만, 일부 유아는 디지털 미디어에 접근하지 못하거나 경험하지 못하는 등 디지털 격차가 심화되고 있다. 생애 초기 디지털 놀이경험 기회 부족으로 디지털 경험의 신 사각지대 발생, 디지털 격차, 불평등 양극화에 대한 우려가 제기되고 있다. 유아기는 모든 학습의 기초가 형성되는 시기이므로, 이 시기에 발생하는 디지털 기회와 역량의 격차는 기존의 교육 격차와 맞물려 장기적으로 학업 성취도와 사회 · 경제적 불평등을 더욱 심화시킬 수 있다. 유아의 사회 · 경제적 배경에 따라 발생할 수 있는 디지털 격차를 줄이기 위한 노력이 필요하다.

디지털 격차 완화는 경제적, 지역적, 신체적, 사회적 여건 등으로 인해 발생하는 디지털 정보통신기술(ICT)에 대한 접근, 이용 및 활용 능력의 불균등을 해소하여, 모든 유아가 차별 없이 디지털 환경에서 성장하고 교육적 혜택을 누릴 수 있도록 지원하는 노력을 의미한다. 생애 초기 공정하고 평등한 디지털 접근성 및 놀이경험 제공으로 모든 아이들을 위한 보편적 교육으로서 미래 교육체제 구축이 필요하다.

3) 디지털 기반 유아교육

유아중심 · 놀이중심 교육과정은 유아주도의 놀이를 통한 배움을 추구한다. '유아가 중심이 되고 놀이가 살아나는 교육과정'이 핵심 내용이 된다. 여기에 교사는 유아의 관심과 흥미에 귀 기울이고 놀이의 흐름을 관찰함으로써 놀이의 진행과 확장을 지원하게 되며, 이때 놀이과정에서 벌어지는 유아들의 다양한 경험은 '배움'으로 연결된다.

디지털 기반 미래형 교육과정의 가장 큰 특징은 놀이와 디지털의 결합이다. 2019 개정 누리과정에 따라 진행되는 놀이, 일상생활, 활동에서 디지털 환경을 경험하면서 유아들은 흥미와 호기심을 가지고 탐색하고, AI(인공지능) 및 에듀테크 활용에 대한 긍정적인 태도를 형성할 수 있다. 특히 자유롭게 실시되는 디지털 기반 놀이를 통해서 유아들이 AI(인공지능) 및 에듀테크를 활용하여 주도적으로 놀이함으로써 실물의 놀이와는 다른 차원의 놀이방법, 문제해결, 놀이에 접근하는 사고 등을 경험하게 되며, 이러한 과정에서 유아들은 다양한 디지털 테크놀로지를 경험하게 된다.

디지털 기반 교육도 유아중심 · 놀이중심 교육과정의 핵심 개념과 맥을 같이한다. 디지털 미디어를 단순 조작하고 그 결과를 수용하는 것이 아니라 유아들이 주도적으로 디지털을 경험하고 놀이하며 기존의 놀이와는 또 다른 깊이와 경로로 사고하고 배우게 된다. 또한 온-오프라인, 실제-가상세계, 아날로그-디지털을 경계 없이 넘나들며 놀이하는 과정에서 세상을 다양한 방식으로 탐색하고 표현하게 된다. 유아 주도의 놀이경험을 통한 배움의 연결이라는 접근에서 보면 유아 디지털 교육은 유아교육이 추구하는 바와 맥을 같이한다고 볼 수 있다.

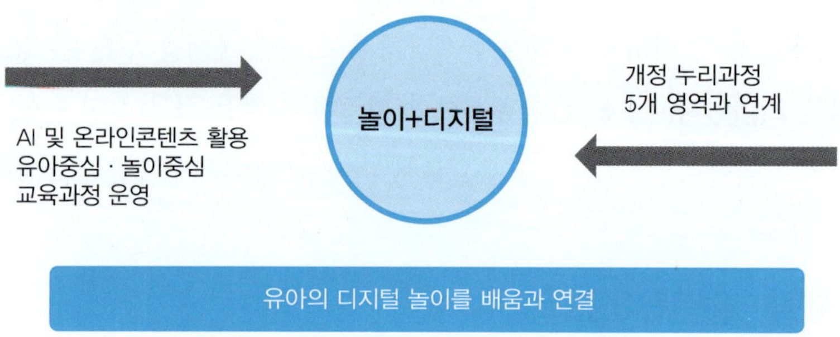

그림 9-5 미래형 교육과정, 놀이와 디지털의 만남

4) 디지털 기반 놀이환경

코로나19 상황으로 커다란 혼란을 경험한 교육 현장에 대해 미래 사회에 대응을 위한 혁신적 변화가 요구되었다. 이에 교육부에서는 미래지향적 친환경 스마트 교육여건 구현을 목표로 하는 미래학교 종합추진계획을 발표하여(2021.2.3.), 교육 현장에 디지털 기반 교육 인프라 조성을 위한 중장기 교육정보화 사업을 계획하여 추진하였다. 이러한 계획에 따라 각 학교급에서는 무선인터넷, 학습플랫폼, 디지털 기기 등을 구비한 첨단 지능형(스마트) 교실 환경이 구축되고 있다.

이러한 변화의 흐름에 따라 유아교육기관에서도 디지털 기반 놀이환경을 조성하여 놀이중심 교육과정을 실행하고자 하는 노력이 시도되고 있다. 그러나 유아중심·놀이중심 교육과정 적용에 대한 고민, 유아 놀이와 연계가 가능한 디지털 기기 및 활용에 대한 이해 부족, 교사들의 디지털 역량의 격차 등의 문제로 접근이 쉽지 않은 것도 사실이다. 그러나 2021년 교육부 주도의 유치원 미래형 교육과정운영을 계기로 유아교육 현장의 디지털 기반 교육에 대한 관심이 높아지고 있다. 유아중심·놀이중심 교육과정과 연계하여 유아의 자발적인 놀이와 배움을 지원할 수 있는 디지털 기반 놀이환경이 되어야 할 것이며, 유아들이 디지털 기반 놀이환경에서 충분히 놀이하면서 스스로 배워가도록 지원해야 할 것이다.

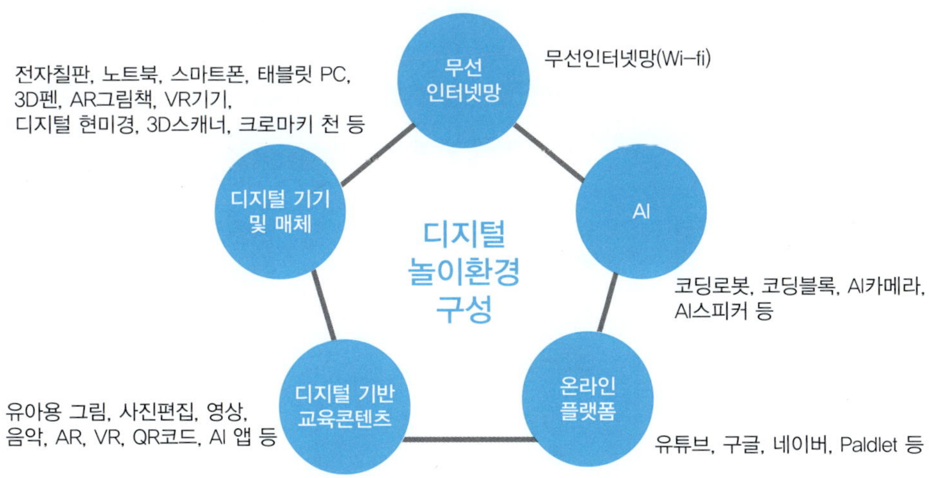

그림 9-6 유아의 놀이와 유기적 연계가 가능한 디지털 기반 놀이환경 구성

유아가 놀이, 일상생활, 활동에서 발현되는 주제와 자연스럽게 연계된 놀이가 이루어질 수 있도록 디지털 기반 놀이환경을 구성하도록 한다. AI 및 온라인 콘텐츠 활용 놀이환경에서 이루어지는 유아 주도의 자발적인 놀이와 배움의 사례를 제시하면 아래와 같다.

표 9-1 AI 및 온라인 활용 놀이환경에서의 놀이 예시

코딩로봇 활용 길 만들기	AI블록 활용 내가 만든 로봇	AI로봇 알파미니와 함께 놀아요
	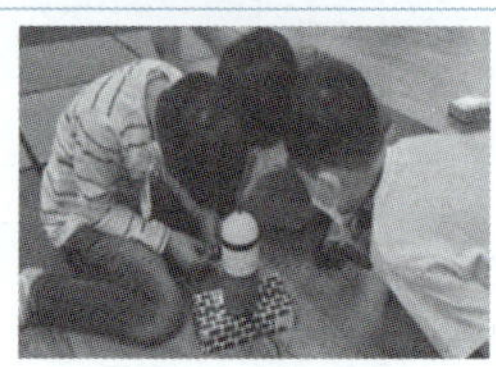	
AI 카메라 활용 기상캐스터 놀이	AI스피커 활용 날씨 알아보기	전자칠판 활용 세계 여러 나라 알아보기

AR(증강현실) 활용 증강현실 그림책 보기	VR(가상현실) 활용 놀이동산 놀이	3D펜 활용 나만의 작품 만들기

3D 스캐너 활용 바닷 속 나라	태블릿 PC 활용 전자 그림책 만들기	온라인 플랫폼 활용 다른반 친구들을 만나요

표 9-2 유아를 위한 디지털 역량 이해하기

하위 차원	이런 능력이에요	우리 아이는 이렇게 해요
디지털 작동 및 사용에 대한 이해	디지털 기기를 기본적으로 다룰 수 있어요.	• 디지털 기기를 켜고 끌 수 있어요. • 화면을 터치하고 밀어서 원하는 앱을 찾을 수 있어요. • 간단한 터치 동작으로 원하는 기능을 사용해요.
디지털 미디어 창작 및 감상	디지털 도구로 자신을 표현하고 다양한 콘텐츠를 즐길 수 있어요.	성인의 도움을 받아 • 그림 그리기 앱으로 작품을 만들어요. • 좋아하는 영상을 보고 상상놀이를 해요. • 간단한 음악 만들기를 시도해요.
디지털 문제해결력과 사고력	궁금한 것을 찾아보고 해결할 수 있어요.	• 궁금한 것을 부모님과 함께 찾아봐요. • 간단한 문제를 디지털 도구로 해결해요.
디지털 사회정서	디지털 세상에서 다른 사람을 배려할 수 있어요.	• 친구들과 함께 디지털 기기를 사용해요. • 다른 사람의 감정을 이해하고 배려해요. • 예의 바르게 소통해요.
디지털 안전과 건강한 습관	건강하고 안전하게 디지털 기기를 사용해요.	• 약속한 시간만큼만 사용해요. • 개인정보를 조심해요. • 바른 자세로 사용해요.
디지털 소통과 참여	다른 사람들과 소통하고 경험을 나눌 수 있어요.	• 가족들과 화상통화를 해요. • 친구들의 이야기에 관심을 보여요. • 자신의 경험을 나누어요.

출처: 교육부, 경기도교육청(2024)

2 지속가능발전과 유아교육

1) 지속가능발전의 개념 및 목표

(1) 지속가능발전의 개념

지속가능발전(SD: Sustainable Development)이란 미래 세대에게 필요한 자원을 훼손하지 않으면서 현 세대의 필요를 충족시키기 위해 경제발선과 환경보전의 양측을 동시에 추구하기 위한 것이다. "지속가능발전(SD)"은 1987년 유엔환경계획(UNEP)과 세계환경개발위원회(WCED)가 공동으로 채택한 '우리 공동의 미래(Our Common Future)'라는 브룬트란트 보고서에서 처음 등장한 의제이다(대한상공회의소, 삼정KPMG, 2021). 보고서의 핵심은 기존의 성장 모델이 부국과 빈국 사이의 격차를 줄이는 데 실패했을뿐만 아니라 이로 인한 환경파괴가 더욱 악화되었다는 것이다(WCED, 1987). 오랜 기간 지속된 무분별한 경제 발전은 환경파괴, 사회·문화적 불평등, 빈부격차 등 다양한 문제점을 발생시켰다. 이러한 문제를 해결하기 위한 논의가 전 세계적으로 이루어지고 있다.

지속가능발전(SD)과 관련된 논의는 환경문제부터 시작되었다. 이에 따라 지속가능발전(SD)의 초기 개념은 세계적인 환경오염 문제를 해결하기 위한 협력으로 정의 되었다. 이러한 관점은 환경뿐만 아니라 인간이 살아가는 데 필요한 사회·경제적 부분까지 제시되었으며 미래 세대를 위해 현 세대들이 노력해야 하는 다차원적 요소들로 확대되었다. 지속가능발전(SD)의 개념에 대한 변화를 살펴보면 다음과 같다.

표 9-3 지속가능발전(SD)의 개념 변화

연도	회의	지속가능발전(SD) 개념
1972	인간환경 회의 (UNCHE)	• 전 세계적인 오염문제를 해결하기 위한 국제적 협력
1980	국제자원보호연맹 (IUCN)	• 우리의 생존과 다음 세대를 위한 자연자원의 수탁자로서의 임무수행을 위해서 동등한 개발과 보존 전략
1982	유엔환경발전계획회의 (UNEP)	• 전 지구적 차원에서 합의 가능한 행위 전략
1987	세계환경개발위원회 (WCED)	• 최초로 지속가능한 발전(SD) 개념 언급 • 환경과 발전 문제를 포괄하는 개념
1992	유엔환경개발회의 (UNCED)	• '지구를 건강하게, 미래를 풍요롭게'라는 가치 속에서 환경적으로 건전하고 지속가능한 발전
2000	새천년정상회의 (Millennium Summit)	• 인간이 더욱 존엄성 있는 모습으로 살아가게 하기 위해 온 세계가 하나되어 힘을 협쳐 개도국 지원
2002	지속가능발전세계정상회의 (WSSD)	• 지속가능발전의 세 기둥인 환경, 사회, 경제의 통합과 균형
2012	유엔지속가능발전정상회의 (UNCSD)	• '녹색경제(Green Economy)'를 통한 지속가능발전 및 빈곤퇴치
2015	제70차 총회	• 단 한 사람도 소외되지 않는 것

출처: 이원호(2024), pp.13-15. 〈표 II-1〉 재구성

시대의 변화에 따른 흐름에 맞춰 지속가능발전(SD)에 대한 개념은 계속해서 수정·보완되고 있다. 하지만 그 시대에서 요구되는 가치들이 추가되거나 상대적으로 축소되는 가치들이 있지만 현 세대의 삶을 유지하면서 미래 세대의 삶이 지속될 수 있도록 세계적 차원에서 노력해야 하는 방향임에는 변화가 없다. 이 노력에는 환경뿐만 아니라 사회적 상호작용, 시장경제, 문화적 다양성, 공존, 비폭력 등 인간의 삶 속에 존재하는 모든 것들을 포함한다. 지속가능발전(SD)은 특정인에게만 필요한 특별한 개념이 아닌 지구에 살고 있는 인간 누구에게나 삶의 방식으로 자리 잡아야 하는 미래지향적 과정이다.

(2) 지속가능발전목표

지속가능발전목표(SDGs: Sustainable Development Goals)는 국제 사회가 함께 달성해야 할 사회 · 환경 · 경제 분야를 포함하는 공동의 목표로서 17개 목표와 169개의 세부목표로 구성되어 있다(UNESCO, 2012).

이 목표는 전 세계가 지속가능성의 3대 축인 사회적 · 환경적 · 경제적 측면의 유기적인 발전, 성취를 강조하면서 기존 새천년 개발목표의 기조인 빈곤 퇴치와 함께 포용성, 보편성, 평등 등을 기반으로 새롭게 제시하였다(이성희, 이상원, 2019). 지속가능발전목표는 인류 생존에 중요한 전 지구적 과제를 중심으로 환경을 고려한 한계를 설정하고, 천연자원의 사용, 빈곤 퇴치와 경제발전 전략이 함께 진행되어야 한다는 점을 전제로 한다.

세계적 흐름을 바탕으로 우리나라는 국가 지속가능발전목표(K-SDGs)를 수립하여 발표하였다. 국가 지속가능발전목표(K-SDGs)는 2030년까지 달성해야 할 국제 사회의 보편적 가치와 목표를 담아 17개 분야, 122개 세부목표 및 214개 지표로 구성되어 있다. 과거 국내 관련 지표들은 환경분야 중심으로 구성되어 한계가 있었으나 국가 지속가능발전목표(K-SDGs)는 사회, 경제부문 지표가 보완되어 균형적인 지속가능발전목표(SDGs) 체제를 구성하였다. 특히 143개 지표에 대해서는 구체적인 세부지표 목표치를 설정했다는 점에서 큰 의의가 있다. 또한 '국민이 주인인 나라'라는 국가 비전에 따라 정부주도가 아닌 민간 전문가 작업반에서 주도했다는 게 특징적이다.

이렇게 마련한 세부목표 및 지표체계는 우리나라 상황에 적합한 내용이 추가되어 미래지향적으로 구성되었다(지속가능발전포털, https://ncsd.go.kr/ 검색). 국가 지속가능발전목표(K-SDGs)의 17개 분야는 다음과 같다.

그림 9-7 국가 지속가능발전목표(K-SDGs)

출처: 유네스코 지속가능발전교육, https://esd.unesco.or.kr

"제4차 지속가능발전 기본계획 2021~2040"에 따르면 국가 지속가능발전목표(K-SDGs)에서는 포용과 혁신을 통한 지속가능국가 실현이라는 비전 아래 5대 전략의 핵심 가치인 사람, 번영, 환경, 평화, 협력은 계승하되, 평화와 협력을 통합하여 4대 전략을 마련하였다. 4대 전략에 따른 목표는 구분하면 다음과 같다.

표 9-4 국가 지속가능발전목표(K-SDGs) 4대 전략별 목표

전략	국가 지속가능발전목표(K-SDGs)
전략 1. 사람 사람이 사람답게 살 수 있는 포용사회	[목표 1] 빈곤층 감소와 사회안전망 강화 [목표 2] 식량안보와 지속가능한 농업 [목표 3] 건강하고 행복할 삶 [목표 4] 모두를 위한 양질의 교육 [목표 5] 성평등 보장 [목표 11] 지속가능한 도시와 주거지
전략 2. 번영 혁신적 성장을 통한 국민의 삶의 질 향상	[목표 8] 좋은 일자리 확대와 경제성장 [목표 9] 산업혁신과 사회 기반시설 확충 [목표 10] 모든 종류의 불평등 해소 [목표 12] 지속가능한 생산과 소비

전략	국가 지속가능발전목표(K-SDGs)
전략 3. 환경 미래 세대가 함께 누리는 깨끗한 환경	[목표 6] 건강하고 안전한 물관리 [목표 7] 에너지의 친환경적 생산과 소비 [목표 13] 기후변화 대응 [목표 14] 해양생태계 보전 [목표 15] 육상생태계 보전
전략 4. 평화 · 협력 지구촌 평화와 협력 강화	[목표 16] 인권 · 정의 · 평화 [목표 17] 지구촌 협력 확대

2020년 발표된 국가 지속가능발전목표(K-SDGs)는 기존의 17개 목표를 유지하되 의미의 명확화를 위하여 일부 표현이 조정되었으며, 29개의 세부목표를 보완하고 기존에 다루지 못했던 이슈 관리를 위해 2개의 세부목표를 신설하였다. 우리나라는 지속가능발전을 위해 중점적으로 추진할 정책목표를 제시하고 향후 관리 방향을 설정하여 목표달성을 위한 다양한 정책들을 마련하여 진행 중이다.

지속가능발전목표(SDG) 및 국가 지속가능발전목표(K-SDGs)가 달성되기 위해서는 세계시민 모두가 주인의식을 갖고 각자의 위치에서 책임을 다하는 것이 중요하다. 지속가능발전(SD)은 개인이 아닌 공동의 노력으로 가능하며 소외되는 국가 또는 계층이 없이 모두가 함께한다는 사회적 인식을 형성하여 지속시켜 나가야 한다.

2) 지속가능발전교육의 개념 및 영역

(1) 지속가능발전교육의 개념

지속가능발전교육(ESD: Education Sustainable Development)이란 지속가능발전을 성취하기 위한 인류의 최대 희망이자 가장 효과적인 수단이며, 모든 사람이 질 높은 혜택을 받고 이를 통해 지속가능한 미래와 사회를 위해 필요한 가치, 행동, 삶의 방식을 배울 수 있는 사회를 지향하는 교육이다(UNESCO, 2004). 지속가능발전교육(ESD)는 지구 자원의 중요성을 인식하고 환경 · 사회 · 경제 모든 측면의 균형을 유지하기 위한 방법을 알고 실천하는 자세를 갖추는 것에 목적이 있다. 지속가능발전교육(ESD)은 지속가능의 개념을 이해하는 지식전달중심 교육이 아닌 지속가능한 사회를 만들기 위해 요구되는 실질적인 실천을 위한 훈련과정이라고 볼 수 있다.

표 9-5 지속가능발전교육(ESD)의 국내외 다양한 정의

학자	지속가능발전교육(ESD)
UK Education panel (2003)	• 개인적, 집단적, 지역적, 지구적으로 지구의 미래에 해를 주지 않고 삶의 질을 개선하는 데 기여할 수 있도록 의사결정에 참여하기 위한 지식, 기능, 이해, 가치를 개발하는 것
Siraj-Blatchford 등 (2012)	• 전 세계의 환경 및 사회 그리고 경제의 발전을 위협하는 문제를 인식하며, 이를 해결하는 것을 통해 지속가능한 삶을 살아가기 위한 역량을 기르는 교육
Hdefalk, Almqvist & Östman(2015)	• 지속가능성의 관련 지식을 얻고 이해할 수 있도록 하며, 삶의 전반에 걸쳐 지속가능한 원칙을 적용하여 실천할 수 있는 소양을 기를 수 있게 하는 것
김찬국 외 (2012)	• 사회구성원들이 지속가능발전에 결정적인 경제적, 사회·문화적, 환경적, 윤리적 요인에 대한 통합적 접근을 통해, 지속가능한 사회를 만드는 과정에 참여할 수 있는 역량을 기르는 학습의 과정
최은영 외 (2020)	• 모든 사람들이 질 높은 혜택을 받고 지속가능한 미래와 사회를 위해 필요한 가치, 행동, 삶의 방식을 배울 수 있는 사회를 지향하는 교육
박지원 (2024)	• 현 세대와 미래 세대의 기본 욕구를 충족시키면서 동시에 더 나은 미래로 나아갈 수 있도록 하는 지속가능발전을 위하여 기존의 인식과 삶의 방식이 지속가능발전을 추구하는 가치, 신념, 태도, 생활 방식 등으로 바뀔 수 있도록 교육하는 것

종합하면 지속가능발전교육(ESD)은 현재와 미래 세대를 위해 환경의 보존, 사회적 책임, 경제적 발전을 위한 지식 및 태도를 길러주는 교육이다. 영역별로 살펴보면 첫째, 인지적 영역에 대한 교육이다. 지속가능성과 관련한 다양한 도전 과제와 이들의 복잡한 연계관계를 이해하고 문제적 발상과 대안적 해결을 탐색해 본다. 둘째, 사회·정서적 영역에 대한 교육이다. 지속가능성을 위한 핵심 가치 및 태도를 형성하고 타인과 지구에 대한 공감 및 연민을 함양한다. 또한 변화를 주도할 동기를 부여하여 스스로 참여할 수 있도록 한다. 셋째, 행동적 영역의 교육이다. 개인, 사회

및 정치 영역 내 지속가능한 변화를 위한 실질적인 실천을 이행해 본다(정아림, 2025). 지속가능발전(SD)을 위한 교육은 지속가능에 대한 개념 이해 및 중요성을 인식하고 지속가능한 삶을 위해 행동을 변화시키는 것에 중점을 두어야 할 것이다.

(2) 지속가능발전교육을 위한 실천과제

지속가능한 미래로의 전환을 위해서는 우리 모두가 정보에 기반해 의사 결정을 하고 지역 · 국가 · 국제 차원의 위기 상황에 대한 개인 · 집단 수준의 행동이 가능하도록 하는 지식, 기술, 가치, 태도의 계발을 위해 무엇을, 어디서, 어떻게 배우는지 다시 생각해 볼 필요가 있다(UNESCO, 2020). 지속가능발전교육(ESD)은 인지 · 사회 · 정서 행동 측면을 평생학습과정을 통해 향상시키는 양질의 교육이다. 교육을 통해 문화적 다양성을 존중하고 환경적 온전성, 경제적 생존력을 위해 지식, 기술, 가치, 태도를 바탕으로 정보에 기반한 의사 결정과 책임 있는 행동을 할 수 있도록 한다. 지속가능발전교육(ESD)을 통해 현 세대와 미래 세대를 위하여 책임감을 갖고 사회변혁에 적극적으로 기여할 수 있도록 역량을 강화시킨다.

지속가능발전교육(ESD)은 17개의 지속가능발전목표(SDGs) 달성에 있어 교육의 역할을 강조한 것이다. 특히, 국가 지속가능발전목표(K-SDGs) 중 “목표 4. 모두를 위한 양질의 교육”은 필수 요소이자 핵심 원동력이며, “세부목표 4-7”은 지속가능한 사회를 만들기 위한 핵심요소라 할 수 있다. 국가 지속가능발전목표(K-SDGs) 중 “목표 4”의 세부 목표는 다음과 같다.

표 9-6 국가 지속가능발전목표(K-SDGs) 4의 세부 목표 및 정책과제

목표 4. 모두를 위한 양질의 교육		
세부 목표		정책 과제
4-1	모든 아동이 성별과 장애 유무에 관계없이 적절하고 효과적인 학습성과를 거둘 수 있도록 양질의 무상 초등 · 중등교육의 평등한 이수를 보장한다.	• 공교육 신뢰 제고를 통한 교육 형평성 확대

	세부 목표	정책 과제
4-2	모든 아동에게 양질의 영유아 보육 및 교육서비스의 이용 기회를 보장하여 초등교육에 대비한다.	• 유아교육의 공공성 강화 • 교육공동체와 함께 유아의 건강한 발달 지원
4-3	모든 학습자들에게 성별과 장애 유무에 관계없이 적정 비용으로 가능한 양질의 기술교육, 직업교육 및 대학교육을 포함한 고등교육에 대한 평등한 접근을 보장한다.	• 고등교육 기회 확대 • 평생교육 기반 조성
4-4	취업, 양질의 일자리, 창업활동에 필요한 전문기술 및 직업기술 등 적절한 기술을 가진 청소년 및 성인의 수를 실질적으로 증대한다.	• 직업교육훈련 혁신을 통한 사회적 가치 실현
4-5	교육에서의 성 불평등을 해소하고, 장애인, 이주민, 취약 상황에 처한 아동 등 취약계층이 모든 수준의 교육과 직업훈련에 평등하게 접근할 수 있도록 한다.	• 소외계층의 기초교육 지원 • 소외계층의 직업교육 학습권 보장
4-6	모든 청소년과 다수의 성인이 문해 및 산술능력을 갖추도록 한다.	• 모든 국민에게 문해 교육기회 제공
4-7	지속가능발전, 인권, 성평등, 평화와 비폭력문화 확산, 세계시민의식, 문화다양성 존중과 지속가능발전을 위한 문화의 기여 등에 대한 교육을 통해 모든 학습자들이 지속가능발전을 증진하기 위한 지식과 기술을 습득할 수 있게 한다.	• 지속가능발전 교육 및 세계시민교육 강화
4-8	아동, 장애인, 성별을 고려한 교육시설을 건립 · 개선하고, 안전하고 비폭력적이며, 포용적이고 효과적인 학습환경을 제공한다.	• 안전한 학교 구현 • 스마트한 학교 환경 조성
4-9	포용적이고 양질의 교육을 위해 모든 교육단계에서의 충분한 교육재정을 확보한다.	• 모든 학생의 균등한 교육기회 보장을 위한 재정 투자 확대
4-10	모든 교육 단계에서 양질의 교육을 제공하기 위한 교사를 충분히 확보한다.	• 교원 전문성 강화

출처: 지속가능발전포털_국가지속가능발전목표(K-SDGs). https://ncsd.go.kr/ksdgs?content=3

지속가능발전교육(ESD)은 보다 정의롭고 지속가능한 세계를 만드는 것에 목적이 있다. 이를 위해 유엔 회원국들은 지속가능발전교육(ESD)을 교육체제 안에 통합하기 위해 노력하였다(UNESCO, 2014). 지속가능발전교육(ESD) 실천을 위해 노력한 국가들은 교육 정책을 결정하고, 교육기관과 일터, 지역사회에서 그 정책을 이행하기 위해 요구되는 복잡한 교육체제를 구성하여 실천하기 위해 여러 이해관계자들이 참여하였다. 지속가능발전교육(ESD)은 교육의 모든 수준과 영역에 걸쳐 확산되기 시작하면서 형식교육에 통합되고, 비형식 및 무형식 지속가능발전교육(ESD)이 증가하였다. 예를 들어, 우리나라 초 · 중등 교육과정에 지속가능성 또는 환경 관련 주제들이 다뤄지고 있으며, 대기업과 다국적기업들은 컨퍼런스나 워크숍, 비즈니스 협력 등 비형식적인 상호학습과정을 통해 지속가능발전 관련 훈련이나 역량 강화 및 인식 제고를 위해 노력하고 있다.

3) 유아 지속가능발전교육의 중요성

교육이란 사람이 살아가는 데 필요한 지식, 기술, 태도 등을 가르치고 배우는 활동을 말한다. 교육은 개인의 성장뿐만 아니라 사회 발전에도 중요한 역할을 하며, 그 효과는 장기간 영향을 미친다. 교육은 단순한 지식 전달을 넘어 개인의 가치관 형성에 영향을 주는 모든 경험을 포함한다. 따라서 교육대상, 교육내용, 교육방법 등 교육의 전반적인 사항에 대한 사회적 합의 및 정책적 방향 설정은 신중하게 논의되어야 한다. 이러한 점에서 현 세대와 미래 세대의 삶을 위해 올바른 가치 및 태도 형성을 돕는 지속가능발전교육(ESD)은 중요한 의미가 있는 교육의 한 영역이라고 할 수 있다. 특히, 유아를 대상으로 한 지속가능발전교육(ESD)은 다른 학교급보다 그 의미가 더욱 중요하다. 유아 지속가능발전교육(ESD)의 중요성을 살펴보면 다음과 같다.

① 유아기는 모든 교육의 시작점이다.

유아기는 인간발달의 기초가 형성되는 시기이며, 살아가면서 필요한 인지적 · 정서적 · 신체적 영역에 걸친 전인적인 성장의 기틀이 마련된다. 유아기의 교육은 한 인간이 지니는 가치관, 태도, 행동습관, 기술 등을 형성하는 데 중요한 영향을 미치기 때문에 학습의 효과가 잘 나타나고 지속될 가능성이 높다. 유아기는 최고의 학습 역량을 갖고 있으며 근본적인 자세와 가치 측면의 많은 부분이 처음 자리잡게 된다.

지속가능발전교육(ESD)은 가장 어린 아이들이 미래 시민의 가장 큰 부분을 차지하게 된다는 사실을 고려하여 미래를 대비하는 것이다(UNESCO, 2016). 0~8세의 영유아기 아이들은 오늘날의 국제적 위급 상황으로부터 가장 많은 영향을 받는 인구이다(UNICEF, 2005). 따라서 근본 자세와 가치가 자리 잡게 되는 유아기의 지속가능발전교육(ESD)은 아이들이 가진 잠재력을 충분히 발휘할 수 있도록 성장시킬 수 있으며 보다 지속가능한 세상을 만드는 데 참여하도록 할 것이다.

② 지속가능발전교육(ESD)은 놀이기반 학습을 통해 가능하다.

유아기 놀이는 중요한 학습수단이 된다. 놀이를 통한 학습은 유아교육의 본질이며 오래전부터 강조되어 온 전통이다. 유아는 놀이하는 능력을 가지고 태어났으며, 놀이를 통해 세상과 소통하고 세상에 대해 배운다. 유아의 놀이과정에서 나타나는 능동성과 주도성은 배움의 잠재적인 힘이며 유아는 놀이하면서 스스로의 방식으로 배운다(교육부, 2019). 유아는 놀이하는 과정에서 몸을 움직이고, 마음껏 상상하며, 재미와 기쁨을 느끼고, 주변과 관계를 맺는다. 일상생활 속에서 자연스럽게 나타나는 놀이는 유아의 사회적 이해와 자연 인식을 습득할 수 있도록 돕는다.

지속가능발전교육(ESD)은 지속가능발전을 지향하는 가치를 이해하고 개인이 지닌 태도와 가치를 변화시켜 그러한 삶을 추구하며 실제 행동으로 실천하는 것에 목적이 있다(이원호, 2024). 즉, 지속가능한 사회를 만들기 위해 유아 스스로 문제를 인식하고 해결할 수 있는 역량을 키워주는 것이 교육의 핵심이라고 할 수 있다. 따라서 유아의 배움이 일어나는 중요한 원천인 놀이는 지속가능발전교육(ESD)의 효과적인 수단이며 핵심이다.

③ 지속가능발전은 인간의 삶 전체의 연계 속에서 이루어진다.

지속가능발전(SD)에 대한 관심은 1950년대 이후 환경오염과 자원고갈에 대한 우려가 확산되면서 세대 간 형평성이라는 개념에 기초하여 경제 · 사회 · 환경 부문을 포괄하고 모든 사람을 포용해야 한다는 국제적 공감대 형성으로부터 시작되었다(임원혁 외, 2023). 세계적 문제로 초기에 대두되었던 환경문제에서 나아가 인간의 삶 전체에 영향을 미치고 있는 사회적 문제 및 경제적 문제까지 고려되어야 한다는 것이다.

지속가능발전교육(ESD)은 환경교육뿐만 아니라 인간의 삶을 전체적으로 연계시켜, 문화적 다양성, 인권, 양성평등, 건강 및 보건 등과 같은 사회적 측면과 빈부격차, 생산과 소비, 시장경제 등과 같은 경제적 측면 모두를 포함한다. 유아기의 교육은 스스로 생각하고 판단하여 그 시대에 요구되는 올바른 인간으로 성장할 수 있도록 돕는다. 따라서 유아 지속가능발전교육(ESD)은 인간의 삶 전체의 연계 속에서 이루어지는 지속가능한 사회를 만들기 위한 방법으로써 중요한 의미가 있다.

④ 지속가능발전교육은 총체적인 삶의 방식의 변화를 추구한다.

지속가능발전교육(ESD)은 지속가능발전의 정의, 의미, 중요성, 필요성 등 지속가능발전 자체에 관련된 내용을 교육하는 지속가능발전에 대한 교육이 아닌 지속가능발전을 위한 교육이다(정기섭, 2010). 따라서 비판적 사고와 문제해결을 강조하고 참여적 의사결정 및 간학문적 총체적인 접근, 다양한 학습방법과 재구성, 가치 내재적인 성격을 지녀야 한다(이선경, 2010). 지속가능발전교육(ESD)은 단순히 지속가능발전과 관련된 지식을 습득하고 이해하는 것에 그치지 않고 삶 속에서 실천할 수 있는 태도와 행동습관을 기르는 것에 초점을 둔다.

유아기 교육은 앞서 제시한 바와 같이 모든 교육의 시작점이자 인간다운 삶을 살 수 있도록 지식, 기술, 태도를 습득하여 올바른 가치관 형성을 돕는 생활중심 통합교육이다. 지속가능발전교육(ESD)의 가치는 전세계 모든 사람의 존엄성과 인권 존중, 세대 간의 책임의식, 생명공동체의 다양성에 대한 존중과 배려, 문화적 다양성 존중과 평화적 문화 형성 등에 대한 헌신에 있다(UNESCO, 2004). 이것은 실천을 위한 훈련을 통해 실현가능하다. 따라서 유아 지속가능발전교육(ESD)은 지속가능성에 대한 올바른 인식과 태도를 형성하고 삶의 중요한 가치가 된다면 그 이후의 삶에 큰 영향을 미치게 될 것이며 결국 지속가능한 사회로 만들 수 있는 삶의 방식으로 자리 잡을 것이다.

4) 유아 지속가능발전교육의 방향

(1) 유아의 일상적 삶 속에서의 지속가능발전교육 실현

지속가능발전은 세계 모든 사람들이 현 세대와 미래 세대가 삶다운 삶을 살 수 있도록 환경 · 사회 · 경제의 전반적인 영역에 대한 문제점을 함께 인식하고 해결할 수 있는 능력을 갖췄을 때 가능하다. 이러한 가치 실현을 위해 지속가능발전교육의 중요성이 더욱 강조될 필요가 있으며 지속가능한 사회를 위해 실천할 수 있는 일상적 삶 속에서의 역량 강화가 필요하다. 지속가능발전교육의 다양한 주제는 유아의 일상적 삶과 통합되어 유아가 경험하고 참여하는 방식으로 이루어져야 한다. 즉, 유아의 의견을 듣고 토의하는 과정을 통해 일시적 활동이 아닌 지속적인 활동으로 진행되는 것이 중요하다. 유아 지속가능발전교육은 특별한 의미를 갖고 시행되는 것보다 일상에서 자연스럽게 생활 속 경험을 통해 이루어질 수 있도록 반복적으로 다뤄져야 할 필요가 있다.

(2) 국가수준 교육과정과 지속가능발전교육의 연계

2019 개정 누리과정은 유아중심 · 놀이중심 교육과정으로써 유아의 관심에 따른 놀이를 통한 배움의 중요성을 강조한다. 유아의 자발적 참여를 강조하는 지속가능발전교육 또한 지속가능한 사회를 만들기 위해 요구되는 가치관 및 태도를 형성하고 스스로 문제를 발견하여 해결할 수 있는 역량을 키우기 위해 자발적 놀이를 통한 학습을 제안한다. 이러한 점을 반영하여 국가수준 교육과정에 지속가능발전교육에서 다뤄지는 환경적(자연자원, 쓰레기, 생물 다양성, 기후 변화 등), 사회적(인권, 비폭력, 문화 다양성, 양성평등, 시민참여 등), 경제적(지속가능한 생산과 소비, 빈부격차 해소, 시장경제 등) 요소의 내용을 반영할 필요가 있으며 교육과정 안에서 통합되어 실행해야 할 것이다.

(3) 지속가능발전교육을 위한 교사의 역량 강화

유아의 지속가능발전교육이 효과적으로 실행되기 위해서는 교사의 역량 강화가 우선되어야 한다. 교사는 효율적인 지속가능발전교육의 적용을 위해서 지속가능발전 및 지속가능발전교육에 대한 개념을 이해하고 중요성을 인식해야 한다. 이를 바탕으로 교사 스스로 지속가능발전교육의 가치에 대해 공감하고 적극적으로 교육현장에 적용할 수 있도록 교사 개인역량과 교수역량을 증진하기 위한 노력이 필요하다. 지속가능발전교육을 위한 교사의 역량 강화 교육은 현직 교사를 대상으로 관련 연수를 지원하거나 예비교사를 대상으로 교원양성 프로그램에 포함하여 운영할 수 있다. 또한 교사 스스로 지속가능발전교육에 관심을 갖고 유아교육 현장에 적용하려는 노력이 필요하며 유아의 모델링이 될 수 있도록 사고의 변화가 요구된다.

(4) 가정 및 지역사회와의 협력

지속가능발전교육은 유아의 일상적인 삶 속에서 자연스럽게 이루어져야 하기 때문에 유아교육기관뿐만 아니라 가정 및 지역사회와의 연계 교육이 중요하다. 지속가능한 사회를 만들기 위한 가치관 및 태도 형성을 위한 노력은 가정에서도 지속적으로 나타나야 하며 이러한 노력은 유아가 경험하는 지역사회의 다양한 환경과도 연결된다. 지속가능발전교육이 유아기부터 초·중등교육까지 지속·확장될 수 있도록 사회적 공감대 형성과 지역사회의 노력이 필요하다. 이를 위해 지속가능발전교육을 위한 부모교육을 제공할 수 있으며, 지역네트워크를 활용하여 유아가 참여할 수 있는 관련 프로그램을 개발하여 운영할 수 있다.

표 9-7 지속가능발전교육 우수 사례(ESD 인증 프로그램)

사례 1. '놀멍, 쉬멍, 걸으멍' 제주 프로젝트
① 수행기관: 학교법인 한라학원 금호유치원 ② 주요 내용 • 제주와 관련한 탐구와 특별한 경험들을 통해 자신이 살고 있는 지역 공동체에 대한 자긍심과 문화보존의 태도를 형성하고자 진행된 프로그램 • 제주어 지킴이–궁금한 제주어를 조사하여 제주어 책을 만들고, 제주어를 그림책으로 재편집하여 동생반에 소개 • 제주어 동요 대회–유아들에 의해 제안되어 매년 이어져 내려오는 대회, 제주어를 익히고 즐기는 축제로 자리잡음 • 교실에서 서로 공유하며 알게 된 제주의 자랑거리와 명소를 가정에 소개하여 '부모와 함께 찾아가는 제주'로 확장 • 제주문화전달자로 자부심을 키운 프로그램
사례 2. 탄소중립생활실천 프로젝트
① 수행기관: 김해어린이집 ② 주요 내용 • 교육내용–3Go녹색캠페인과 지구를 위해 우리가 할 수 있는 일 • 영유아, 교직원, 학부모, 지역사회가 함께 24개의 "하고 슬로건"을 통한 실천 캠페인과 놀이를 기반으로 한 교육 프로젝트 • 지구환경의 위기를 알고, 나로부터 시작하는 실천의 작은 행동변화가 습관이 되어 지구와 인류가 더불어 공존할 수 있는 탄소중립사회로 나아가는 지속가능발전 프로그램

출처: 지속가능발전교육 웹사이트 https://esd.unesco.or.kr/?_gl=1%2Az2tatm%2A_ga%2AMTQwNzl0Mzg3MC4xNzYwNDUxOTQ4%2A_ga_RJNJPV5397%2AczE3NjA3MDU2NzkkbzMkZzEkdDE3NjA3MDY4NzlkajYwJGwwJGgw%2A_ga_MWPJ6J6KGN%2AczE3NjA3MDU2ODAkbzMkZzEkdDE3NjA3MDY4NzlkajYwJGwwJGgw

activity 1. 유아의 발달에 적합한 디지털 미디어, 온라인 콘텐츠 찾기

1) 유아 놀이환경 구성에 필요한 디지털 미디어를 찾아보고 활용 방법을 설명해 보세요.

2) 유아들에게 적용하기 좋은 유아용 AI 앱, 온라인콘텐츠, 온라인 플랫폼을 찾아보고 활용 방법을 설명해 보세요.

activity 2. 실천 방법 찾기

지속가능발전을 위해 내가 또는 우리가 함께 할 수 있는 일상 속 실천들은 무엇이 있는지 친구들과 찾아보고 발표해 보세요.

1) 집에서 할 수 있는 실천

2) 옷가게, 카페, 음식점 등 다양한 종류의 매장에서 할 수 있는 실천

3) 공원, 놀이터 등 야외에서 할 수 있는 실천

4. 주제망 완성하기

「흙」을 주제로 유아 지속가능발전교육 주제망을 완성해 보세요.

흙

참고문헌

교육과학기술부 (2009). 유치원 지도서 1. 총론.

교육부 (2019a). 2019 개정 누리과정(교육부 고시 제2019-189). 교육부.

_____ (2019b). 교육정보화 기본계획(6차). 교육부

_____ (2020a). 유아원격교육을 위한 교사 지원자료. 교육부.

_____ (2020b). 코로나 이후, 미래교육 전환을 위한 10대 정책과제(안). 교육부.

_____ (2021a). 그린스마트 미래학교 종합 추진계획(안). 교육부.

_____ (2021b). 유아와 함께하는 인공지능교육. 교사지원자료. 교육부.

_____ (2021c). 유아와 함께하는 인공지능교육. 유아 콘텐츠 및 매뉴얼. 교육부.

_____ (2021d). 유치원 교사의 디지털 역량 강화를 위한 연수 자료. 교육부.

_____ (2025a). 2024 개정 표준보육과정 해설서.

_____ (2025b). 2024 특수교육통계.

교육부, 경기도교육청 (2024). 우리 아이의 안전하고 건강한 디지털 생활을 위한 부모 지원 자료. 경기도교육청.

교육부, 보건복지부 (2019a). 2019 개정 누리과정 놀이실행자료.

_______________ (2019b). 2019 개정 누리과정 놀이이해자료.

_______________ (2019c). 2019 개정 누리과정 해설서.

교육부, 육아정책연구소 (2024). 2024년 전국보육실태조사.

교육부, 한국보육진흥원 (2025). 2024 개정 어린이집 평가 매뉴얼. 한국보육진흥원.

교육인적자원부 (2000). 유치원 교육활동 지도 자료 1. 총론.

김병희 (2012). 전통태교의 특성과 교육적 위상. **아동교육, 21**(3), 169-1

김송이, 정지나, 최혜영, 민성혜 (2011). **영유아 관찰 및 실습**. 양서원.

김순영 (2022). 유아교사가 인식한 전문성 지원환경, 교사 전문성, 놀이지원역량, 교사-유아 상호작용의 구조적 관계. 안양대학교 교육학 박사학위논문.

김은희 (2000). **레지오 에밀리아 접근법의 이해와 현장 적용: 다양하게 표상하며 몰입하여 사고하기**. 창지사.

김정원, 전선옥 (2017). **영유아 교육기관의 부모교육**. 창지사.

김찬국, 이선경, 김남수, 주형선, 장미정, 권혜선 (2012). 우리나라 초, 중등 학교에서의 지속가능발전교

육 교사 인식과 실천 사례. **환경교육, 25**(3), 359-373.

문순홍 (2006). **생태학의 담론**. 도서출판 아르케.

박은혜 (2013). **유아교사론**. 창지사.

박지원 (2024). 2019 개정 누리과정에 기초한 지속가능발전교육 놀이실행 사례 및 교사의 경험과 성찰. 서울여자대학교 일반대학원 박사학위논문.

배윤진 외 (2023). 유아를 위한 디지털 교육 지원방안 마련 기초 연구. 교육부 · 육아정책연구소.

백은주, 조부경 (2004). 유치원교사의 전문성 발달수준 자기평가도구개발. **유아교육연구, 24**(4), 95-117.

서영대 (1994). 檀君關係 文獻資料 硏究. **檀君-그 이해와 자료-**. 서울대학교출판부.

서울특별시 교육청, 유아교육진흥원 (2025). 2025 유치원 평가 기본계획[안].

손혜숙, 김연희, 이승숙 (2020). **개정누리과정에 기초한 유아중심 놀이지도**. 정민사.

숙명여자대학교 아동연구센터 (1996). **현대사회와 부모**. 숙명여자대학교 출판부.

신희정 (2018). **불교 교수방법**.

안효정 (2025). 생태유아교육기관 영아 놀이 특성과 교사의 놀이 지원 탐색. 고신대학교 대학원 박사학위논문.

염지숙, 이명순, 조형숙, 김현 주(2022). **유아교사론** (제5판). 정민사.

오정희 (2023). **유아교육과정**. 공동체.

유연화, 이금구, 엄소영 (2023). **부모교육 이론과 실제**. 양성원.

유치원교원양성·임용제도개선연구단, 한국4년제유아교사양성대학교수협의회, 한국전문대학유아교육과교수협의회, 한국국공립유치원교원연합회, 한국유치원총연합회, 전국사립유치원연합회 (2010). 유치원교사 헌장·강령.

이기숙 (2000). **유아교육과정** (개정2판). 교문사.

이기숙, 이연섭, 이영자 (1986). 유아교사 양성대학의 교육과정 모형에 대한 이론적 고찰. **유아교육연구, 6**, 30-50.

이기숙, 장영희, 정미라, 엄정애 (2002). **유아교육개론**. 양서원.

이미나, 김민정, 김세경, 이영은, 정미라 (2016). 유초등교사의 전문성 증진 프로그램 효과에 관한 메타분석. **한국교원교육연구, 33**(2), 367-393.

이미현(2009). 부모의 양육태도가 자녀의 성격 및 학교적응에 미치는 영향에 관한 연구-고등학생 대상으로-. 조선대학교 경영대학원 석사학위논문.

이민규 (2009). 보육시설의 지역연계 활성화 방안. 동국대학교 행정대학원 석사학위논문.

이배 (2018). 교사효능감이 유치원 교사전문성에 미치는 영향: 교사헌신과 전문적 학습환경의 조절효과를 중심으로. 전남대학교 교육학 박사학위논문.

이성희, 이상원 (2019). 초등학생용 자원순환교육 교재의 개발 및 적용. **한국초등교육, 30**(3), 117-138.

이영석 (1998). **유아교육론**. 형설출판사.

이원호 (2024). 문제중심학습(PBL) 기반 가정연계 유아지속가능발전교육 프로그램 개발 및 효과 검증. 국립공주대학교 대학원 박사학위논문.

이은화 (1985). 유아교육 교사의 역할과 자세. **유아교사 연수 교재**. 새세대육영회.

이은화, 배소연, 조부경 (2003). **유아교사론**. 양서원.

이정아 (2021). 소파 방정환의 교육내용.

이해정, 강현영, 서현아, 엄세진, 윤정진, 좌승화 (2018). **교육평가**. 공동체.

이현엽, 현승주, 강성록 (2021). 부모의 양육방식이 청소년의 사회정서발달에 미치는 영향: 잠재프로파일 분석을 중심으로. **한국심리학회지: 발달, 34**(3), 115-131.

이혜경 (2010). 유아교사의 전문성에 대한 경력교사들의 인식. **유아교육학논집, 14**(5), 287-314.

임원혁, 김선혁, 박혜민 (2023). 지속가능발전 정책 추진방향 연구. 국무조정실.

임재택 (2007). **생태유아교육개론**. 양서원.

임재택, 박재환 (1992). **유아교육과정**. 양서원.

전남련, 김인자, 백향기, 황연옥 (2016). **아동관찰 및 행동연구**. 양서원.

정미라 (1993). 서구사회에서의 아동관의 변화. 양옥승(편), **탁아연구 II**, 194-224.

정범모 (1976). **교육과 교육학**. 배영사.

정아림 (2025). 놀이중심 지속가능발전교육에 나타난 유아 경험의 의미. 한국교원대학교 대학원 박사학위논문.

지성애 (2001). **유아놀이지도**. 정민사.

지옥정, 김수영, 정정희, 고미애, 조혜진 (2023). **유아교육개론**(5판). 창지사.

최은영, 도남희, 김은정, 장혜진, 김민주, 이솔미 (2020). 영유아기 지속가능발전교육 실천 방안 연구(연구보고 2020-16). 육아정책연구소.

최일선, 조운주 (2012). **유아교육평가의 이론과 실제**. 창지사.

최정혜 (2017). **사례중심의 부모교육**. 정민사.

통계청 (2024). 2024 유아 사교육비 시험조사.

하정연, 노진형, 전재선, 황현숙, 허우정 (2017). **영유아 프로그램 개발**. 양서원.

한국경제인협회(2025. 1. 6). 여성 고용지표 국제비교 및 시사점. 보도자료.

한국육아정책개발센터(2007). 보육프로그램 1세/5세.

황해익 (2009). **유아교육 평가의 이해**. 정민사.

_____ (2016). **유아교육 평가의 이해**. 정민사.

황해익, 최혜진, 정혜영, 권유선 (2016). **아동관찰 및 행동연구**. 공동체.

EBS 신년특집. 「놀이의 힘」 2부 '진짜놀이 가짜놀이'.

Bateson, G. (1971). The message, "This is play." In R. Herron & B. Sutton-Smith (Eds), *Child's play* (pp. 26-269). New York: Willy.

Berlyne, D. E. (1960). *Conflict, arousal and curiosity*. New York: McGraw-Hill

Bobitt, F. (1918). *The curriculum*. Boston: Houghton Mifflin.

Bowlby, J. (1951). *Maternal care and mental health*. Geneva: World Health Organization.

Bredekamp, S. (1987). *Developmentally approriate practice in early childhood programs serving children from birth through age 8*. Washington, DC: NAEYC.

Bredekcamp, S., & Rosegrant, T. (1992). *Reaching potentials: Appropriate curriculum and assessment for young children(vol.1)*. Washington, DC: NAEYC.

Bruner, J. (1980). *Under five in britain*. Ypsilanti, MI: Hight/Scope Press.

Campbell, E. (2000). Professional ethics in teaching: Towards the development of a code of practice. *Cambridge Journal of Education, 30*(2), 203-221.

Cronbach, L. J. (1984). *Essentials of psychological testing*(4th ed.). New York: Harper & Row.

Cunha, F., Heckman, J., Lochner, L., & Masterov, D. V. (2005). *Interperting the Evidence on Life Cycle Skill Formation*. NBER Working paper No. 11331. Cambridge. MA: National Bureau of Economic Research.

Durkheim, E. (1965). *Education and Sociology*(S. D, For. tr). Free Press.

Ellis, M. (1973). *Why people play*. Englewood Cliffs, NJ: Prentice-Hall.

Eriksion, E. H. (1950). *Childhood and Society*. New York: Norton, Bacon.

Fessler, R. (1995). Dynamics of Teacher Career Stages. In T. R. Giuskey & M. Huberman(Eds.), *Professional Development in Education: New Paradigms and Practices* (pp. 171-192). New York: Teachers College, Columbia University.

Frost, J. L., & Klein, B. L. (1979). *Children' play and playgrounds*. Boston: Allyn and Bacon.

Fuller, F. F., & Brown, O. (1975). Becoming a teacher. In K. Ryan(Ed.), *Teacher Education(The Seventy-Fourth NSSE Yearbook)*. Chicago: University of Chicago Press.

Galinsky, E. (1987). *The Six Stages of Parenthood*. NY: Addison-Wesley Publishing Co., Inc.

Havighurst, R. J. (1972). *Developmental Tasks and Education*. New York: David McKay.

Heckman, J., Rodrigo, P., & Peter, S. (2013). Understanding the mechanisms through which an influential early childhood program based adult outcomes. *American Economic Review 103(6)*, 2052-86.

Hedefalk, M., Almqvist, J., & Östman, L. (2015). Education for sustainable development in early childhood education: a review of the research literature. *Environmental Education Research, 21*(7), 975-990.

Hildebrand, V. (1999). *Introduction to Early Childhood Teacher Education*. New York: Macmillam.

Howes, C., & Matheson, C. (1992). Sequences in the development of competent play with peers: Social and social pretend paly. *Development Psychology, 28*, 961-974.

Hyde, K. L. et al. (2009). Musical training shapes structural brain development. *Journal of Neuroscience 11 March 2009, 29(10)*, 3019-3025.

Katz, L. G. (1970). Teaching in preschools: Roles and goles. *Children, 17*(2), 42-48.

________ (1977). *Talks with Teachers: Reflections on Early Childhood Education*. Washington, DC: National Association for the Education of young children.

Katz, L. G., & Goffin, S, G. (1990). Issues In the preparation of teacher of young children. In B. Spodek, & R. O. N. Saracho(Eds.), *Early Childhood Teacher Preparation* (pp. 192-208). NY: Teachers College.

Kolb, B., & Gibb, R. (2011). Brain plasticity and behaviour in the developing brain. *Journal of the Canadian Academy of Child and Adolescent Psychiatry, 20*(4), 265-276.

Lillemyr, O. F. (2009). *Taking play seriously: Children and play in early childhood education-An exciting challenge*. Charotte, NC: Information Age publishing.

Morrison, G. S. (2001). *Early childhood education today* (3rd ed.). Merrill-Prentice Hall.

NAEYC (2009). NAEYC Standards for Early Childhood Professional Preparation.

Peters, R. S. (1977). Education and the educated man. R. S. Peters, *Education and the Education of Teachers*. London: Routledge & Kegan Pau.

Piaget, J. (1962b). *Play, dreams and imitation in childhood*. New York: Norton.

Rachel, M. (2006). Curricular Ethics in Early Childhood Education Programming: A Challenge to the Ontario Kindergarten Program.

Saracho, O. N. (1988). A study of the roles early childhood teachers. *Early Development and Core, 38*, 43-56.

Schaefer, E. S. (1959). A circumplex model for maternal behavior. *Journal of Abnormal and Social Psychology, 59*(2), 226-235.

Schickedanz, J. A., York, M. Z., Stewart, I. S., & White, D. A. (1990). *Strategies for teaching young children* (3rd ed.). N.J.: Prentice-Hall, Inc.

Schwartz, S. L., & Robison, H. F. (1982). *Designing Curriculum for Early Childhood.* Boston, MA: Allyn & Bacon.

Siraj-Blatchford, J., Smith, K. C., & Samuelsson, I. P. (2012). **유아를 위한 지속가능발전교육** (박은혜, 신은수 공역). 서울: 이화여자대학교 출판부. (2010년 원저 발간)

Spodek, B. (1991). *Early Education and Development.* Taylor & Francis.

Stern, D. (1987). *The Interpersonal world of the Infant.* New York: Basic Books.

Sutton-Smith, B. (2001). *The ambiguity of play.* Cambridge, MA: Harvard University Press.

Tyler, R. W. (1949). *Basic principles of curriculum and instruction.* Chicago: University of Chicago Press.

Tymofiyeva, O., & Gaschler, R. (2021). Training-Induced Neural Plasticity in Youth: A Systematic Review of Structural and Functional MRI Studies.

UNESCO (2004). *United Nations Decade of education for sustainable development 2005-2014: Draft International implementation scheme.* Paris: UNESCO

________ (2012). *Shaping the education of tomorrow: 2012 full-length report on the UN decade of education for sustainable development.* Paris: UNESCO.

________ (2016). **우리가 원하는 미래를 그리다 유엔 지속가능발전교육 10년(2005-2014) 최종보고서** [*Shaping the Future We Want: UN Decade of Education for Sustainable Development (2005-2014) FINAL REPORT*]. (고은해, 정영은 역). 유네스코한국위원회. (원저 2014년 발간)

________ (2021). **지속가능발전교육(ESD) 로드맵**[*Education for Sustainable Development-A Roadmap*]. (정혜령 역). 유네스코한국위원회 교육팀. (원저 2020년 발간)

________ (2025). 세계 교육 현황 보고서. 교육에서의 리더십: 학습을 이끌다[*Global Education Monitoring Report Summary 2024/5—Leadership in education: Lead for learning*]. (이정현 역). 유네스코한국위원회, (원저 2024년 발간)

UNICEF (2005). *Strategic Communication-for behaviour and social change in South Asia.* Kathmandu, Format Printing Press.

Vygotsky, L. S. (1976). play and its role in the mental Development of the Child. In J. S. Bruner, A. Jooy, & K. Sylva(Eds.), *Play: Its Rold in Development and Evolution* (pp. 537-554). N.Y.: Basic Books.

WCED (1987). **우리 공동의 미래**[*Our Common Future*]. (조형준 · 홍성태 역). 새물결. (원저 1984년 발간)

Weber, E. (1984). *Ideas influencing early childhood education: A theoretical analysis*. New York: Teacher's College Press.

EBS TV. 놀이의 힘 2부 진짜놀이 가짜놀이. https://www.ebs.co.kr/tv/show?prodId=6785&lectId=20006232

e나라도움(2025). 생애주기별 검색. www.gosims.go.kr

대한상공회의소, 심정KPMG(2021). 중소중견기업 CEO를 위한 알기 쉬운 ESG. https://www.korcham.net/nCham/Service/Economy/appl/EsgDetail3.asp?nKey=41 검색.

법제처(2025). 유아 및 유사한 호칭 관련 법률 검색. https://www.moleg.go.kr

어린이집 윤리강령 전문. https://www.kcpi.or.kr/kcpi/cyberpr/noti/detail.do?colContentsSeq=63861#none

지속가능발전포털(2025). 국가지속가능발선목표 K-SDGs. https://ncsd.go.kr/ 검색.

한국보육진흥원 홈페이지 검색. https://www.kcpi.or.kr/

찾아보기

인명

ㄱ

ㅂ

ㅅ

ㅊ

ㅌ

ㅍ

ㅎ

기타

저자약력

김 연 희

성신여자대학교 일반대학원 유아교육학 전공(교육학박사)
현, 재능대학교 유아교육과 교수, 부속유치원 원장

주요저서

개정누리과정에 기초한 유아중심 놀이지도(2021), 영유아발달(2019), 영유아를 위한 아동관찰 및 행동연구(2019) 외 다수 공저

이 종 향

중앙대학교 일반대학원 유아교육학 전공(문학박사)
현, 거제대학교 유아교육과 교수
현, 한국전문대학 유아교육과교수협의회 회장
현, 중앙유아교육위원회 위원

주요저서 및 연구

영유아사회교육(공저, 2015), 듀이철학에서 '놀이'의 의미(2024), 경제관련 교사교육이 유아교사의 경제 지식에 미치는 효과 비교(2023), 자연친화수업이 예비유아교사의 과학교수효능감, 과학교육태도, 과학교과내용지식에 미치는 영향(2005) 외 다수

봉 진 영

성신여자대학교 유아교육학 전공(교육학박사)
현, 거제대학교 유아교육과 교수
현, 어린이에듀케어 센터장
현, 거제시 아동친화도시 추진위원
전, 거제시 보육정책위원

저서

유아동요반주곡집(2020), 아동안전관리(2018)

최 현 주

건국대학교 일반대학원 유아교육학 전공(교육학박사)
현, 재능대학교 유아교육과 교수

주요저서 및 연구

유아교육기관의 ESG 운영 평가도구 개발 및 타당화 연구(2024), 인공지능시대의 유아 및 유아교사 대상 교육의 방향 탐색(2023), 유아 인공지능(AI) 교육에 대한 유치원교사 인식 분석(2022), 그림책 읽어주기의 실제: 영유아교사를 위한 연령별/생활주제별 안내서(2016)

유아교육개론

1판 1쇄 인쇄 2025년 12월 25일
1판 1쇄 발행 2025년 12월 30일

지 은 이 | 김연희 이종향 봉진영 최현주
발 행 인 | 박철용
발 행 처 | 양서원
주 소 | 경기도 파주시 직지길 522 파주출판도시
전 화 | 031-955-8000(代)
팩 스 | 031-955-8005
홈페이지 | www.yswpub.co.kr
이 메 일 | yswgroup@naver.com
출판등록 | 1987년 11월 24일 제406-2003-037호

ISBN 978-89-994-1627-9

정가 23,000원